兩界書

士爾 著

內容提要

世有兩界：天界地界，時界空界，物界意界，陰界陽界，靈界肉界，善界惡界，神界俗界，本界異界⋯⋯兩界對應，相輔相成；眾生往來，晝夜未停。

《兩界書》以界為經，以人為緯，以人之心用為結，以中華文化為鈐鍵，以人類思想融會昇華為合解，析世界之本，辨人性之實，探文明之向，問凡人正道。

本書以文明演進為主線，超越歷史、神話、宗教、哲學、文學等傳統範式界限，設元典話語，用文學修辭，以文白相合式漢語表述，創哲學文學新例，開跨界敘事先風，講古往今來故事，築靈魂棲息居所。

兩界書

目錄

內容提要 I

目錄 III

前記　夜光雲石會說話 XXXI

引言　世有兩界 3

卷一　創世

第一章　開天闢地..7

　　　第一節　太初..7

　　　第二節　化育..7

　　　第三節　天地..9

第二章　時序流轉..10

　　　第一節　活化...10

　　　第二節　晝夜...10

第三章　萬物孕生..11

　　　第一節　世界...11

　　　第二節　萬物...11

　　　第三節　創造之工...12

第四章　世維無限..13

　　　第一節　萬維...13

第二節　本維..14

卷二　造人

第一章　萬物從類..19

第一節　分類..19

第二節　弱食..19

第二章　造治理者..20

第一節　初人..20

第二節　天選..21

第三章　對人復造..21

第一節　中人..21

第二節　男女..22

第三節　繁衍..24

第四節　人獸有別..25

第五節　東角采田..25

第四章　天水涮洗..27

第一節　天水大谷..27

第二節　通竅悲喜..28

第五章　春發知羞..29

第六章　天帝授命..30

第一節　以人為選..30

第二節　天帝在上..31

卷三　生死

第一章　偏離正途..35

　　第一節　天帝歇息....................................35

　　第二節　道欲分離....................................35

　　第三節　靈道不泯....................................38

第二章　天門洩洪..38

　　第一節　天帝了悟....................................38

　　第二節　良人存留....................................40

第三章　天定命數..40

　　第一節　定命數......................................40

　　第二節　設命格......................................41

　　第三節　設能限......................................42

　　第四節　定生途......................................42

第四章　天光隱藏..43

　　第一節　擊殺殘留....................................43

　　第二節　隱藏天光....................................44

卷四　分族

第一章　人分七族..47

　　第一節　七族之宗....................................47

　　第二節　天帝告諭....................................47

第二章　天風驟起...48

　　第一節　天風起...48

　　第二節　祖地生...50

第三章　各居其所...51

　　第一節　雅地寒冷...51

　　第二節　函地溫濕...51

　　第三節　希地乏水...51

　　第四節　布地多草...52

　　第五節　各得其所...52

第四章　雅分七支...52

第五章　函人善耕...54

第六章　布人善牧...55

第七章　異族紛爭...55

　　第一節　函、布拚殺...55

　　第二節　禍不單行...56

　　第三節　族仇錯結...56

第八章　劃界立國...57

　　第一節　函人築高牆...57

　　第二節　雅人挖大河...58

　　第三節　布人游牧...58

　　第四節　各族劃界...59

第九章　語因族異 59

　　第一節　語有所分 59

　　第二節　言有其用 60

第十章　分合有度 61

　　第一節　分合互變 61

　　第二節　合國將出 61

卷五　立教

第一章　天崩地裂 65

　　第一節　雅人蒙災 65

　　第二節　雅西失腿 66

第二章　雅西追問 67

　　第一節　雅人哀戚 67

　　第二節　雅西心問 67

第三章　幽谷天音 69

　　第一節　雅帝降災 69

　　第二節　雅西受靈 70

第四章　帶翅紅獅 70

　　第一節　靈使紅獅 70

　　第二節　神蹟啟示 72

第五章　雅西傳諭 72

　　第一節　召募族人 72

第二節　傳諭族人..73

第三節　族帝使者..74

第六章　雅族八誡..74

第一節　八項誡規..74

第二節　雅人受誡..76

第七章　函人遇洪..76

第一節　天頂開裂..76

第二節　巨鼇遠來..77

第八章　函那得靈..78

第一節　函那神使相聯..78

第二節　函那宣諭..79

第九章　函人七誡..80

第一節　函那頒誡..80

第二節　鼇身成牆..81

第十章　旱災降希..82

第一節　希人求雨..82

第二節　希里逝高雲..83

第十一章　雨神降臨..84

第一節　天池傾瀉..84

第二節　希里歸來..84

第十二章　希里授誡..85

第一節　雨神眷顧..85

　　　　第二節　　希人誡規 86

第十三章　布人遭疫 87

　　　　第一節　　大疫臨布 87

　　　　第二節　　天虎降臨 88

第十四章　天虎頒誡 90

　　　　第一節　　布人誡規 90

　　　　第二節　　天虎守護 91

第十五章　耶族風災 91

　　　　第一節　　岸樹為居 91

　　　　第二節　　奉山為神 92

第十六章　微族火雲 92

第十七章　撒族風順 94

第十八章　普羅教立 95

　　　　第一節　　雅普遇希羅 95

　　　　第二節　　地動山搖 95

　　　　第三節　　孤島安居 96

　　　　第四節　　普羅教規 98

卷六　爭戰

第一章　雅人尊赤 103

　　　　第一節　　雅羅為王 103

　　　　第二節　　王立新例 103

第二章　怪獸襲函...104

　　第一節　依規生息...104

　　第二節　怪獸兇猛...105

第三章　函人敬綠...106

　　第一節　以藤為聖...106

　　第二節　函欽繼位...106

　　第三節　異族入居...107

第四章　函雅結仇...107

　　第一節　雅人離散...107

　　第二節　拔旗燒屋...108

　　第三節　雅人銘仇...109

　　第四節　割臂銘志...111

第五章　雅人遷移...111

　　第一節　天顯災象...111

　　第二節　族帝召喚...112

第六章　開疆引水...114

　　第一節　渴蟾作祟...114

　　第二節　希曼尋水...114

　　第三節　天河聖水...115

　　第四節　謝恩雨神...115

　　第五節　族師會議...117

　　第六節　求悟天啟...118

第七節　天渠綿延...120

第七章　布人伐希...121

第一節　犀水枯竭...121

第二節　布禹尋水...121

第三節　犀水易流...122

第四節　合殲希人...123

第五節　換旗改流...124

第六節　天意難違...124

第八章　福禍相轉...125

第一節　返歸故里...125

第二節　天有不測...126

第三節　水多成患...127

第九章　兄弟鬩牆...128

第一節　秋實節慶...128

第二節　香桂花環...129

第三節　兄弟競獻...129

第四節　花環易主...130

第五節　耶族內訌...131

第十章　撒人爭女...132

第一節　傾國之美...132

第二節　族王好色...132

第三節　兄弟提親...133

　　　　第四節　以劍為語 134

　　　　第五節　撒弗繼位 135

第十一章　天使巡望 135

卷七　承續

第一章　各族清數 141

　　　　第一節　雅人清點 141

　　　　第二節　智師創符 142

　　　　第三節　各族人數 143

第二章　婚俗嫁制 144

　　　　第一節　雅人婚制 144

　　　　第二節　函人婚制 146

　　　　第三節　希人婚制 147

　　　　第四節　族各有制 148

第三章　王子公主 148

　　　　第一節　王子遇公主 148

　　　　第二節　情不能禁 149

　　　　第三節　再遇希瑪 150

　　　　第四節　善之以待 150

　　　　第五節　欲聯異族之婚 151

第四章　雅榮決絕 152

　　　　第一節　不能自拔 152

第二節　雅王不允......................................152

第五章　滾石極刑......................................153

第一節　令牌昭眾......................................153

第二節　行刑......................................154

第三節　巨石落高崖......................................155

第六章　守規破例......................................156

第一節　王發判令......................................156

第二節　謝罪謝恩......................................156

第七章　雅希之約......................................157

第一節　希王焦慮......................................157

第二節　雅使傳訊......................................157

第三節　族會洲島......................................159

第四節　提親對語......................................160

第五節　希瑪求告......................................162

第八章　雅希聯姻......................................163

第一節　族婚大禮......................................163

第二節　兩族踐約......................................163

第九章　結好復惡......................................164

第一節　雅寧好劍......................................164

第二節　雅寧約劍......................................165

第三節　雅寧比劍......................................166

第四節　雅寧失劍......................................168

　　　第五節　履約失和 169

第十章　祭嬰之禮 169

　　　第一節　歸族之抉 169

　　　第二節　月夜獻嬰 170

第十一章　割禮之俗 171

　　　第一節　希人憂患 171

　　　第二節　族神告諭 172

　　　第三節　割禮之規 173

第十二章　百丈石塔 175

　　　第一節　築塔記先 175

　　　第二節　立節紀祖 175

第十三章　七子闔家 176

　　　第一節　均等共用 176

　　　第二節　工有所長 177

　　　第三節　人有所怠 177

　　　第四節　嘉祖教誨 178

第十四章　順勢隨流 180

　　　第一節　以力得享 180

　　　第二節　隨風而行 182

　　　第三節　嘉弗族會 182

卷八　盟約

第一章　合血之盟.. 187

　　第一節　族分枝杈.. 187

　　第二節　聯族之盟.. 187

　　第三節　合血族約.. 189

第二章　布人鬩牆.. 190

　　第一節　離族遠去.. 190

　　第二節　族戚殘殺.. 190

第三章　布帝之約.. 191

　　第一節　天虎布雲.. 191

　　第二節　布帝告諭.. 191

　　第三節　布人受約.. 194

第四章　物事之約.. 195

　　第一節　牲畜、糧穀交易.. 195

　　第二節　布匹、糧穀、牲畜交易.. 196

　　第三節　寶石交易.. 196

　　第四節　黃金、寶石可成通幣.. 197

第五章　柳巴羊馬.. 198

　　第一節　柳巴交易.. 198

　　第二節　柳卡欺詐.. 199

　　第三節　德敦矇騙.. 199

　　第四節　非羊非馬.. 201

第五節　欺者重罰 ⋯⋯⋯⋯⋯⋯⋯⋯⋯⋯⋯ 202

第六章　高崖沉金 ⋯⋯⋯⋯⋯⋯⋯⋯⋯⋯⋯⋯⋯ 202

第一節　德敦愁苦 ⋯⋯⋯⋯⋯⋯⋯⋯⋯⋯⋯ 202

第二節　兩子不孝 ⋯⋯⋯⋯⋯⋯⋯⋯⋯⋯⋯ 203

第三節　以犬為伴 ⋯⋯⋯⋯⋯⋯⋯⋯⋯⋯⋯ 203

第四節　沉金入海 ⋯⋯⋯⋯⋯⋯⋯⋯⋯⋯⋯ 205

第五節　與道為約 ⋯⋯⋯⋯⋯⋯⋯⋯⋯⋯⋯ 205

卷九　工事

第一章　雅昆什築高塔 ⋯⋯⋯⋯⋯⋯⋯⋯⋯⋯ 209

第一節　築屋以高為尊 ⋯⋯⋯⋯⋯⋯⋯⋯⋯ 209

第二節　雲中屋宇 ⋯⋯⋯⋯⋯⋯⋯⋯⋯⋯⋯ 209

第三節　雅帝告諭 ⋯⋯⋯⋯⋯⋯⋯⋯⋯⋯⋯ 210

第四節　築塔檢效 ⋯⋯⋯⋯⋯⋯⋯⋯⋯⋯⋯ 211

第五節　高塔坍塌 ⋯⋯⋯⋯⋯⋯⋯⋯⋯⋯⋯ 212

第二章　函含造飛車 ⋯⋯⋯⋯⋯⋯⋯⋯⋯⋯⋯ 214

第一節　函人名匠 ⋯⋯⋯⋯⋯⋯⋯⋯⋯⋯⋯ 214

第二節　夢幻飛車 ⋯⋯⋯⋯⋯⋯⋯⋯⋯⋯⋯ 215

第三節　函含受命 ⋯⋯⋯⋯⋯⋯⋯⋯⋯⋯⋯ 216

第四節　族王限令 ⋯⋯⋯⋯⋯⋯⋯⋯⋯⋯⋯ 216

第五節　突得靈悟 ⋯⋯⋯⋯⋯⋯⋯⋯⋯⋯⋯ 217

第六節　鶴木成車 ⋯⋯⋯⋯⋯⋯⋯⋯⋯⋯⋯ 218

第七節　魂托木鶴……………………………………………… 219

第八節　飛車向月……………………………………………… 220

第三章　冬甲造地龍………………………………………… 221

第一節　掘穴而居……………………………………………… 221

第二節　挖損祺山神絡………………………………………… 222

第四章　歐、瑤成千里眼…………………………………… 222

第一節　天作之合……………………………………………… 222

第二節　冶煉製器……………………………………………… 223

第三節　煉物隨洪而去………………………………………… 223

第四節　各見煉物……………………………………………… 224

第五節　心誠成鏡……………………………………………… 224

第五章　賽禺造時鏡………………………………………… 225

第一節　家有兩子……………………………………………… 225

第二節　落山裁決……………………………………………… 226

第三節　鏡像為證……………………………………………… 227

第四節　承父衣鉢……………………………………………… 229

第六章　百工競場…………………………………………… 230

第一節　匠工聚匯……………………………………………… 230

第二節　智器神手……………………………………………… 230

第三節　無所不能……………………………………………… 232

第七章　天冰地封…………………………………………… 233

第一節　工事惡脹……………………………………………… 233

第二節　升海百尺..233

卷十　教化

第一章　帝山石銘..237

第一節　古有帝山..237

第二節　字符祕意..237

第二章　雙面人國..239

第一節　前後有臉..239

第二節　正面向人..239

第三節　心藏深處..241

第四節　切心術..241

第五節　識心難..242

第三章　綠齒人..242

第一節　隱於群人..242

第二節　美果誘童..243

第三節　鄉人俗規..244

第四章　尾人國..244

第一節　人長毛尾..244

第二節　為所欲為..245

第三節　群起效仿..245

第四節　獸性暢行..247

第五節　互視異類..247

第六節　尾人國民反⋯⋯⋯⋯⋯⋯⋯⋯⋯⋯⋯248

第五章　獨目人⋯⋯⋯⋯⋯⋯⋯⋯⋯⋯⋯⋯⋯⋯⋯249

第一節　一目豎額⋯⋯⋯⋯⋯⋯⋯⋯⋯⋯⋯249

第二節　來者為異⋯⋯⋯⋯⋯⋯⋯⋯⋯⋯⋯249

第三節　承天習道⋯⋯⋯⋯⋯⋯⋯⋯⋯⋯⋯251

第四節　心目為要⋯⋯⋯⋯⋯⋯⋯⋯⋯⋯⋯251

第六章　日月歇隱⋯⋯⋯⋯⋯⋯⋯⋯⋯⋯⋯⋯⋯⋯⋯252

第一節　萬物肅殺⋯⋯⋯⋯⋯⋯⋯⋯⋯⋯⋯252

第二節　家奴三千⋯⋯⋯⋯⋯⋯⋯⋯⋯⋯⋯252

第三節　二孫伴行⋯⋯⋯⋯⋯⋯⋯⋯⋯⋯⋯253

第四節　祖孫互誓⋯⋯⋯⋯⋯⋯⋯⋯⋯⋯⋯253

第五節　百棄不棄⋯⋯⋯⋯⋯⋯⋯⋯⋯⋯⋯255

第六節　樂未忘返⋯⋯⋯⋯⋯⋯⋯⋯⋯⋯⋯256

第七章　王入歧道⋯⋯⋯⋯⋯⋯⋯⋯⋯⋯⋯⋯⋯⋯⋯257

第一節　推施仁政⋯⋯⋯⋯⋯⋯⋯⋯⋯⋯⋯257

第二節　樂而忘憂⋯⋯⋯⋯⋯⋯⋯⋯⋯⋯⋯257

第三節　驕侈暴起⋯⋯⋯⋯⋯⋯⋯⋯⋯⋯⋯258

第四節　上承天道，下載民意⋯⋯⋯⋯⋯259

第五節　三制有序，天人相合⋯⋯⋯⋯⋯260

第六節　人言無信，類同犬吠⋯⋯⋯⋯⋯262

第七節　以道為天⋯⋯⋯⋯⋯⋯⋯⋯⋯⋯⋯262

第八節　成敗哈里⋯⋯⋯⋯⋯⋯⋯⋯⋯⋯⋯263

第八章　鸚鳥奪餉..264

　　第一節　天子真降..264

　　第二節　舉步多艱..265

　　第三節　招惹暗憤..265

　　第四節　鸚鳥護主..266

第九章　天星顯祕..267

　　第一節　繁星閃爍..267

　　第二節　天字同現..268

　　第三節　哈法合治..269

　　第四節　首順天道..270

　　第五節　以約為通..271

　　第六節　以仁為和..271

　　第七節　仁不離制..272

　　第八節　國民相合..272

　　第九節　夢想成真..273

第十章　菩度行道..273

　　第一節　菩度返家..273

　　第二節　一路崎嶇..274

　　第三節　山民品茗..274

　　第四節　夜宿艾巧..275

　　第五節　梨花大雪..275

　　第六節　風雪益暴..277

　　第七節　天亮雪小...................................278

　　第八節　夜深抵家...................................278

　　第九節　悲戚離去...................................278

　　第十節　又見梨花...................................279

第十一章　士耕爾織...................................279

　　第一節　凡常人家...................................279

　　第二節　元樹元果...................................280

　　第三節　滿者至反...................................281

　　第四節　河有兩岸...................................282

　　第五節　天光四起...................................284

卷十一　命數

第一章　仙龜靈山...................................287

　　第一節　人心不甘...................................287

　　第二節　巨龜出海...................................287

　　第三節　靈物萬千...................................289

第二章　兩界之越...................................289

　　第一節　雅尤入山...................................289

　　第二節　壯士歸返...................................291

　　第三節　脫凡入仙...................................291

　　第四節　仙界一瞬...................................292

　　第五節　現命為磚...................................293

第六節　仙道非遠..................................294

第三章　雅尤仙洞..................................295

第一節　天光空降..................................295

第二節　祈問密鑰..................................295

第三節　命如懸燈..................................296

第四節　燈油何來..................................298

第五節　心通燈明..................................299

第六節　三燈齊映..................................299

第七節　命理祕笈..................................300

第四章　義犬救主..................................300

第一節　各有修行..................................300

第二節　星象變亂..................................301

第三節　雅翰回生..................................301

第四節　超凡之能..................................302

第五節　陰陽界悟..................................303

第五章　種豆得豆..................................304

第一節　雅全種豆..................................304

第二節　雅曲種瓜..................................304

第三節　善種在心..................................305

第六章　否泰之轉..................................306

第一節　得享遺福..................................306

第二節　承父之貧..................................306

第三節　雁鳥為朋 306

第四節　洪水漫天 308

第五節　來好相救 309

第六節　雅霍不棄 310

第七節　人無定運 311

第八節　人各有命 311

第九節　必有其終 312

第七章　天象變亂 313

第一節　日頭變異 313

第二節　晝夜失序 313

第三節　冬夏失衡 314

第四節　怪象迭出 315

第八章　地象變易 315

第一節　地勢變換 315

第二節　怪蟲湧出 316

第三節　旱澇並行 316

第四節　果糧不常 317

第五節　地象怪異 317

第九章　物象化異 318

第一節　怪物層出 318

第二節　本能顛倒 318

第十章　人象迷亂...320

　　第一節　男女性變...320

　　第二節　人自生變...321

　　第三節　食無原食...323

　　第四節　生息悖序...323

　　第五節　人為器奴...324

　　第六節　人無定性...324

　　第七節　心無神明...325

　　第八節　基化因變...326

第十一章　時空不維...326

　　第一節　時燈急燃...326

　　第二節　遠空急聚...327

第十二章　滅而再生...327

　　第一節　六象俱亂...327

　　第二節　復始循環...328

第十三章　裘德之問...329

　　第一節　羊無靈道...329

　　第二節　裘德之問...330

　　第三節　來好之答...331

第十四章　喜樂世界...331

　　第一節　良善布滿人間.....................................331

　　第二節　籬笆拆除...332

第十五章　七首合歡...333

　　第一節　七魚出海...333

　　第二節　天光現，帝壇出.......................................334

　　第三節　天人共為...335

卷十二　問道

第一章　天道山...339

　　第一節　山高入雲...339

　　第二節　四面環水...339

　　第三節　山高路險...339

第二章　六先論道...341

　　第一節　六先居臺...341

　　第二節　問者熙攘...342

第三章　生而為何...343

　　第一節　元德本惑...343

　　第二節　依約而生...344

　　第三節　仁為人所在...344

　　第四節　生而依理...345

　　第五節　無即本生...346

　　第六節　異則為本...346

　　第七節　元德再問...348

　　第八節　依道而生...348

第四章　何為人...350

　　第一節　行子問人..350

　　第二節　人為天帝之子..351

　　第三節　仁者為人..352

　　第四節　人循法知理..352

　　第五節　行子續問..353

　　第六節　行走雀躍，煙雲一場......................................353

　　第七節　人之為人，在其性變......................................354

　　第八節　人之為人，由惡化善......................................354

第五章　善惡何報...356

　　第一節　善人問報..356

　　第二節　君子行道，路有犬吠......................................358

　　第三節　善善相長，惡惡相加......................................361

　　第四節　守約踐約，終得善報......................................362

　　第五節　凡人耶維..363

　　第六節　因果相報，大律不改......................................364

　　第七節　善惡有報亦無報..366

　　第八節　世不離道，道不遠人......................................366

　　第九節　天道人道相統，天下人間無爭.....................367

　　第十節　順天行道，出凡入聖......................................368

第六章　來世何來...370

　　第一節　孿生奇人..370

第二節　普羅善預知......................................370

第三節　普勒善溯觀......................................371

第四節　會於溪畔..372

第五節　天光籠罩..372

第六節　普羅勒問來世..................................373

第七節　既生現世，即立現世......................374

第八節　為來世訂約......................................374

第九節　今來各有界律..................................376

第十節　來世自有來喜悲..............................377

第十一節　道魔相爭，終以異終..................378

第十二節　以意為介，可得聯通..................379

第十三節　意界臨..381

第七章　何為人主..381

第一節　兄弟臨山..381

第二節　維義問人主......................................381

第三節　維戉不苟同......................................382

第四節　天帝為人主......................................383

第五節　各族皆欲獨享眷顧..........................383

第六節　萬民怎可同識天帝..........................384

第七節　仁善為萬眾心主..............................385

第八節　法為萬民之主..................................385

第九節　食色享樂為人主..............................386

第十節　人有悟覺即得心主 387

第十一節　己主在己，異為人主 387

第十二節　人心無主，何立世界 388

第十三節　人立道、欲之間 389

第十四節　道、欲、人三維而織 389

第十五節　無欲無生，無道不人 391

第十六節　以道疏欲，致欲適人 391

第十七節　欲為人、道所依 391

第十八節　族群有分，天道無別 392

第十九節　六說不悖，皆有其悟 393

第二十節　合正道至簡，生當悟大道 394

第二十一節　至本者敬天帝 395

第二十二節　至要者行道義 396

第八章　六合花開 397

第一節　維戊荒廢而棄 397

第二節　維義耕耘不輟 398

第三節　六合花開有七彩 398

第四節　心花遍播 399

第五節　循禮遵制，國泰民安 400

第九章　靈符賜福 401

【附錄一】簡稱表 405

【附錄二】參考主題索引 406

卷一　創世 406

卷二　造人 407

卷三　生死 407

卷四　分族 408

卷五　立教 409

卷六　爭戰 411

卷七　承續 412

卷八　盟約 414

卷九　工事 415

卷十　教化 416

卷十一　命數 418

卷十二　問道 421

【附錄三】插圖目錄 424

作者簡介 428

前記　夜光雲石會說話

西元二〇〇二年，夏秋之交。

西部不毛之地，古時曾為輻輳交通之所，今日人跡罕至，天荒地老之境。

人類學者士爾教授來此田野作業，為時一月。

一日夜晚，士爾教授從所居半山窯洞爬上海拔三千米高坡，氣喘吁吁。他打開手機，試圖搜尋微弱信號，同遠城聯絡。半晌未能成功。

他順勢躺下，背貼大地，仰望高天。蒼穹從未如此之近。星辰無數，忽明忽暗。涼雲從身邊飄過。

他感到真正擺脫了塵世喧囂，融入天地自然。所謂「天人合一」者，研思數十年不得要領，此時卻得親身體驗。

一晃兩個時辰過去。一個不可思議的情況出現了：士爾碩大身軀宛如鴻毛，脫離地心引力，慢慢漂浮起來。離地升空，加力升空，直至高遠之處。

那是他從未經驗過的世界，肉眼所見盡為未見：山石似雲，不顯堅軟；冰川似綿，不覺冷暖；繁星有語，卻未知所云。

　　肉眼之外，他感覺心眼漸開。心眼所見盡為未見：天象機理，萬維交織；人文經脈，萬族流變；亙古英豪，熙攘攢動，似曾相識，卻不得交語。

　　他手扶雲杖，不由自主地飄蕩起來。

　　天上一瞬，地下三旬。

　　士爾夜出未歸，急煞所居百姓人家。村人四處找尋，不見蹤影。有人在山坡之下發現士爾的手機，指示燈仍在閃爍。

　　多日之後，村民在東山高坡之處發現士爾教授躺臥，頭枕七彩雲石，身墊三張古舊羊皮。村人興奮，焦急，驚奇。小心餵水呵護，兩時辰後教授漸漸甦醒。

　　士爾失而復現之謎無人能解。失蹤？夜遊？夢幻？UFO所為？抑或其他不明情況？

　　七日之後，士爾收拾行裝，將田野發掘及所遇七彩雲石、古舊羊皮等什物裝滿六箱，返回S城。

　　士爾與人講起他的奇幻經歷，無人相信，甚或受到家人冷嘲熱諷。他鬱悶、憤懣，而後歸於坦然。無此經歷者何以信？難道那只是一場上古神話的夢遊，從美索不達米亞、埃及、巴比倫，到中國、印度、希伯來、希臘？

　　教授日夜沉浸於工作室中。面對從世界各個角落採集到的文物文獻，他再也難以沉靜下來去寫連篇累牘的學術論文了。

他感到，他曾執迷的那些論著，多是不著邊際的無用皮毛。

他苦思冥想。浩瀚世界，本原何在？芸芸眾生，意義何在？悠悠歲月，人從何處來，欲往何處去？他再也難以循著慣常的軌跡生活，夜夜難眠。

每當家人熟睡，他會輕手輕腳來到工作室，打開微弱燈光，仔細研磨他的寶貝──他窮盡六十年生涯所收集到的各類石器泥版、骨甲獸皮、文獻碎片。置身此境界，似與先人對話，時空界限渾然。然而，他始終無法將那些遙遠破碎的元素連為一體。

窗外傳來隱隱雷聲。突然電閃雷鳴，風雨交加，天穹開裂，大地撼動。一道刺眼的閃電劃過，天地瞬間漆黑，似回洪荒時代。待回過神來，他驚奇地發現，雲霧繚繞之中有閃閃光亮泛出，一束一束，愈來愈亮。他定睛觀望，竟是那塊七彩雲石在發光！

紅、橙、黃、綠、藍、靛、紫，明晰而燦亮。七彩交匯翻轉，似天雲浮動，如超凡之境再現。境中江河蜿蜒，有分有合；鼇龜信步，仙鶴曼舞；天象人文，亦真亦幻。教授全身顫慄，似重回先前那個無法理喻的奇妙世界。

雲石通靈，有娓娓細語從中發出，清澈而幽遠，恍如天音。天音迴旋不絕，傳之不聞，其意難辨，惟有士爾能夠心聽。

天音律動，物意無間，時空合融。夜光雲石照耀下，滿屋

的石器、泥版、骨甲、獸皮、文獻碎片霎時變成活物，或張目開口，或浮游移動。尤令他驚詫不已的是，那三張古舊羊皮竟跳顯出一組組神奇的字符，字符混而有序，雜而有章，簡樸而意深。面對苦思數十年不得其解的文獻哲書、世態人象，士爾突得開悟，似尋到了解密之鑰。密鑰之碼為「兩界」。

白日俗務纏身，一地雞毛，觀蠅營狗苟戲鬧。夜晚寅時起身，獨自沉浸，徜徉於這個奇異的世界。天啟為導，文獻為據，生歷為驗，凡心問道，或辨析梳理，或檢索列序，士爾一一據實輯錄，祕奧難解之處亦不遺漏。經十年而不渝，他殫精竭慮，遊走於現世、彼岸之間，終成《兩界書》十二卷。

那塊夜光雲石始終是個謎，既有科學無法測定它的屬性。它來自天外。

兩界書
——凡人問道

引言　世有兩界

　　世有兩界：天界地界，時界空界，陽界陰界，明界暗界，物界意界，實界虛界，生界死界，靈界肉界，喜界悲界，善界惡界，神界凡界，本界異界⋯⋯

　　兩界疊疊，依稀對應，有界無界，化異輔成。
　　芸芸眾生，魑魅魍魎，往來遊走，晝夜未停。

兩界書

卷一　創世

世界從何而來？世界的源頭在哪裡？

這是人類生存與演化的前提，也是人類第一個終極性的未解之問，故「創世」列《兩界書》之首。

第一章　開天闢地

第一節　太初

¹太初太始，世界虛空，混沌一片。①

²天帝生意念，雲氣彌漫，氤氳升騰。

³天帝揮意杖，從混沌中劃過。

⁴天雷驟起，天光閃電，混沌立開。②

第二節　化育

¹天帝呼息，雲氣凝固，天塵飄散。²天塵大小不一，不可盡數，懸浮飄移，動靜有變。③

---

① 太初太始，意為最初之始。《易緯》：「太初者，氣之始也；太始者，形之始也。」《莊子・天地》：「太初有無，無有無名。一之所起，有一而未形。」徐整《三五歷記》：「天地混如雞子，盤古生其中。」印度神話亦有宇宙最初混沌如雞子之述。

② 帝，甲骨文作「禾」，形似由木架搭成的祭臺。甲骨卜辭有「帝於岳」之說，在山岳上搭建祭臺。上古之人，多認為蒼茫天地之間，必有萬物主宰，它自在永在，須以「帝」而敬拜，如戰國之前「玉皇大帝」之說。道、儒有「天帝」說，天上之帝，居於太微玉清宮，司掌宇宙乾坤。《荀子・政論》：「居如大神，動如天帝。」

宇宙如何起源是一個亙古未解之問，各族神話宗教多會塑造「自在永在」之神作為解說。此處以神話思維、文學手法，將世界的創造歸為超自然之存在——「天帝揮意杖」所為。現代有大爆炸理論（big bang cosmology），認為宇宙最初是在大約一百三十七億年前由一個緻密熾熱的奇點爆炸後膨脹形成的。

③ 天塵，宇宙星辰。茫茫宇宙之中，萬千星辰數不盡數，每個星辰僅是微小顆粒

（圖1　雲氣彌漫，天光閃電）

　　³天帝隨意杖點，天塵化育一片。⁴得化育者，氣脈生成，靈霧布散。⁵其上靈道運行，萬物充靈，不致死寂。⁶萬物有序，不致浮亂。①

　　⁷混沌開，天道行。⁸天帝意杖為引，杖痕有跡，元紀開啟。②

　　而已。

① 氣，甲骨文作「≈」，雲氣上升浮動之狀，古人多以「氣」喻指物有生機的內在動力。此處以「氣脈」喻指事物有血氣、脈息而成為活物，以「靈道」喻指萬物得到天帝化育，才有了秩序。

② 道，甲骨文作「𧗠」，指人行在路上。許慎《說文》：「道，所行道也。」

第三節　天地

[1] 天帝說：「上要有天，下要有地，中間安置萬物。」[2] 於是，高高天穹造出，堅硬大地造出。①

[3] 天至高，長物可伸，難抵天際。[4] 地至寬，闊物可置，不達地邊。

[5] 天高地闊，天虛地實。

[6] 高天有浮雲，蒼穹浩瀚，靈道無邊。

[7] 大地有高低，山川交錯，孕生萬物。

亦引申為事理、規律、規則。《易・繫辭》：「一陰一陽謂之道。」《易・說卦》：「是以立天之道，曰陰曰陽；立地之道，曰柔曰剛；立人之道，曰仁曰義。」《道德經》：「大道無形。」基督教有謂「上帝之道」（The words of God），指上帝的言辭和道理；古希臘哲學家赫拉克利特有謂「邏各斯」（logos），喻指萬物變化的尺度和準則，常與「道」並論。此處以「天道」喻指至高無上的規則，以「天帝意杖為引，杖痕有跡」喻指世界創造、萬物有靈的神奇。

① 此處講「空間」的起源。「空間」可謂是「現世界」的第一個維度，世界有了空間，才有了安置萬物的場所。

第二章　時序流轉

第一節　活化

¹ 天帝說：「死寂歸於先前，活化才好。」² 於是死中生活，寂中生化。

³ 天帝說：「要有光。」⁴ 於是光芒破出，普照天地，一切就都光亮。

⁵ 天帝又說：「要有暗。」⁶ 於是光芒隱退，黑暗降臨，一切復歸黑暗。

⁷ 天帝旋轉光暗，於是光暗交替。⁸ 先光後暗，而後為光，再後復暗。

第二節　晝夜

¹ 光是太陽，運生白晝。² 暗是太陰，運生黑夜。³ 太陽太陰交替，白晝黑夜反覆。⁴ 周而復始，延綿不斷。

⁵ 光亮一次為一日，黑暗一次為一夜。⁶ 天帝輪轉，依序順延。⁷ 一至二，二至三，三至延數。⁸ 延數至多，有數無終，有終無數。①

---

① 此處講「時間」的起源。白晝、黑夜輪轉交替，周而復始，便有了「時序」，時間的維度就被創造出來了。時間有無盡頭呢？此處言曰：「有數無終，有終

第三章　萬物孕生

第一節　世界

¹ 天地既形，空維即立。² 晝夜交替，時維即成。³ 天地築空維，晝夜織時維。⁴ 空、時兩維，縱橫交錯，成世界所憑，萬物所依。⁵ 時空交轉，世界成立。①

第二節　萬物

¹ 天帝吹播元卵，元卵布散大地，萬物從中孕生。² 元卵至微，數不盡數，形不盡形，類不盡類，生不盡生。②

³ 萬物由類衍生，根鬚有分而連，枝蔓有連而分。

⁴ 有浩水淼淼，湛湛不竭。⁵ 有厚土墩墩，有邊無際。⁶ 有木林森森，枯而再生。⁷ 有金石碩碩，固散自存。⁸ 有火爍炎

無數。」

① 此處講「世界」的建立。天、地構築了空間的維度，晝、夜構築了時間的維度，時、空二維交織，世界才真正建立。這裡的「世界」是一個以「時空二維」為基本維度的世界，它既成為世上萬物的憑依（載體），也同時成為萬事萬物的限制。

② 時間、空間創造出來，其間的萬物從何而來？此處喻說天地間的萬物由天帝吹播的「元卵」孕育而來。元，萬物本元。《易・象》認為，「乾元」、「坤元」為萬物之「資始」、「資生」。《春秋繁露・重政》：「故元者為萬物之本。」卵，至小的微粒。元卵，萬物最早的因子、種子，演化出萬事萬物。由此觀之，究竟先有雞還是先有蛋的千古之爭，似可有個了斷了。

（圖2　活靈世界）

炎，熔化熾息。①

第三節　創造之工

　　¹ 天帝使無成有，使有各一，一成萬有之元。² 故使有各一者，為造有之工。②

---

① 此處講構成萬物的基本元素為水、土、木、金、火，言及其性、其狀。

② 萬物的創造有其分工和階段。無中生有，有類各一，被視為「造有之工」，完成了從無到有的創造，這是創造之工的第一步，被稱為「造有之工」。《道德經》四十章：「天下萬物生於有，有生於無。」

³混沌分天地，由一為二，一分二維，二成萬物成式。⁴故由一為二者，為世界之工。①

⁵二維相對，合分化生，使二成三，三生異變，三成萬物化因。⁶故使二成三者，為化異之工。②⁷化異之工既成，萬有各得其生，各顯其貌，各呈其性，各適其所，各作其為，世界而為活靈化異世界。

⁸故一為有，二為世界，三為化異，始成活靈世界。

第四章　世維無限

第一節　萬維

¹天地空維，構世界之廣大。²晝夜時維，構世界之深遠。

---

① 造出「有」之後，凡「有」皆有兩個互補的方面才可以成為「有」，「有」本身即包含了「有」與「無」，無「無」則無「有」，無「有」則無「無」。天與地構成空間，晝與夜構成時間，萬事萬物無不由兩維相對互輔而成，故稱「二」為「萬物成式」，即萬物構成的基本方式。有了這種構成，才有了世界，這是創造之工的第二步，被稱為「世界之工」。

② 創造之工的第三步是「化異之工」，即使二成三，由二生三。天、地之間的空間非天亦非地，然無天、地，則無「非天非地」；晝、夜之間非晝非夜，然無晝、夜，則無「非晝非夜」。《道德經》四十二章有謂：「道生一，一生二，二生三，三生萬物。」造有之工、世界之工、化異之工分別構成了創造世界的三個基本步驟，也是世界創造的三個機理。三部曲完成，萬物叢生，世界也就成了斑駁陸離的世界。

³天地為骨肉，晝夜為氣血。⁴骨肉氣血相依相存，世界而有生息，成大千生息世界。

⁵然天帝之靈，世界之妙，乃立於時空，超於兩維。⁶時空兩維之上，天帝靈道運行，實生萬維。[①]

第二節　本維

¹時、空兩維為基，成萬物憑依。²靈道萬維為本，成世界綱目。³意念情悟，思覺幻空，可感而不知，可受而不識，乃世界本維。[②]

⁴本維有道無痕，存於有無之間。⁵無中生有，有後復無。⁶世維有數無限，乃數數之變，數定本元。[③]

---

① 時間、空間為構成現世界的兩個基本維度，時光的流逝、物間的距離，可見，可知，可感。然世界的奇妙之處在於，在時間、空間這兩個維度之上，還有看不見、摸不著而又真切存在的「維度」牽引、支配著這個世界，且有數不清的「萬維」之多。為什麼呢？此處歸為在時、空兩維之上，有「天帝靈道運行」。

② 此處揭示世界「維度」的複雜構成。佛教有「大千」之說，此處有「萬維」之說。如果說時間、空間被視為世界的基本維度——萬物存在的憑依（硬體），而靈道萬維才是構成世界的綱目（軟體），是世界的本質。意（心意）、念（念思）、情（情欲）、悟（悟覺）、思（思慮）、覺（覺醒）、幻（幻覺）、空（空虛）等等，都是萬維的構成和表徵，也是人感受萬維的路徑方式。這些雖然難以識透，但被視為世界的本質，世界的複雜性也正源於此。佛教有以「五蘊」之論來解說人的身心的構成，即色、受、想、行、識，而人的身心構成只不過是整個世界（物質和意識）的一種表徵和全息而已。

③ 構成世界的維度究竟有多少呢？前述為「萬維」，喻指非常多，以人類現時的認知水準是難以真正認識、理解的。世界的「本維」彷彿看不見的綱綱，存在

　　⁷ 故一生無限，萬維歸一。⁸ 少生多，多復少。⁹ 多多少，少少多。¹⁰ 多少少多，少多多少，復歸元一。①

於似有似無、似多似少之間，難以捕捉，但統攝萬物的運行。「世維」的奧祕在於可數而又不可數，在於數的組合變化，它決定了世界的本質。

此處延伸了前述「無生有，一生二，二生三，三生萬物」的邏輯推演和對世界本原的認知。「數」在中國古代被視為具有自然之理的性質，《荀子·富國》：「萬物同宇而異體，無宜（義）而有用為人，數也。」古希臘哲學家畢達哥拉斯認為，數是萬物的本原，萬物皆為數的摹本，數是統治宇宙的基本原則。可以說，數的量變和序變決定了事物的結構，從而決定了事物的屬性和本質。

① 此處言及基於數的世界的終極本質，既是一，又是無限；既是無限，又復歸為一，其數在多與少、少與多之間無窮、反覆地變化。

唐末高僧延壽所集佛學典籍《古鏡錄》卷四十六有云：「單四句者：（一）有，（二）無，（三）亦有亦無，（四）非有非無。複四句者：（一）有有，有無；（二）無有，無無；（三）亦有，亦無有，非有，非無無。」這裡是在討論無與有及其相互關係的終極性命題，可資參閱。

卷二　造人

人類如何起源？人類從何而來？

這是從古代先人到現代科學始終追問探索的又一個終極之問，迄今並未得到統一的認識，有所謂神話說、生命說、進化說、次元說、能量說、基因說、細胞說、外星說、海陸雙祖複合說，甚至外星人與古代森林猿結合說，等等。

此卷言及「造人」，與古代各類神話所述造人多有不同。

其一，不拘於「造人」的具體方式，而是在「創世」的背景下強調：為什麼造人？人在世界萬物之中與一般受造物相比有哪些不同？人在世界中的使命是什麼？

其二，人為何分為男、女？如何分為男、女？男、女是何種關係？

其三，將人分為「初人」、「中人」、「終人」三個階段，此處言及前兩個階段，「終人」未多言及，留下未定性的空間。

第一章　萬物從類

第一節　分類

¹ 天地運轉，日月為朋，星辰相伴。² 地上雜草叢生，樹木茂盛，開花結果，枯而再生。

³ 元卵化變，蟲鳥走獸盡出，大小不一，形貌萬千，習性各異。

⁴ 有生性喜食草木，有生性喜食魚蟲。⁵ 喜食草木者有牛、羊、馬、駝、鹿之類。⁶ 厭食草木者有獅、狼、豹、虎、狗之類。

⁷ 天帝使萬物各從其類，各作其為。⁸ 一切皆為好，天帝欣然。

第二節　弱食

¹ 黑暗降臨，大地沉靜。² 牲畜走獸或安睡，或趁夜走出。³ 喜食草木者性溫順，早早安睡。⁴ 厭食草木者性兇猛，黑夜不眠。⁵ 狼、豹、獅、虎趁夜深四處尋覓，見弱小柔順者即吞食吃咬。⁶ 黑夜裡殘畜遍野，哀號嘶鳴，慘叫不絕。

⁷ 白晝來臨，可見草木花朵皆被踐踏，狼藉一片。⁸ 失子母牛、母羊不斷哀鳴。⁹ 有傷而未死者，或缺前腿，或缺後腿，或前腿、後腿盡失，臥地苟延殘喘。

第二章　造治理者

第一節　初人

¹天帝決意造治理者，以便治理世界。

²天帝於是造出初人。

（圖3 初人圖）

³ 老虎、獅子、豹子之類兇猛野獸，皆為一頭，一口，兩目，兩耳，兩前腿，兩後腿，只有一心。⁴ 天帝初造之人皆為兩頭，兩口，四目，四耳，四前腿，四後腿，尤有兩心，均倍於諸獸。⁵ 如此一來，人就可以降服猛獸。①

第二節　天選

¹ 天帝所造之人，以四目觀物，可知遠近，可明大小。² 以四耳聞聲，可穿黑暗，可越牆垣。³ 以兩心行意，可往來世時，逾物越界。②

⁴ 天帝於萬物中以人為選，賦人超凡心力，以治理世界。

第三章　對人復造

第一節　中人

¹ 初人造出，然不領天意。² 雖多頭，多口，多目，多耳，

---

① 此處以頭、口、目、耳、前腿、後腿、心之「數」的倍增，表明人對一般獸畜的超越。敘事的思維還是統籌在「數」和「數變」的原則下。

② 在人受造的各種器官及功用中，這裡強調了三處：目、耳、心。「目」用以觀物，知遠近、大小，識空間距離，觀晝夜之變，感時間變化；「耳」用以聞聲，可穿越牆垣、黑暗，超越空間；「心」用以行意，通過「意」（意識、思維），可以超越空間、時間，超越物實世界。

多前腿，多後腿，多心，然與牛、馬、虎、豹諸獸畜相伴，行無大異，心無大別。³尤各飽腹囊為甚，懶惰縱欲復加。①

⁴天帝不悅，欲增其情痛，醒其心智，遂復造人，即造複人。

⁵天帝將初人從中分開，由一為二，一半為男，一半為女。⁶平日男女分處，惟男女復合方成完人。⁷故男女須分處，獨自爬行，獨自飲食，獨有心念。

⁸男女分處之人，實為天地中人，非天帝終人。②

第二節　男女

¹男人凸長陽根，力氣大。²女人凹長陰穴，力氣小。³初人被分，無論男女，胸前均留有疤痕。⁴女人以胸疤奶嬰，日漸長大，遂成乳房。⁵男人胸疤空置無用，日漸縮小，只留痕跡。

⁶男人女人分處，實為整人裂分，故日夜痛苦。⁷天帝使人

---

① 此處言及人在目、耳、心等方面僅有「倍數」的增加，並未能真正區分於獸畜，甚至在懶惰、縱欲方面，較獸畜有過之而無不及。

② 在《兩界書》中，人類概分「初人」、「中人」、「終人」三個階段。「初人」有兩頭、兩心、四腿、四手，不分男女，因初人在心性方面與獸畜無異，故須再造。對「初人」一分為二，一半為男，一半為女，即將人再造為「中人」（「複人」形式）。「終人」是人類下一個演進階段，具有未定性，這種神話預言式的認知，留下人類發展的未解命題，既有原始性，也有現代性。

（圖4 中人圖）

心有苦楚情愛，人心異於獸畜之心。①

　　⁸男人女人日夜不安，渴慕復合。⁹白日男人雙目找尋女

---

① 「初人」無分男女，性情與獸畜無異，將「初人」分為男、女兩部分，使其獨
　處，各有「心念」，各懷苦楚情愛，這樣就可以清醒人的心智。這裡把「心有
　苦楚情愛」視為人與獸畜區別的首個特徵，這是「造人之工」的第一步。
　物種有「單性」、「雙性」之分。一體兼具雌、雄兩性者被視為「雙性體」，
　例如某些原生動物如珊瑚蟲、水蛭、海兔、海星、蝸牛等被視為「雙性體」，
　某些植物的花如桃花、櫻花、薔薇、百合等被稱為兩性花。此處以神話的認
　知，界說從「初人」（男、女不分，雙性物）到「中人」（男、女兩分，單性
　物）的演進，並將這一演進視作是天帝使人區別於獸畜和賦予人類特殊使命的
　的「造人之工」。置於這一話語界說男、女兩性，在古代各神話中甚為罕見。

人，女人雙目找尋男人。[10] 夜晚男人女人同居一起才好，因男人、女人總想凸凹相嵌合體如初。

[11] 男人女人互為骨肉，互補氣血。[12] 氣通血合者，互視如己，可一見傾心，如膠似漆。[13] 氣血不合者，會排斥爭鬥，縱體合而心難合。[14] 然氣通血合者，亦為分而復合，故難至一體如初。[15] 況人分異地，散離各方，能氣通血合者，蓋數珍少。①

第三節　繁衍

[1] 男人、女人同居，兩體相吸，凸凹相合。[2] 合為瞬合，合後兩分。[3] 分後男留女精，可得增壽。[4] 女留男精，可孕新生。[5] 新嬰出女穴，如瓜熟蒂落。[6] 女稱為「母」，男稱為「父」。

[7] 所生嬰兒模製父母，體如父者，帶陽根，稱為「子」。[8] 體如母者，有陰穴，稱為「女」。②

---

① 此處言及兩性關係：其一，相互找尋，總想合體如初，兩性結合有其本能要求；其二，因是分而復合，故難至「一體如初」，根源在於體合易，心合難，心合難的原因在於氣血不通。這是對兩性關係既樸素又本質性的認知。兩性關係是一個恆定性的人類命題，德國哲學家尼采曾提出「兩性戰爭」的論述。進入文明社會，人類以婚姻的形式作為穩定器來平衡兩性關係，現代以來婚姻的穩定器作用受到很大衝擊。
「氣通血合者，互視如己」：民間有「夫妻相」之說，講男女婚配之人相貌有似同之處，或男女成婚後，長相會愈來愈接近。
② 雙性合體之人在人類繁衍中時有出現，此處視之為「初人」復現，並預言如果新生嬰兒中雙性人三居其二，人類的「中人」時代將會結束。

[9] 嬰兒長成，體如母者多貌如父，體如父者多貌如母。[10] 母體父貌，父體母貌，實為初人表徵。

[11] 偶有所生之人，兼具陽根陰穴，男女同體，實為初人復現。[12] 若所生之嬰初人復現者三居其二，則詔啟男女分處中人將滅。

第四節　人獸有別

[1] 人與獸畜心力有異，動行有別。

[2] 天帝使人直立而行，用後腿走路，以前腿持物，可高瞻遠矚。[3] 人可邊行走，邊持物驅趕牲畜，擊殺猛獸。[4] 有獸畜仿人直立，天帝不予。[5] 故獸畜不可直立，不可前腿持物，不可高瞻遠矚。[6] 後獸畜多以口持物，人多以手持物。

[7] 人指靈巧，可製器造物，大至移山填海，微至肉目不見。[8] 獸畜笨拙，只能足蹬爪扒。

第五節　東角采田

[1] 其時人身皆毛，與獸畜一樣。[2] 天帝將人安頓於東方之園，名曰東角采田。[3] 東角采田左臥萬丈蛟龍，右伏龜山瑞虎，依山面水，天浮祥雲。[4] 園內長滿果樹，果樹結滿鮮果，好看好吃。

（圖5　東角采田）

　　[5] 園內男女終日沉溺抱摟，渴慕合體。[6] 男女相見非抱即摟，並無固定侶伴。[7] 有不加辨識者，亦會男男相抱，女女相摟，甚或多人互摟互抱，男女無分。

　　[8] 一日天帝臨園，目見眼前景象。[9] 甚見有人與猴、狗、牲畜圍抱一團。

　　[10] 男人女人飢餓，皆隨手撿摘樹果。[11] 樹果食完即食樹葉，懶走遠處覓食。

　　[12] 天帝觀之不悅，男人女人秉性難改，總同獸畜一樣。

第四章　天水涮洗

第一節　天水大谷

[1] 天帝開天門，引洩高天之水。[2] 天水奔流浩蕩，依坡而聚，匯成天水大谷。

[3] 天帝派使者召集人群，列排天水谷旁，等候涮洗。[4] 惟經天水涮洗者，方可開啟蒙昧，通竅悲喜。①

[5] 天使抓攫人頂毛髮，將人置於天水谷中，依次輪涮。

[6] 男人、女人懼怕，不明使者用意，只曉是為天罰。[7] 眾人或掙扎嚎叫，或跳躍逃逸。②

[8] 涮洗之時，男人、女人顫抖，無不緊縮臂腿。[9] 人經涮洗，毛髮減褪，盡顯光滑肌膚。[10] 惟兩腋兩腿之間毛髮殘留，使者所抓頭頂毛髮殘留。

[11] 凡經涮洗之人，皆被置於水谷另旁。[12] 男女毛髮裸褪，身爽氣通，無不心悅，皆可開口歡笑。

---

① 天門洩洪的傳說在上古民族中多有出現，如蘇美爾（Shumer）大洪水神話，以及受此影響的希伯來洪水神話。此處用「天水涮洗」延續了前述關於男、女分處的敘事，成為天帝「造人之工」的第二步，其作用在於使人有悲喜感（通竅悲喜）、羞恥感。

② 天罰，上天的懲罰。天罰的思想在上古文化中多有出現，往往被視作是對人類罪惡的懲罰，有的同人類的「原罪」（original sin）觀念相聯繫。

（圖6　天水涮洗）

[13] 天帝觀之，見人與牛、馬、狗、羊、獅、虎、猴、猿諸獸畜已不一樣，欣然作罷。

第二節　通竅悲喜

[1] 人經天水涮洗，膚貌體徵與獸畜有別，心智習性與獸畜有異。[2] 人可通竅悲喜，悲時會哭，喜時會笑。[3] 悲極亦笑，喜極亦哭。

⁴ 人須別於獸畜，是為天帝定例。①

⁵ 後天水谷亦稱「笑了谷」，因人經天水涮洗始會笑。⁶ 獸畜未經天水涮洗不得笑，偶能哭，多以搖尾示悅。

⁷ 夜晚陣風冷吹，岸旁男女瑟瑟發抖，擁擠一團。⁸ 有以草木樹葉，有以獸皮獸毛包裹在身，禦寒取暖。

⁹ 日頭高出，男人女人四處尋樹摘果。¹⁰ 食不盡者，儲藏備用。

¹¹ 男人、女人始知勞作，自食其力，不再懶惰。

第五章　春發知羞

¹ 天漸暖熱，花草生長，樹木茂盛。

² 男人女人褪去周身裹物，見赤身光裸難看，私處多毛，同獸畜一樣。³ 男人女人相見，彼此好奇，又感恥羞。⁴ 男女孩童周身無毛，不覺異樣。

⁵ 白天男人女人或以獸皮裹身，或以樹葉遮恥。⁶ 夜晚男人女人褪掉身上包裹，身感愉悅，不再羞恥。

---

① 此處以「天帝定例」的方式明喻，人在世界上必須區別於獸畜。

第六章　天帝授命

第一節　以人為選

¹ 天帝看著男人女人已與獸畜不同，日出而作，日落而息，心中甚悅。² 看著男人女人眼睛明亮，心懷恥羞，白天不再赤裸，心中甚悅。

³ 大千世界，萬物眾生，天帝以人為選，不斷培植，增人靈性。

（圖7　天帝播靈霧）

⁴ 天帝播靈霧，靈霧啟於采田，彌散周地，時化天雨。⁵ 眾人沐浴其中，褪去身上遮擋，狂喜雀躍，歡跳不止。^①

⁶ 天帝造人之工既成，就將世界交人治理。⁷ 然天下男女並不盡悉天意，惟天帝明悉。

第二節　天帝在上

¹ 天帝不盡言盡為，使人發揮治理。² 天帝藉人傳道，好使天帝靈道活盈世界。

³ 天塵化育萬千，各按天帝靈道運行，各有人朋演化治理。^②

⁴ 天帝超然在上，專注默視，並不袖手旁觀。

---

① 如果說男、女分處是「造人之工」的第一步（使人心有苦楚、情愛），天水涮洗是「造人之工」的第二步（使人通竅悲喜，有羞恥感），那麼此處所言天帝播靈霧則是「造人之工」的第三步，它為人設置了可以成為人的條件和環境，是對人的靈性的不斷培植。至此，天帝「造人之工」的三部曲完成。

② 茫茫宇宙，浩瀚無垠，人類所生活的星球只不過是其中微不足道的「天塵」之一。此處明言，按天帝靈道運行、得化育的「天塵」很多，參閱創一2；各有充溢靈性的類人之物（「朋人」）在演化治理，參閱命十二2。由此似可推斷，宇宙之中類人的「智物」、「靈物」並不罕見。

兩界書

卷三　生死

人為何會有生死？這是繼「世界如何起源」、「人類如何起源」兩個問題之後的又一終極之問，也是人類最為關切、最具現時性的問題，歷史上的各種神話、宗教、哲學、科學等等，都試圖從不同的角度做出解說。

第一章　偏離正途

第一節　天帝歇息

¹ 人始按天帝靈道指引，繁衍生息，起居有序。² 天帝使日月輪懸，與人作伴。³ 日出喚人勞作，月出召人停歇。

⁴ 天帝看著為好，即隱去歇息，使人以身載道。

⁵ 人身道欲相疊，卻未得交融。⁶ 不及持久，即道欲分離。⁷ 道消隱，頑疾出。①

第二節　道欲分離

¹ 眾人濫行心力，心中無主，自以為大。² 雙目雖開，然不視頭上有天，腳下有地。³ 心智雖聰，然不識天高無及，地厚幾深。

⁴ 眾人開口不閉，婪得無厭，能食者盡食。⁵ 始由口婪，進而心貪。⁶ 得一者進二，得二者進三，能得盡得，欲壑不填。

---

① 按《兩界書・造人》之說，天帝造人之工用了三個步驟才完成，其良苦用心在於使人能夠「以身載道」、治理世界。但此處表明，人類並非天使，天帝賦人靈道，然靈道與肉欲在人身之上是分離的，人的頑疾很快就表現出來了。這裡以人性的本原為邏輯起點，與「性本善」、「性本惡」的論說不同，並不糾纏於對人性的正或反的兩極判斷，而是在「天帝靈道」的話語體系中，強調人身的「道」、「欲」並存狀況。

（圖8　幼童多畸變）

　　⁷眾人懶於勞作，溺於淫欲，男女交合沒了沒完。⁸男女十歲即始交合，有同兄弟姐妹交合，有同父母交合，有同祖父祖母交合。⁹女人一次可生六子，多者有生八子。①

　　¹⁰孩童生滿遍地，多如蟻蟲草蛾。¹¹幼童多畸變，眼鼻歪斜不整，臂腿長短不齊。

　　¹²人皆往園裡擠占，園裡有果樹，伸手可摘現果。¹³無人

---

① 此處言及人類天生有「三頑疾」：一是「心中無主，自以為大」，即人心無靈道，無信仰；二是「開口不閉，婪得無厭」，即口婪心貪，欲壑不填，常言道：「人為財死，鳥為食亡」；三是「懶於勞作，溺於淫欲」，即懶惰墮落，似獸畜行淫，倫序不分，不能節制。

（圖9　強人以弱為食）

遠走覓食尋物，無人攀嶺找尋新果。

[14] 園內果物愈來愈少，男人女人愈來愈多，鰥寡幼童隨處可見。

[15] 大力欺小力，小力者懼怕逃避，拚力爭奪。[16] 爭奪不過即遭擊殺，或斃命橫屍，或苟延喘息，缺臂少腿者倒臥遍地。

[17] 眾人多熟視，漠然如無睹。

[18] 冬日臨近，樹果益少。[19] 飢餓蔓延，眾人懶惰依舊，縱欲依然。[20] 飢餓至極，強悍之人即以弱人為食，如食幼畜一般。

第三節　靈道不泯

[1] 靈道隱弱，固而不泯。

[2] 靈道行，良人出。[3] 有覺靈悟道者，除惰不貪，躬身自省，依道而行。①

[4] 良人動手栽培，以樹果為餐。[5] 良人知節制，並不縱欲貪婪。[6] 然頑惡之人極惡，並不放過良人。[7] 良人寡不敵眾，多被擊殺。[8] 亦有殘剩良人，不得固守而離靈叛道，行事如惡人一般。

[9] 天帝派使者巡察，見人偏離正途，悖逆靈道。[10] 使者稟報天帝，下人未依靈道行事，世界未依天道治理。

第二章　天門洩洪

第一節　天帝了悟

[1] 天帝了悟一切。

---

① 人類早期荒蠻時期，文明未及進化，靈道雖時弱時隱，但根基牢固，不會泯滅。故此處說「靈道行，良人出」。何謂良人？能覺靈悟道、除惰不貪、躬行自醒者為良人。

（圖10　天門洩洪）

　　² 天帝打開天門，天上洪水傾瀉，覆滿全地。³ 一連七天七夜，全地皆遭天洪滌蕩，無有例外。^①

　　⁴ 世人多被淹斃，惟心存靈道者可得托升，漂至高山之頂。

---

① 為何是「七天七夜」？古代各族對數字多有賦意，巴比倫文化曾視「七」為不吉之數，故規定逢「七」之日須停工歇息；希伯來人視「七」為聖日，上帝用六日時間創世造人，第七日須「安息」紀念，稱為安息日（Sabbath）。實際上，「七」在上古文化中的根本意義，或因人類對空間世界的終極認知：東、西、南、北、上、下代表了空間共有的六面，六面相合匯於「中」，「七」已將空間窮盡。故「七」是個有終極意義的數字，「七天七夜」表示時間之長。「洪水」的意象可參閱造四1。

第二節　良人存留

¹ 天帝點數清算存活之人，計六男八女。² 七女懷身孕，一女年少，只有七歲。

³ 存活之人身經天洪滌蕩，靈經天道檢驗，皆為良人。⁴ 惟有孕七女來日所生孩童，良善惡凶皆有異變，不得預知。①

第三章　天定命數

第一節　定命數

¹ 天帝發現，所造之人常以悖逆為習，多以縱欲為性，尤以自大、貪婪、懶惰為頑疾。² 善始者常不善終，善終者常不善始。

³ 天帝決意為人定命數，使人有生而不得永生，有死不至即

---

① 《兩界書·造人》中，用三個步驟完成「造人之工」，但所造之人只是具備了人的概念屬性，尚未具備人的實踐功能（包括生命的長短等），此處開啟對人的「再造之工」。再造之工的第一步是用天洪對人進行「檢驗」。「天洪」延續了之前「天水涮洗」的事典，表明造人是一不間斷的行進過程。「檢驗」（test）的思想在古代文化中多有呈現，如檢驗人是否忠誠、虔誠。經檢驗存活者雖為良人，但此處亦言明：七女來日所生孩童是良是惡還有異變，再次強調了人的未定性，強調人性演變的多樣化取向。「七女」之說意謂「多」。

死。⁴人以繁衍而嗣後，致生有所延，代有所續，道有所傳。
⁵故此以後，人皆有命，命皆有數，命數不一，各自修為。^①

⁶存活六良男，天帝設八百二十四歲為限。⁷存活八良女，天帝設九百六十歲為限。⁸故現界中人，人皆有生，生皆有死，生死有序，命有定數。

⁹天帝亦為良婦未生後代定命數，命數之限二百年，常人無以達致。¹⁰凡常之人命數之限一百六十歲，而因勞苦爭鬥，實以三十歲至八十歲為多。

第二節　設命格

¹天帝為人設命格，使人各有其命，命有法式，各人不致盡同。²故此一人一命數，一人一性情，一人一命格。^②

³命格內蘊氣血，外顯面徵，暗藏指紋，天下眾生縱萬千無數，不致雷同。⁴惟得靈道天啟者，可綜觀內氣外徵，識命格符圖，解命格紋碼，助人順命格，延命數。⁵遠有《命格祕笈》，不為凡人所識。

---

① 此處是對人「再造之工」的第二步，也是最具體、最關鍵的一步，即天帝對人的各種「設定」。第一個設定是「定命數」，設定人的生命之數，人人有生但又不得永生，人人有死但不會即死。這裡有積極勸世意義的是，命數雖有設定，但有「各自修為」的空間。

② 天帝對人的第二個設定是「定命格」。命格，生命的格式、法式，也就是人的活法。一人一命格，一人一活法。此處言及「一人一性情，一人一命格」，人各有性格、性情，性格、性情不同，命格亦不同。後人有謂「性格決定命運」。

第三節　設能限

¹ 天帝為人設能限，所造之人，以目觀物，可知遠近，可明大小，然不可盡觀、盡知、盡明。² 以耳聞聲，可穿黑暗，可越牆垣，然不可盡聞、盡穿、盡越。³ 以心遊意，可往來時世，可逾空界，然不可盡遊意、盡往來、盡逾界。①

⁴ 現界中人，有能而無致，有生而無恆。⁵ 初人之後為中人，中人之後為終人。

第四節　定生途

¹ 天帝為人定生途，以靈道為引，肉軀為載。² 靈肉相合相通，方可強命力，延命數，順命格，享生樂。②

³ 一人樂而從樂，從樂而眾樂。⁴ 生彌珍貴，生當樂生。⁵ 死

---

① 天帝對人的第三個設定是「定能限」。人有萬能，超過同處的各類獸畜，但有能的限度，其目、耳、心等等均有所限，均「有能而無致」，既有能也有所不能。故人難言「人定勝天」。

② 命數、命格、能限設定之後，天帝對人的第四個設定是「定生途」。人如何才能更好地適應和順應個人的命數、命格、能限呢？這裡明確定出了路徑（生途），即以靈道為指引、肉軀為負載，靈道與肉軀相通相合，就會延伸命數、順應命格，可享生的快樂。至此，針對人的「三頑疾」，天帝做了「四設定」，即定命數、定命格、定能限、定生途，對人類實施了「再造之工」，使人走出「概念」而成為生活的人。

為歸途，萬眾所同。①

　　⁶六良男八良女得天啟悟靈道，眼明心亮，周身釋然。⁷有天籟聲起，鵬鷹相伴，眾良人手舞足蹈，為生而樂，向死而舞，三日三夜未有停息。

第四章　天光隱藏

第一節　擊殺殘留

　　¹天帝放心不下，再遣使者巡察。²大地經天洪滌蕩，汙濁驅散，天清氣爽。³惟八千里外，殘留少許奄息之人，未經天帝點數清算。

　　⁴使者依天帝之意，以硫磺與火擊殺未經清算之人。⁵連同各類存活獸畜、草木、蟲鳥，皆被擊殺燒焦。⁶經此之後，遠地多呈燒焦之狀，砂石遍地，草木不生。⁷偶有小蟲小獸爬行出沒，為死裡逃生殘存幸物。②

---

① 在對人做了多重設定，尤其是設定命數而不得永生之後，這裡強調了「樂生」的思想，表達了兩層喻意：一是個人樂還須同處之人樂，同處之人樂則眾人共樂；二是死為生的歸途，萬眾皆同。天下眾人都一樣，還有什麼理由不樂生呢？
② 此處講述繼「天洪滌蕩」之後，天帝再以硫磺與火擊殺未經清點之人。

第二節　隱藏天光

[1] 天帝使者並未發全力，隱藏天光。

[2] 天洪有形，無阻而可疏。[3] 硫火虛形而有跡，無疏而有限。[4] 天光無形無跡無限，故為變世更界之光。[5] 天光源自天外，藏於地中，瞬息可現，霎時可沒。①

[6] 天光可直可曲，旋而有混。[7] 天光有明有暗，明光肉眼可見，立見立瞎，人肉焦爛。[8] 暗光肉眼難視，可穿身透骨，使肉軀萎靡，生者盡殺。

---

① 繼對人「再造之工」的第一步「天洪滌蕩」、第二步「四設定」之後，這裡預言可能對人實施「再造之工」的第三步，即以「天光」再造，與第一步的「天洪」相呼應。「天光」不同於一般的光，可直可曲，旋而有混，有明有暗，且為「變世更界」之光。此處既為預言，也有明顯的警世意義。

卷四　分族

人為什麼會不一樣？為什麼會有不同的族群，不同的膚色、相貌、習俗、語言？

　　這是繼人類的「生死」問題之後，又一個本原性的問題，也是人類文明演進史上的一個首要問題。

第一章　人分七族

第一節　七族之宗

¹ 存活者六男八女，經天水涮洗，軀體康健，氣血通暢，心智開啟。

² 天帝有意決，多人簇擁一處不好，可各自立族，分處生息，繁衍壯大。

³ 六男八女遂分七族。⁴ 七女懷有天孕，雅、函、希、布、耶、微六女各配一男，計成六對男女。⁵ 撒與七歲女童那娃相伴。⁶ 是為最早七族，雅、函、希、布、耶、微、撒為七族之宗。①

第二節　天帝告諭

天帝說：

---

① 人類各族究竟是來自同一族源，還是來自不同族源？不同民族的神話、宗教多有探究，近代的人類學、民族學、考古學、遺傳學等從不同角度試圖加以破解，但始終未能形成一致的結論。有一神教（如猶太教、基督教）從宗教的角度認為人類來自同一「天父」，這是典型的單種論（monophletic）思想，倒也與「人類非洲起源說」等單源學說存有某些偶合。此節並未糾纏於「單種」、「多種」之分，重點在於說明早期人類的分族狀況：既為兄弟姐妹，又各自分族。

¹你們心智既開，自今以後，皆要自立自足，繁衍後代。²皆要依天道行事，靈引萬物，治理世界。

³你們身處異地，不再同族共生。⁴各族靠山食山，依水食水。⁵食山者須養山，食水者須養水。⁶不可盡食、貪食，方能長食、足食。⁷山水總相依，有者可互通。

⁸雅、函、希、布、耶、微、撒聽而不聞，並不領悟天帝旨意。⁹其時雅、函、希、布、耶、微、撒皆為姐妹兄弟，相貌無差，膚色無異。①

第二章　天風驟起

第一節　天風起

¹一日夜深，六男八女均已熟睡。²天帝見事已齊備，眾人皆可分處自立，皆可自生天地之中，往來晝夜之間。³天帝使天雲漸起，吹刮大天風。⁴天風驟起，浮雲漫捲，萬物飄散。

⁵天風緣自天上，發於地下，起於四周，成東西南北上下六方合風。⁶雅、函、希、布、耶、微、撒七族之宗，隨風

---

① 此處論及人類自身對分族的狀況和原因（「天帝旨意」）並無自覺和認識，故分族的問題一直是人類未能善處的一個問題。

（圖11　天風驟起）

而起，扶搖直上九霄高空。⁷眾人懸於天地半空，旋轉浮游十

日，終遠飄萬里之外，散落四面八方。^①

---

① 「天風」不同於一般自然界的風。自然界的風可分東、西、南、北風或東南、
西北風之說，此處講「天風」源自天上，發自地下，起於四周，成東、西、
南、北、上、下之「合風」。東、西、南、北、上、下窮盡空間六面，「合
風」除了言說「天風」之非凡，且暗示此風會將「眾人及萬物」吹落至四面八

⁸七族飄散各地，萬物也隨風吹落。⁹糧穀稻米、草木蔬果、魚蟲走獸，天種所至，肇啟萬物生長。¹⁰隨風吹落者無所不有，惟幸者可存活，多數不能生長。¹¹存活者不足元物十之一二，半空夭折者十之二三。^①

第二節　祖地生

¹各族飄散，同族不再，宗地皆失。

²同族宗地失，分族祖地生。³各族飄落之地，即為各族祖地，為族人世代所居。⁴七族祖地或高山峻嶺、岩石沙漠，或河海湖泊、平地草原，或烈日曝曬、常年無雨，或終日冰雪、日頭少見。^②

⁵族宗睡夢中飄散，懵懂中醒來。⁶始時對周地甚感陌生，經時開墾耕種，捕魚狩獵，漸習以為常，遂世代延居。

方。以「天風吹落」解喻世界各族何以居於各自居地這個難解的命題，此段敘事採以了神話思維、文學想像、誇張修辭、神祕隱喻等。

① 「天種」、「元物」指世界初有原有的物種。世上究竟有多少物種？無人確知。此處認為，存活者只是原物種的一小部分而已。古人在認知世界時常常呈現出「不可知論」和神祕主義的思想。實際上「不可知論」也是一種特定的認識論。

② 此處提出「宗地」與「祖地」兩個概念。「宗地」指同族共生之地，人類共同起源之地；「祖地」指天風吹落之後各族最初居住之地。

第三章　各居其所

第一節　雅地寒冷

[1] 雅至大山之北，此地遠離太陽，雪多天冷，糧果稀少，多以牲畜魚蝦為食。[2] 雅因受天孕，居下不久，即產多子多女。[3] 雅族之後膚白髮黃，成人後毛髮甚多，易於禦寒。[4] 雅人體格健碩，身強力大，擅獵牲畜猛獸，亦擅捕撈海中魚蝦。

第二節　函地溫濕

[1] 函族去到大山之東，此處黃土平地，山川交錯，樹林茅地遍布。[2] 江河之水多泛泥土，並不清澈，牲畜魚蟲常飲而習適。[3] 函生子女後代甚多，然不如雅人子女健碩。[4] 函族後人慣飲大河之水，習食怪味根薑，肌膚褐黃。[5] 函人之地溫濕，不比雅人之地寒冷，故體毛稀疏，膚光皮潔。[6] 函人身軀矮小，擅攀崖上樹，躥跳靈巧。

第三節　希地乏水

[1] 希族去到大山之南，此處臨近太陽，終日陽光曝曬，缺雨乏水。[2] 希族之後膚貌黝黑，喜居樹林之中，可避陽光曝

曬。³希族之人擅追羚逐羊，跑步如飛，快似雄鹿。

第四節　布地多草

¹ 布族去到遠處茅草之地。² 此處遍地皆草，高矮不一，蒿草遮過人頭，爬草伏土蓋地。

第五節　各得其所

耶族、微族、撒族各得其所，相鄰而居，繁衍生息。

第四章　雅分七支

¹ 雅族兄弟有七，為雅臘、雅義、雅德、雅吉、雅法、雅班、雅羅。² 七兄弟居山臨海，人高馬大，尤擅捕魚狩獵。

³ 雅臘為長，多有主意，善生思想。⁴ 雅義擅武，尤擅煉銅製器，長矛刀槍叉斧無所不能。⁵ 雅義後人承傳先祖之業，製器之藝更勝一籌，兄弟鄰里皆以其器為好。

⁶ 雅班、雅吉擅伐木造船。⁷ 雅班、雅吉所居之地樹木參天，巨樹十人合圍，中樹、細樹隨處可見。⁸ 樹種繁多，松樹、

（圖12　琢木成船）

橡樹、黃楊、白楊、棕樹、楓樹、香柏樹、檀香樹、羅藤樹、松脂樹、皂角樹、葡萄樹、野棗樹，高矮粗細，一應俱全。

[9] 雅班一家男女老幼皆可上陣，或伐木，或砍枝，或雕琢。[10] 雅班家擅琢木成船，可將巨木雕空，製成獨木大船。[11] 獨木之船身長體窄，堅固快捷，多用捕撈。[12] 雕船製舟之技以雅班家長子雅達為佳，餘兄弟皆輔之助之。

[13] 雅吉家擅結木製船，數木鑲嵌扣結，連成一體，即成合木巨舟。[14] 合木之舟可大可小，款式繁多。[15] 巨舟身寬體大，多用載物，亦可兼做捕獲。[16] 初時合木舟不甚堅牢，每遇大風大浪易於鬆散。[17] 雅吉家人揣摩研鑽，隧用鐵釘、鉚扣，輔用瀝青、欖油塗抹，船即牢固。[18] 合木之舟愈造愈大，至大者浮於海上，高似山丘，十里之外可見。

¹⁹ 雅法之家擅織網。²⁰ 長子雅查，長女雅安，偕眾兄弟姐妹，採麻編繩，織羅結網，人賽蜘蛛，工賽蛛網。

²¹ 雅德、雅羅擅狩獵。²² 雅德、雅羅身高體壯，高其兄弟雅臘、雅義、雅班、雅吉、雅法一頭之上。²³ 雅德、雅羅壯如大熊，驍勇善戰，追捕野馬、烈豹、黑熊、白熊，易如反掌。

²⁴ 雅族七兄弟各有所長，互通有無，互換工藝。²⁵ 天長日久，捕狩之技日精，網船之工日臻，子孫繁衍日多，戚鄰日增，以致多識面少識名。

第五章　函人善耕

¹ 函族多居平原丘陵，地勢平緩，勤於耕作。² 小麥、蕎麥、黑麥、穀、豆、稻米、蘋果、石榴、無花果、山棗、風茄、茴香、藤瓜、黃瓜、蓖麻、蘆薈、薄荷，應有盡有，無所不包。

³ 田地耕作平整如毯，水渠河溝縱橫交錯。⁴ 水渠有明渠、暗渠之分，暗渠可將遠處高山雪水從地下引來，不易流失蒸發。⁵ 明渠將江河之水疏導分合，化而利用。⁶ 或排洪瀉澇，或引水澆灌，依時、依勢、依需而用。

⁷ 函人亦擅養家畜，牛、羊、馬、豬、狗、貓，雞、鴨、鵝、山雞、貓鷹皆有所養。

第六章　布人善牧

¹ 布族居於草原，擅牧羊牧馬，喜四處遊走，居茅草帳篷。² 布族長子為布里，次子為布達。

³ 一日，布里、布達攜綿羊數百，外出游牧。⁴ 天黑之時突降大雨，電閃雷鳴，驟雨傾盆而下。⁵ 幼羊多為大水沖失，成羊死傷一片。⁶ 布里、布達既驚又怕，驅羊躲入洞穴。⁷ 驟雨狂瀉五天五夜，羊群餓斃大半。

⁸ 及至第六日，淫雨停息，天終放晴。⁹ 布里、布達攜引剩羊，出洞覓食。

¹⁰ 路邊有樹果，兄弟二人飢渴交加，摘果而食。¹¹ 一頓狼吞飽食，布里、布達倒臥草叢，不時進入夢鄉。

¹² 群羊四處食草，幼羊奔跑跳躍。¹³ 莊稼禾苗一望無際，有豆苗、麥苗、粟苗、初桑、瓜苗，羊群恣意啃食。

第七章　異族紛爭

第一節　函、布拚殺

¹ 函族兄弟出門，見餓羊成群，不禁驚慌。² 見莊稼禾苗被

毀，頓生憤懣。³隨即喚來人馬，人人手執刀叉，大肆驅殺。⁴羊群死傷一片，餘者四處逃竄。

⁵群羊嘶鳴慘叫，驚醒夢中布里、布達。⁶兄弟二人見狀，隨即上前與函人爭吵扭打。⁷布里、布達心急力大，打死函人幾多。⁸然函人人多勢眾，亂棒打死布里，打折布達腿腳。⁹布達連滾帶爬，喚攜殘羊倉皇落逃。

第二節　禍不單行

¹布達禍不單行，歸途之中又遇雅人兄弟。

²雅德、雅羅外出狩獵空手而歸，見布達羊群即順手逮殺。³布達苦苦哀求，雅人不為所動。⁴布達憤極生大力，竟推翻三丈巨石，滾落雅人中間。⁵雅人躲避不及，兩人斃命，三人傷重。⁶雅人大怒，亂刀砍翻布達。⁷布達腿臂盡失，滾入崖下。

第三節　族仇錯結

¹布里、布達多日未歸，急煞族人。²族人四處尋找，終在山坳之下尋見布達。³布達倒臥不起，只留一絲生息。⁴眾人細聽布達哭訴，始知事由原委。⁵人群哭聲不絕，山野悲戚一

片。⁶布人發大誓，欲報殺身仇。^①

⁷布族與函人、雅人結下族怨世仇。

⁸函族與雅人亦糾紛不斷，結下族仇。

⁹族仇既結，世代難解。¹⁰函人、雅人、布人各族之後多有紛爭，族戰不斷。¹¹希人、耶人、微人之後亦常有爭戰，難有平息。

第八章　劃界立國

第一節　函人築高牆

¹函人始築高牆，圈圍所屬之地，以防異族入侵。²男女老幼搬石運土，晝夜不停，風雨無阻。³壯男力大者搬運巨石，呼號震天。⁴老弱婦孺者送食送水，炊煙嫋嫋。⁵老者逝去，幼童長成，春夏秋冬，代以延續。

⁶函人高牆疊疊築起，依山就勢，延綿萬里。⁷牆寬三丈，高三十丈，人畜難越，禽鳥難逾。⁸每隔十數里，留有出入洞。⁹洞門以三尺厚木為裡，三寸厚鐵為表，野火不燒，刀槍不入。

---

① 布族以游牧為生，函族以農耕為生，最初的異族紛爭或許就這樣發生了。

（圖13　劃界立國）

第二節　雅人挖大河

¹ 雅人善挖大河。² 沿居住之地，雅人挖溝鑿河，河寬四十丈，深十餘丈。³ 挖河之土築岸固堤，堤高平地十八丈。⁴ 山水下流，海水充溢，河水寬闊淵深，牢牢圈圍雅地。⁵ 河岸之旁，間隔築有高聳碉樓，以備瞭望察情，遠近四方，可盡收眼底。

第三節　布人游牧

¹ 布人騎馬牧羊，四處遊蕩，以草為居，依水為家。² 布人自與函人、雅人結仇，常逕遊四方，不越函人、雅人之界。

第四節　各族劃界

[1] 雅、函、希、布、耶、微、撒諸族劃地為界，各自立國，分治天下。[2] 後人世代繁衍，國疆延續，恩怨承襲。[3] 及至十代以降，疆界愈劃愈細，立國愈來愈多，以至群雄並起，弱肉強食，戰亂不斷。

第九章　語因族異

第一節　語有所分

[1] 天風驟起之前，雅、函、希、布、耶、微、撒同族共生，居天帝宗地，蒙天帝靈蔭，以元語表意。[2] 元語乃天帝創世之工，所言所聲，人可無師自通。①

---

① 語言如何起源？這是人類又一個具有本質意義的問題，也被稱為「世界最難的學術問題」，迄今未能破解。目前世界上有七千多種語言，關於語言起源的各種假說與觀點，有神授說、手勢說、摹聲說、勞動說、感歎說、契約說、突變說、漸變說等等，但均未普遍被人信服地接受。此處對人類語言解說的特別之處在於：一是將語言的起源分為「元語」、「族語」兩個階段，「元語」為天帝創世之工的內容，人可無師自通，其遺留痕跡如世界各族語言都稱母親為「mam」之音；二是族語因各族的居地、習性、族性等的不同而產生，是各族承載「天帝元語之賦」的延續和發展；三是把族語認作各族不同族性的重要內容，不僅是族內之人交流的工具，更是與異族區分的標識。

³自天風吹襲，雅、函、希、布、耶、微、撒諸族散落各地。⁴各族因地而異，或居山嶽峻嶺，或居沙漠枯地，或居河川湖泊。⁵起居飲食不同，相貌膚色變異，心向意屬有別，遂成分族，族性日顯。

⁶七族散居，習有不同，語有所分。⁷惟有媽母之音為元語，不分族群生而定習。⁸雅、函、希、布、耶、微、撒各族，承天帝造人發聲之賦，各表族語族音，各書字符標記。

第二節　言有其用

¹所言之語，惟族內之人可聞，族人以此相通，以與異族區分。²所書字符，惟族內之人可識，族人以此會意，異族不可明曉。

³族內之人所言族語，因人而聲別，或洪亮聲響，或低細沙沉。⁴族內之人所書字符，亦因人而別，不可重同。①

⁵語因族異，言因人別，皆因言語乃天帝之工。⁶人皆可言，言聲皆異，實為天帝造人分族理世而使然。⁷故人之相貌、膚色有別，語亦有別。⁸人之心性、意念不同，言亦不同。

⁹言語發於心，聲於口，書於符，達於人。¹⁰言語之能乃天帝造人所賦，萬物之中，惟人所能。¹¹天帝之工皆有其用，絕

---

① 續言即使族內之人，語音會因人而異，書寫字符也會因人而異，不可重同。這裡把人的發音、書寫的字符作為個人特性的標識。

無荒廢。①

第十章　分合有度

第一節　分合互變

¹天帝分族之工既成，各族散居大地一隅。²各族居地山水有分，岩漠有別，糧草果蔬並不均等。³天帝有意決，各族分合自有其度。⁴日後族分族，國分國，合中有分，分中有合。

第二節　合國將出

¹待天地中人理世之效顯成，合族合國將出，同族共生復現。²到那時，合色之人遍地遊走，不分族域國界。³言語口音雜而有通，宗地元語亦將復生。⁴到那日，天帝甘露均潤眾生，糧草果蔬不偏一族。⁵普天之下，萬眾同生。②

---

① 講人的言語、聲音、字符均發源於心，為心的表微，且歸結為天帝創世造人之工的一部分，惟人類所能。此處延伸了前述的話語邏輯。

② 此處預言：到了「中人」按天帝所賦使命完成治理世界的那一天，「同族共生」的現象將會重新出現，「合色之人」（應是今人所言「混血兒」）會大量出現，統一的語言（「宗地元語」）也將會復現，分國消亡，世人均享。此處體現了歷史循環思想和大同主義思想。

卷五　立教

宗教信仰是如何產生的？人為什麼會有宗教信仰？宗教信仰對人類的行為和文明的演進發生了怎樣的作用？

　　宗教作為人類最重要的文化現象之一，是古人以心看物、以目觀天的產物，是人類以超驗的方式認知經驗世界，以有限的思維探索無限的世界，並試圖為人類自身建立起靈魂居所的思想方法和信仰體系。目前世界七十多億人口中，有超過四十多億人信仰各種宗教。

第一章　天崩地裂

第一節　雅人蒙災

[1] 雅西為雅人族領，德高望重。[2] 平日親率族人百工勞作，致全族生息有序，族興民旺。[3] 雅人人多勢眾，體格健碩，少受異族侵擾。[4] 惟雅人漸以自大，驕惰奢靡日甚。

[5] 一日夜幕降臨，男女老幼如常安息。[6] 突有天雷轟頂，電光劈閃，天搖地動。[7] 眾人驚醒，無不惶恐。[8] 婦孺哭叫一片，

（圖14　天崩地裂）

男人驚悚顫抖，家人抱作一團。[9] 持續一時辰，雷聲漸息，閃電漸遠，眾人復入夢鄉。

[10] 雅西輾轉反側，無以入眠。[11] 起身走出，去到山坡高處。[12] 涼風襲來，雅西四處張望，周邊山林並無異樣。[13] 惟於天際遠處，隱泛道道白光。[14] 白光層層疊起，強弱有錯，時隱時現。[15] 雅西欲看仔細，卻不得詳見，一忽什物全無。[16] 佇立良久，雅西愈覺心慌，六神無主。

[17] 躊躇之際，雅西突被巨力摔翻。[18] 未及回神，旋即再被高高掀起，拋落深山谷底。

[19] 頃刻間天崩地裂，亂石飛迸。[20] 峭壁坍塌，大樹折斷，赤燙岩漿噴湧而出。[21]天光閃爍，炸雷震耳，雷過耳聾。[22] 野樹焚燃，狂風勁吹，山林、荒野煙火一片。

第二節　雅西失腿

[1] 良久之後，雅西漸醒。[2] 有巨木亂石壓迫雙腿，使其不得動彈。[3] 雅西疼痛難忍，頭身血水遍流。[4] 周邊焦木熾烈，不停灼烤。

[5] 掙扎半晌，雅西終從重壓之下抽身。[6] 欲直立而不能，原為一腿壓於樹下，軀腿兩分，只剩一腿。

[7] 雅西以木為杖，獨腿挪步，行至族人舍前。[8] 但見棚屋無一完好，族人不死即傷。

⁹ 殘存族人聽聞雅西呼告，紛從周邊爬至近前。¹⁰ 存活之人或少臂或殘腿，軀體完好者寥寥無幾。¹¹ 眾人見面，細察細看方可互辨。¹² 彼此相擁而泣，悲甚哀極。

第二章　雅西追問

第一節　雅人哀戚

¹ 夜幕降臨，無人能眠。² 殘肢之痛身無忍受，失親之痛致心傷悲。

³ 雅西之心淚流不止。⁴ 平日雅西心硬如鐵，人稱「無淚雅西」。⁵ 此時雅西身依磐石，仰天長望，淚水勝似雨水。⁶ 眾人見狀，無不惶恐哀戚。

第二節　雅西心問

¹ 雅西痛悲交加，心中不停追問：

² 天地為何崩裂？

³ 山石為何飛滾？

⁴ 大地為何搖晃使人無法穩立？

⁵ 天光為何從天而降擊殺人畜？

⁶ 野火為何從遠而來追趕活物？

⁷ 活人活畜為何轉眼死去？

⁸ 歡鬧戲童為何突然死息？

⁹ 黃牛力大為何難擋山石衝打？

¹⁰ 羚羊奔跑如飛為何難逃風火撲殺？

¹¹ 誰讓天地崩裂？

¹² 誰讓頑石飛走？

¹³ 誰讓大地搖晃不穩？

¹⁴ 誰把天光發射？

¹⁵ 誰讓野火狂燒？

¹⁶ 雅西苦思追問，問天不應，問地不靈，族人更是不得其解。¹⁷ 雅西精疲力竭，困頓至極，不覺昏睡過去。①

¹⁸ 雅西入夢，目見周邊布滿金黃之光。¹⁹ 黃光泛紅，紅後轉藍，藍後轉青，再現斑駁之狀。

---

① 「天崩地裂」突然降臨，幾乎給雅人帶來滅族之災。雅西發出一連串疑問，問天不應，問地不靈，更無人能解。這種無解追問是人類產生宗教的內在動因和心理要求。

第三章　幽谷天音

第一節　雅帝降災

[1] 忽有天音從幽谷傳出，幽深透徹，飄渺貫耳。[2] 雅西四處尋覓，只聞其聲，未見其形。[3] 有音傳來：

> 雅西無須尋找，我在這裡，在你之前。[4] 今日之事，我皆觀在眼裡。[5] 我是萬能之帝赫雅，是管轄你及雅人全族之萬能雅帝。[6] 我使你們向東，你們不可向西。[7] 我使你們向南，你們不可向北。①
>
> [8] 我降災禍於你們，遍地雅人全都見證。[9] 山崩地裂，皆因族人迷失靈道，像獸畜一樣。[10] 你們像走獸般自大貪婪，像牲畜般懶惰享樂。[11] 赫雅不擊殺懲罰，族人無以警醒。
>
> [12] 雅人血脈之中，善惡並存，正邪固有，不加懲戒淘煉，惡邪自會膨脹。[13] 惡邪膨脹必致心亂，心亂必致生身亂，生身亂必致族失族滅。

---

① 此處的「天音」發自雅人的「萬能之帝」赫雅，它是超自然的存在，只有它才能讓天崩地裂、山石飛滾、降天光擊殺人畜、放野火追趕活物，才能對現世中人的不解之問做出回答。這裡不僅給出了「誰」（who）所為的問題，而且給出了「如何」（how）和「為何」（why）的問題，其原因在於「雅人迷失靈道，像獸畜一樣」。此處顯示了立教的兩個重要功用：一是解答人所不解之問，二是警示勸世，勸人向善。

第二節　雅西受靈

[1] 雅西為族領，生身載靈道。[2] 你須日日受靈悟道，日日自忖自醒，日日率族人培靈踐道。[3] 赫雅每日矚望，雅人所言所行盡在赫雅目中。[4] 赫雅遣靈使，雅人須尊崇，如同尊崇雅帝一樣。

第四章　帶翅紅獅

第一節　靈使紅獅

[1] 雅西醒回，似經天雨沐浴，有如脫胎換骨。[2] 舉頭張望，驚見一巨獅跳躍於前，立臥山石之上。[3] 猛獅碩大，目泛奇光，專注凝視雅西，片刻不離。[4] 猛獅周身赤紅，長毛飄逸，威風凜凜。[5] 肩背之上有巨翅一對，上下搧動，猶如大鷹。[6] 紅獅之光映照山石樹木，周邊一片光亮。

[7] 雅西心存敬畏，心湧感激。

[8] 雅西欲近紅獅，腿腳卻不得挪動。[9] 紅獅與雅西凝視對望，口無言語，心有靈交。

[10] 良久過後，紅獅突發長鳴，飛天而去。

（圖15　紅獅飛天）

第二節　神蹟啟示

¹ 經此神蹟啟示，雅西靈開道悟，得心問之答。² 返至族人之中，將所見所歷告予眾人。³ 族人聞後，既驚且怕。⁴ 人人皆對萬能族帝敬畏，皆對雅西崇敬有加。①

第五章　雅西傳諭

第一節　召募族人

¹ 夕陽西下，餘暉普照。

² 雅西召募族人，集合於山下凹地。³ 凹地寬大，族人盡載。⁴ 眾人舉首而望，見雅西立於高坡巨石之上。⁵ 有紅獅在其右，正身危坐，巨翅一開一合。

---

① 「帶翅紅獅」是一典型的神蹟奇事。神蹟奇事（miracles）是宗教營造的主要手法之一，有非凡能力者（往往是神）以異乎尋常的方式，導致發生了超出一般現實經驗的神奇之事。這裡的作用有二：一是顯示雅帝的無所不能，二是增加雅人的敬畏之心。

第二節　傳諭族人

[1] 雅西將所得天諭默示，娓娓宣予族人。[2] 天地四方靜謐，惟雅西傳諭之音迴響：

[3] 雅族之人皆要傾聽，萬能族帝正注視觀望。[4] 自雅族生成以來，萬能族帝直在注視觀望。[5] 雅族之災族人均已看到，萬能族帝要山崩山不可不崩，要地裂地不可不裂，要天火降臨天火不可不降臨。

[6] 雅人全族遭大災，除去斃死，餘皆受傷，無有人家可免。[7] 全因族人有悖族帝指引，迷失靈道，似走獸般自大貪婪，如牲畜般惰懶享樂，惡邪血氣充斥全身，惡邪念意充斥心神。

[8] 萬能族帝要將族人領回正道，於是擊打懲罰。[9] 要致族人皮肉開裂，好使惡血邪氣流出，好使惡念邪意清除。

[10] 雅西言此，紅獅搧動雙翅，騰空而起，捲起一陣颶風。[11] 眾人驚駭，皆以雙手護頭，不敢舉望。[12] 猛獅繞族人旋飛，邊飛邊發震天鳴叫，扶搖盤旋一周，復落原處。

第三節　族帝使者

雅西續曰：

[1] 紅獅乃萬能族帝使者，奉帝指派，專注族人。[2] 族人無分老幼男女，皆須尊崇敬畏。[3] 紅獅威猛，戰無不勝。[4] 所到之處必護雅人，凡有雅人之地，必有紅獅降臨。

[5] 紅獅長雙翅，惟其獨有。[6] 其翅發紅光，世上無雙。[7] 紅光照耀之處，必為雅人帶來吉祥。[8] 雅人要記，族人須尊紅獅為神使，尊赤紅為聖色。①

第六章　雅族八誡

第一節　八項誡規

[1] 雅西得族帝天諭，遂向全族宣諭雅族八誡。[2] 凡雅族之人

---

① 雅西在這裡既是雅族首領，也是雅人中的智者，是連接雅帝與雅族的「中間人」和「媒介」，在諸多宗教中，這類人亦被稱為「先知」。故雅人所立之「雅教」，其內容、信條、規範等等，皆以先知傳達雅帝旨意的方式，整理傳達給普通族人。

皆須遵守，凡不遵守者皆須從族內滅除。[3]雅人誡規如次：

[4]雅人尊崇赫雅為萬能之帝。[5]赫雅為世上惟一萬能之帝。

[6]雅人尊崇帶翅紅獅。[7]帶翅紅獅舉世無雙，乃萬能族帝之神使，雅人全族之護引。

[8]雅人全族尊崇赤紅之色為族聖之色。[9]赤紅之色乃雅人全族吉瑞之色。

[10]雅人後代不可與異族通婚結合。[11]因雅人乃萬能帝赫雅之聖民，凡同異族男女通婚者，須從雅人之中剪除。

[12]雅人後代須孝敬父母。[13]亦要孝敬父母之父母，孝敬父母之兄弟姐妹。

[14]雅人後代不可亂交。[15]不可與兄弟之妻、姐妹之夫亂交。[16]男人不可與男人交合，女人不可與女人交合。[17]男人、女人皆不可與任一牲畜交合。

[18]雅人後代不可殺人。[19]若外族人先殺雅人則在例外。[20]掠殺本族人者，則須以命償命。

[21]雅人後代不可偷竊。[22]不可偷食別人園內之果、別家地裡莊稼，不可偷竊別家屋內財物。[23]雅人須自己勞作，自己收穫。[24]該你所得可得，非你所得勿得。

[25]雅西言畢，紅獅騰空而起，於雅人頂上飛舞，所過之

處掀起大風，降下大雨。²⁶大雨赤紅，似血非血，似雨非雨。
²⁷族人無不顫慄，無人出聲，無人敢泣。

第二節　雅人受誡

¹雅西將誡規重複宣諭兩遍，族人無不領受，個個默記在心。²雅西隨挑幼童雅摩複誦族規，雅摩竟能由心而發，隻言不差。^①

³紅獅發出刺耳嘶鳴，盤旋兩周，振翅高飛。

⁴雅人得諭受誡，即為雅西率領，日出而作，日落而息。⁵族人相安和睦，勤勉守規，勞作有序。

第七章　函人遇洪

第一節　天頂開裂

¹函人居平原丘陵之地，多以耕種為生。²荒原野坡經朝耕夕作，方田有序，高低有次。

---

① 誡規（誡律）是宗教的核心內容。不同宗教的誡規內容不同，特別在尊崇指向上有明確的界分，而在涉及人的生活行為、倫理道德等方面，如勸人向善等不乏類同之處。

³ 一日日頭突被黑幕遮擋，白晝變為黑夜。⁴ 天邊雷聲漸起，由遠及近，震得地動山搖。

⁵ 天頂開裂，大雨如注，七天七夜不停。⁶ 地底張口，洪水冒漲，七天七夜未止。⁷ 函人家園頓成汪澤之國，男女老幼多為洪水沖走，不知去向。⁸ 少幸男女抓牢樹幹，如草掛木，掙扎飄蕩。

第二節　巨鼇遠來

¹ 有巨鼇自遠處游來，鼇背露於水面。² 族領函那立於鼇首，雙手握緊鼇角。

³ 鼇龜似魚，可出水入水。⁴ 鼇龜非魚，頭似牛馬，鬚鬢兩掛，耳角成雙。⁵ 大鼇頸背似黑鱷，鱗節有序，翅甲列排。⁶ 長尾狀似巨蟒，可翹立水上，似旗杆一樣。⁷ 鼇身背寬十丈，長逾百丈，周身五彩繽紛，視不定色。

⁸ 大鼇天降，乃受天帝指派，做天帝使者，函人引者。⁹ 故惟函人可見，亦惟函人所佑。¹⁰ 眾人初見，始以為魚、為龜、為鱷、為蟒、為牛、為馬、為虎，實乃瑞獸集合，天物造化。

¹¹ 函那為函人首領，函人所在，函那即在。¹² 大鼇背甲之上，有餘生函人如蟻附樹，貼伏其上。¹³ 有函人掙扎浮於水面，見大鼇游來，或抓爬鼇背，或牽掛鼇鬢，人上疊人，頭腳不分。

（圖16　巨鼇遠來）

[14] 大鼇背載函人，游走七天七夜。[15] 及至第八日，洪水漸退，露出山坡高樹。[16] 再過三日，小丘平地亦漸顯露。[17] 惟深凹低處多有存水，成湖泊河渠。

第八章　函那得靈

第一節　函那神使相聯

[1] 函人紛從鼇背滑落，惟函那牢立，紋絲不動。[2] 眾人皆驚，見函那兩腿已與神使相聯，周身布滿鱗甲，遠觀近視，渾

然一體。

　　³函那雙目不張，佇立三日三夜。⁴及至第四日，日頭升起，大鼇昂起高頭，抖動身軀，發出驚天長嘯。⁵函那被從鼇首拋離，跌落巨石之上。

　　⁶眾人擁來，圍於函那身旁。⁷函那清點人數，全族男女老幼餘生者，計為三萬兩千七百八十六人。⁸眾人凝望函那無不驚詫，眼前函那已得天帝神靈。

第二節　函那宣諭

¹函那召集眾人，將所得神靈宣諭族人：

　　²眾族人，你們皆已見到，函人遭遇大洪水。³洪水從天而降，從地而湧。⁴漫山遍野皆為水淹，活物死石皆為水沒。

　　⁵眾族人，你們皆已見到，洪水毀滅函人家園。⁶草木糧蔬被湮，男女老幼被捲，雞犬牛羊不留。

　　⁷眾族人，你們皆已見到，天帝遣派神使拯救。⁸神使現於族人劫難之時，將族人從萬物中揀選。⁹神使使大水退去，保佑函人回復家園。

　　¹⁰神使以軀為石，為函人搭建護牆。¹¹函那肉身因神使充靈，族人之命因神使保全。

第九章　函人七誡

第一節　函那頒誡

[1] 函那受天帝之啟，藉神使靈導，向函人頒誡命：

[2] 眾族人，你們皆須尊崇世上惟一天帝。[3] 惟一天帝為函帝，即函人之帝，不可另有異神。

[4] 眾族人，你們皆須尊奉天帝神使。[5] 神使護愛函人，拯救靈導函人。[6] 神使無所不能，可保全函人族命，可成就函人精魂。

[7] 函人子孫須孝敬父母。[8] 須孝敬祖父母，孝敬父母之兄弟姐妹，孝敬年長之人。

[9] 函人須多多生子。[10] 須讓子孫遍滿全地，以防再有天災降臨。

[11] 函人不可亂交。[12] 不可同牲畜、走獸交合，不可同弟兄姐妹交合，不可同父母及父母之兄弟姐妹交合。

[13] 函人不可殺人。[14] 殺人須以命償命。

[15] 函人不可偷竊。[16] 不可搶占他人財物，須自己種糧養活自己。

第二節　鼇身成牆

[1] 眾人佇立聆聽，鴉雀無聲。[2] 函那宣諭完畢，大鼇伸展其軀，依山就勢，蜿蜒數里。

[3] 東風吹襲，天降細雨。[4] 大鼇三番抖動，呼嘯騰空，飛天而去。[5] 但見鼇身留於地面，成磐石高牆，堅固無比。[6] 眾人驚恐，舉頭不見大鼇身影，只聞大鼇飛聲繚繞。[7] 鼇身大牆經千年而不倒，護衛函人，後成函人聖牆。

（圖17　鼇成磐石高牆）

第十章　旱災降希

第一節　希人求雨

¹ 希族之地，久旱不雨。² 烈日當空，天火瀉地，大地開裂，土石生煙。³ 池塘積水枯竭，魚蛙乾死不剩。

⁴ 樹木枯萎，駝羊倒斃。⁵ 鰥寡老弱接連死去，婦孺壯漢掙扎待斃。

⁶ 族長希里率族人面西而跪，祈天求雨。⁷ 希里舉高雙手，族人舉高雙手。⁸ 希里伏身叩頭，族人伏身叩頭。⁹ 希里高聲祈拜，族人隨聲呼應。

¹⁰ 一連九日，偶有低雲飄來，不見絲雨降臨。¹¹ 祈拜之人奄奄一息，有人欲棄，眾人悲泣。¹² 希里勸告族人，雨神終來，萬不可棄。

¹³ 至及第十日，忽有涼風從西北襲來，眾人一陣顫慄。¹⁴ 族人舉頭張望，見有藍雲由遠及近，緩緩飄來，漸多漸低。¹⁵ 藍雲縈繞，旋將希人籠罩，致人不可互視。¹⁶ 希里高聲祈求，眾人隨之呼應，呼告之聲響徹曠野。

第二節　希里逝高雲

[1] 眾人雙目無視，惟希里呼告之狀清晰可辨。[2] 希里周身為藍雲纏裹，人雲相融，似成雲人。[3] 雲人得神力托浮，離地盤轉，愈升愈高，竟至逝於高雲之上。

（圖18　希里逝高雲）

第十一章　雨神降臨

第一節　天池傾瀉

¹ 藍雲驟然化聚，匯成飛天巨龍，於希人之上舞動不停。
² 颶風呼呼作響，希人臥伏於地，不敢舉頭。

³ 大雨終降，似天池傾瀉，漫天而注，不分間隙。⁴ 希人歡悅，起身狂舞，如癡如狂。

⁵ 雨注兩夜一晝，乾涸河道積滿潔水，枯萎樹苗舉頭挺枝。

第二節　希里歸來

¹ 及至夕陽西下，西天飛來雲車一輛。² 希里在上，徐徐來近，緩緩降於希人之前。³ 眾人歡呼雀躍，將希里圍於中間。

⁴ 希里手執神杖，神杖閃爍藍光。⁵ 希里頭頂藍冠，藍冠熠熠閃亮。⁶ 希里凝望眾人，揮指神杖，眾人全都匍匐趴臥，沒有聲響。

（圖19　眾人匍匐趴臥）

第十二章　希里授誡

第一節　雨神眷顧

[1]靜默良久，希里始向族人傳諭授誡。希里道：

　　[2]希人要聽，希里乘雲車拜雨神，浮於高遠之處，眼前一切，盡都看見。[3]希人困絕之際，幸得雨神眷顧，始有天水降臨。[4]雨神再不施救，希人定要族滅人亡。[5]希里得啟悟受神命，傳雨神誡律於希人。

第二節　希人誡規

[1] 凡希族之人，均須銘記：

[2] 雨神為希人族神。[3] 希人無論何時何地，皆須尊崇雨神。

[4] 希人須每日祈拜雨神。[5] 無雨祈拜，雨神將降雨。[6] 有雨祈拜，雨神記謝恩，不再遺忘希人。

[7] 希人以頭裹藍帶為記。[8] 藍帶為雨神所授，希人頭裹，外為身記，內為心記，為雨神喜愛。

[9] 希人須勤苦勞作。[10] 雨神獎賞勤勉之人，降福自食己力之人。[11] 雨神懲罰懶惰之人，令其草木枯萎，牛羊渴死，家眷斃命。

[12] 希人須孝敬父母。[13] 上無父母，何來己身？何求子孫？

[14] 希人不可與外族之人交合通婚。[15] 希人男子不可娶外族女子，希人女子不可嫁外族男子，不可雜亂希人血脈。

[16] 希人不可亂交。[17] 不可與牲畜禽獸亂交。[18] 不可與父母兄妹亂交，不可混亂族序家常人倫。

[19] 希人不可吃水中魚蟲。[20] 水為雨神所賜，水中魚蟲為雨神聖物，得雨神之顧。

[21] 族人將希里所傳誡律一一牢記，男女嚴守，世代傳襲。

第十三章　布人遭疫

第一節　大疫臨布

[1] 布人居丘山之北，犀水之東。[2] 布人居處蘆草茂盛，奇鳥怪蟲不計其數，白晝炎熱，夜晚清涼。

[3] 天曆三十一年中夏之初，忽晝夜反轉，白日西北風起，清涼透骨，傍晚地溫上升，愈夜愈熱。[4] 日復一日，持續三月。

[5] 一日布達率族人狩獵，傍晚歸返。[6] 途徑荒野坡溝，驚見野羊、野鹿倒斃一片，蟲鳥腐屍遍布，惡臭熏天。

[7] 眾人驚怕，倉皇逃離。[8] 一夜之間，始有老者不適，嘔吐不止，斃命連連。[9] 三日不出，族內老人所剩不多，續有青壯成年亡命，各家無有倖免。

[10] 大疫臨布，眾人束手無策。[11] 族領布達愁苦無奈，七天七夜迷昏不醒。[12] 斃命族人如秋葉凋零，眼見生者所剩無幾。[13] 族人繞圍布達，嚎天喃地，不見布達甦醒。[14] 眾人悲戚，以布達已死，搬來香薰茅草，覆於布達體上。

第二節　天虎降臨

[1] 及至第八日，東天放白，突有呼嘯之聲響起。[2] 族人驚詫，見一碩大天虎，周身泛青，巨翅搧動，從丘山高雲之後飛降而來。

[3] 天虎呼呼吹氣，掀飛布達身上覆草。[4] 布達微微顫抖，竟至神智甦醒。[5] 布達慢起身，見天虎在前，立拜於地，眾人亦拜伏於地。

[6] 天虎隱於丘山犀水之上，乃布人鎮妖神獸，所到之處，可驅疫避災。[7] 天虎抖動身羽，望視布達族人，告曰：

[8] 布人居山傍水，狩獵為生，原本無恙。[9] 然布人未識天道，無論惡物、善物，蓋殺無分。[10] 及至近前，其況尤甚，懼惡欺善有加，趨惡離善愈烈。[11] 布人與惡為伍，揚惡棄善，常此以往，人將不人。

[12] 惡邪張揚，戾氣暴漲，邪疫氾濫，布人將遭滅族之災。[13] 布帝遠在天外，目視當前，眼見邪疫降臨，布人已遭懲罰。[14] 布帝不忍族滅，遣天虎飛來，救布人於瀕危之際。

（圖20　天虎飛來）

第十四章　天虎頒誡

第一節　布人誡規

¹天虎曰：

布帝在上，帝虎在下，布人要聽：

²布人要信奉布帝為惟一天神。³布帝威武強大，無所不能。⁴布人若信異神，大疫必生，大災必降，眾人不可拯救。

⁵布人要尊奉布帝誡命。⁶從善棄惡，不可趨惡欺善，縱使惡是強大，善是弱小，欺善必遭天罰。

⁷布人要行正道。⁸行正道子孫繁多，浩浩蕩蕩，有序有列，不致擁擠傾軋。⁹布人若行邪道，子孫愈走愈少，縱三五之人，亦會你砍我殺，地容不下。

¹⁰布人要尊天虎。天虎受布帝遣派，傳布帝旨意，引布人前行，守護監管，晝夜不停。¹¹布人見天虎，如見布帝音容，如聞布帝言聲。

¹²布人要擊殺惡獸。¹³惡獸兇猛，專以善物為食，良人亦不放過。¹⁴布人要厚待溫善之物，凡食草葉者，皆性情溫厚，為人添財，於人無害。

¹⁵ 布達與眾人聽罷，皆默記於心。¹⁶ 天虎見布人回復生機，振翅而去。①

第二節　天虎守護

¹ 布人以天虎為族人守護神，以靛青為族人吉色。

² 布人族旗碩大，高懸於柱，隨風飄揚。³ 旗上有天虎，目可轉視。⁴ 地上布人所行，天虎無不盡觀。

第十五章　耶族風災

第一節　岸樹為居

¹ 耶族原居西海之濱，常遭海嘯侵襲。² 耶人擅築屋於岸樹之上，離水十八丈，與鳥為鄰，海水襲來，人可避之。³ 樹屋懸空而連，連綿數里。

⁴ 一日日頭高照之際，突有黑雲散布，遠處傳來隆隆聲響。⁵ 聲響愈來愈大，耶族男女無不恐懼，紛紛爬樹上屋。⁶ 眾人抱躲一團，族領耶利也不免心慌。

---

① 「天虎」受布帝指派頒誡，是一擬人化的「神使」。

⁷ 旋風呼嘯，沿地面盤轉。⁸ 成片樹木連根拔起，連同樹屋一同衝上高空。⁹ 有摔落近地，多隨風遠飄。

¹⁰ 耶利樹屋龐大無比，與兄弟樹屋盤根錯節連成一體。¹¹ 狂風掀起，樹屋遮天蓋地，似浮雲漫遊，飄至三百里開外。

¹² 沉睡三日，耶利方甦醒。¹³ 驚見家園不再，周邊盡是岩石山坳。¹⁴ 耶人樹屋散落一片，山邊岩崖掛滿殘物。¹⁵ 倖存者漸漸醒來，個個驚魂不定，紛從各處匯聚過來。¹⁶ 族人相見，相擁而泣。

第二節　奉山為神

¹ 耶人自此不再居於海邊樹屋。² 族人移居山坳，背依高山，掘洞而居。³ 有高山為障，狂風不再襲擾，耶人始以山神為敬。⁴ 每日太陽西落，耶人男女跪拜大山之下，叩拜祈福。⁵ 後耶人多採花崗巨石，於山巔之處建巍峨山廟，供奉山神。

第十六章　微族火雲

¹ 微族居於草地，擅築棚而居。² 微人輩序不分，雜居群婚，怪異之胎層出不窮。³ 缺耳無眼者有之，似馬似牛者亦不

（圖21　微族遇火雲）

少見。⁴ 甚有人偏好倒臥爬行，以足為手，以頭為足，日久習非成是。

⁵ 及至微族第十七代，有天雷轟頂，火雲從天而降，覆蓋微人居地。⁶ 大火七天七夜不息，置微人於火海，樹木枯焦，屋棚變灰燼，山石成黑土。

⁷ 微人幾盡滅亡，惟微東一家依湖而居，火雲來時以木為舟，泛舟湖上，逃過大劫。⁸ 微東家後落逃遠方，混居異族之中。

第十七章　撒族風順

¹ 撒族承天帝旨意，為天風吹飄遠處山川之間。² 所居之地，北西有峻山，名曰「尼山、昆山」，南東有河川，謂曰「慈水、底水」。³ 居地四季分明，百年風調雨順，未遇大劫大難。⁴ 族人日出而作，日落而息，專於勞作，拙於遐想，未敬神立教。⁵ 不及百年，撒人心亂。

⁶ 心亂而本亂，本亂而族亂，以致撒人內憂不絕，外患迭起。⁷ 有智師得天帝啟悟，倡立撒教，以教立心制魔，以道揚善驅惡。⁸ 後教統相傳，曲折迂迴，一波三折。

第十八章　普羅教立

第一節　雅普遇希羅

¹ 雅普為雅人之後。² 一日行山狩獵，不覺翻越高嶺，行至山南。³ 山北嚴寒酷冷，冰天雪地，山南酷暑炎熱，砂石生煙。⁴ 雅普一眾隨從困頓飢渴，倒臥山崖之下。⁵ 數人尋水不果，有去無回。

⁶ 希羅為希王之女。⁷ 希羅性情豪爽，武藝高強，習以男裝示人。⁸ 是日希羅一行巡遊，忽見有人倒臥一片，奄奄一息。⁹ 近看倒臥者皆為異族外人，著異族之服，有異族紅獅旌旗斜聳砂丘之上。¹⁰ 隨從見之欲上前斬殺，希羅喝止。

¹¹ 雅普掙扎舉頭，驚見希羅率人圍立周邊，欲起不能，欲言又止。¹² 希羅解下所攜水罐，餵水雅普。¹³ 雅普欲拒復從，飲下幾口，氣力漸還。¹⁴ 餘隨從皆仿希羅，餵水雅人。¹⁵ 雅人氣力漸還，紛紛起身站立。

¹⁶ 雅普與希羅對語，無奈雅普所言希羅不解，希羅所言雅普不曉。¹⁷ 惟少許話音似有相通，略知大意。

第二節　地動山搖

¹ 躊躇之間，有烏雲從山後翻捲而來。² 大地隆隆作響，山

上紫煙冒出，雲煙交合，襲捲漫山。³片刻之間，地動山搖，飛沙走石，高崖傾覆，凹地隆起。⁴眾人驚恐，攜手而擁，躲於崖下。⁵有躲閃不及者為巨石餅壓，雅人、希人各損其半。

⁶亂石飛迸，雲煙漫捲，三天三夜不見停息。⁷及至第四日東方日出，眾人驚見汩汩清水由地湧出。⁸清水愈升愈高，及至覆滿全地。

⁹希、羅諸人驚恐，因希人之地常年乾旱，未曾目睹如此浩瀚之水。¹⁰雅普率眾雅人尋來樹木枯枝，以繩結木連成浮舟，將希人置於其上。¹¹所結浮舟愈來愈多，及將所有活人皆可載上。¹²雅普命眾人將散舟連為一體，遂成碩大浮舟。¹³浮舟高約三丈，寬約百屋之長。

第三節　孤島安居

¹巨舟漂浮七天七夜，終停於一孤島山腳之下。²眾人歡欣，躍落陸地。³上島不見一人，惟見麋鹿成群，或赤紅豔麗，或紅白相間，徜徉山間林下。⁴島上果木遍布，鬱鬱蔥蔥，石榴、椰棗、無花果、芭樂應有盡有。⁵眾人開懷，飽食一頓。

⁶自高崖傾覆洪水覆地，雅、希族人遇險無數，其間互助互扶，共得死裡逃生。⁷兩族之人不知不覺，竟能言語相通，心意相會。

[8]尤令雅普欣喜者，希羅原為女兒之身。[9]水浸之後，希羅盡顯窈窕身軀。[10]希羅甚佩雅普驍勇之舉，亦傾心雅普英武之貌。

[11]眾人擇佳日，於雲淡月圓之夜，為雅普、希羅成婚。[12]是夜篝火遍地，映紅山谷、海邊。[13]眾人載歌載舞，徹夜無眠。[14]雅普、希羅被擁為王為后，男女隨從相互傾慕者，亦各擇佳日，結為夫妻。

[15]雅普、希羅將此島命名為普羅地，合雅普、希羅之名而成，意為雅普、希羅發現之地，為雅普、希羅所有。

（圖22　篝火遍地　載歌載舞）

第四節　普羅教規

[1] 雅普、希羅立普羅教，訂普羅教規如次：

[2] 普羅教尊崇萬能天帝。[3] 萬能天帝大恩浩蕩，無所不能。

[4] 普羅教尊崇仁愛。[5] 凡尊崇萬能天帝者皆須仁愛待人，彼此互為兄弟姐妹，不分貧賤，無分族類。[6] 人當有福共用，有難共當。

[7] 普羅教尊崇孝敬。[8] 教人皆要孝敬父母，亦要孝敬父母之父母，孝敬所有年長之人，無論自家外家。

[9] 教人不可亂交。[10] 不可與兄弟之妻、姐妹之夫亂交。[11] 男人不可與男人交合，女人不可與女人交合。[12] 不可與任一牲畜交合。[13] 凡亂交者刺青於臉面，以做羞辱標記。

[14] 教人不可殺人。[15] 凡殺人者須償命被殺。[16] 如遇異教兇惡之人來襲，可自衛還擊，可痛殺來襲惡人，一個不予存留。[17] 男人皆須上前迎敵，有膽怯躲避者，可被斬殺。

[18] 教人不可偷竊。[19] 不可覬覦他人財物，不可不勞而獲。[20] 該獲者當獲，非己者莫取。[21] 凡伸手拿取非分

之物，皆為偷竊。[22] 偷竊石榴三個以上者，可斬斷一根手指。[23] 偷竊十個以上者，可斬斷五根手指。[24] 偷竊其他財物者，由教內律士以此類推判定。[25] 如偷竊者為律士親眷，須換另外律士判定。①

[26] 教規頒布，普羅教人無不尊奉。[27] 後有外來遇險避難之人，多留居普羅地，入普羅教。[28] 亦有教人外出貿易，將普羅教傳至異地。[29] 後入普羅教者日眾，不分族類，教人遍及各地。

[30] 後各族多有立教，教立萬宗，教中有教，分中有合。[31] 及至天曆萬年，教分萬流，終歸一道。[32] 天啟有曰，合而為正，道通天下。②

---

① 宗教從信仰者的族群範圍的角度可分兩類：一是民族宗教，信教者皆為同一民族，外族人不可入教，此類宗教將信仰與族群相疊合；二是普世宗教，入教者以信仰為標準，不分種族。前述雅教、布教等應為民族教，此述普羅教應為普世教。

② 預言萬教歸一、道通天下的趨勢。

兩界書

卷六　爭戰

爭戰是文明演進的相伴物，是人類一種有本質意義的社會現象，故《兩界書》在「分族」、「立教」之後即列「爭戰」。從爭戰的起因看，一為「物爭」，即由物而起的紛爭，諸如爭奪糧穀、疆土、水源等；一為「意爭」，即因信念（意識）不同而引起的紛爭，諸如教義、教規、崇拜物、價值觀念等，歷史上這兩種爭戰往往又糾合在一起。從爭戰的參與者而言，一為「異族之爭」，即不同部族之間的爭戰；一為「族內之爭」，即同一族群內的爭戰，而這兩者有時也是錯綜複雜地糾合在一起的。

第一章 雅人尊赤

第一節 雅羅為王

[1]雅人遭天崩地裂之災，因得天帝眷顧而倖存。[2]天曆一百六十二年，雅羅被擁為王。[3]雅羅育有十子，分立十族，散居猶山周邊，瑞水之畔。

第二節 王立新例

[1]雅羅王承族帝默示，遵古法，立新例，以帶翅紅獅為族拜，以紅獅圖符為族徽。[2]雅羅王頒令，凡雅人居所無論近遠，均須於至高處擎立赤紅族旗。[3]族旗須繡雄獅族徽，凡不遵令者，概以嚴刑處之，甚或革出族門。

[4]雅羅王專頒誡令，雅人各族均須嚴拜赤紅為聖色。[5]凡赤紅之物，必置於中胸之上。[6]凡置於股下足下者，可處斷足斷臂之刑。[7]雅人須以性命捍衛族旗。[8]凡對族旗不恭不敬者，要以亂石擊殺。

[9]族規既立，雅人無不恪守。[10]凡雅人群居之處，無不高擎赤紅大旗，縱三家五戶小村細落，亦不例外。

第二章　怪獸襲函

第一節　依規生息

[1] 函人自受函帝啟悟，即依函帝誡規生息勞作，傳嫡有序。[2] 至天曆一百九十年，函人生殖繁衍遍布寒山以南、青水以東全地。[3] 大王函摩利威猛無比，甚得族人敬仰。

（圖23　四角怪獸）

第二節　怪獸兇猛

[1] 天曆一百九十三年冬，群山蕭瑟，萬木凋零。[2] 每至夜深，遠山之後便有怪獸嚎叫傳來，聲響刺耳，聞者悚然。[3] 老弱婦孺膽怯，夕陽不落，即入茅屋土洞。[4] 男丁壯士立於高崗，手執長矛，警戒保衛。

[5] 一日夜深，月高雲黑，大地死寂。[6] 突有成群怪獸呼嘯而來，飛沙走石，排山倒海。[7] 近看獸有四角，頭有四眼，兩眼置前，兩眼在後。[8] 怪獸眼泛紅光，閃爍發亮，身披赤毛，粗壯飄逸。[9] 怪獸衝入函人群落，撕咬吞吃，如食羔羊。[10] 男人壯漢捨命搏殺，直至東天將亮，怪獸悻悻離去。[11] 函人死傷無數，血流成河，群落一片狼藉。

[1] 函摩利大王清點族人，遠親近戚非死即傷。[2] 惟以冬藤遮蓋屋棚，保全完好。[3] 冬藤四季常綠，葉藤繁茂，上有利刺。[4] 怪獸來襲，其角常被藤枝纏繞，不斷即折。[5] 怪獸雖兇猛，然其致命死穴即在其角。[6] 獸角斷則血流不止，縱皮肉完好，亦性命難保。

第三章　函人敬綠

第一節　以藤為聖

[1] 函摩利大王遂以常綠冬藤為族人聖物，敬綠戒赤，因怪獸眼泛赤光，鬃毛赤紅。[2] 婦孺尤懼赤色之水，因遍地殘軀斷肢，血水橫流。

[3] 此後函人居處，皆執正綠族旗，戶戶無有例外。[4] 冬至時節，族人習以堆集冬藤。[5] 屋棚穴洞門外，族人進出路口，皆堆滿冬藤。

[6] 函人廣種綠藤，山前屋後邊坡渠溝，無不遍植。[7] 怪獸偶來侵擾，均被函人擊退。[8] 惟怪獸狡黠，常突襲老弱婦孺，不時得手。

第二節　函欽繼位

[1] 天曆二百一十三年，函摩利大王駕崩，長子函欽繼位。[2] 函欽為王，承襲前制，開啟新政，族規族約傳承有序。

[3] 一日天高氣爽，函欽率人出巡。[4] 所到之處，方圓百里綠藤遍布，枝蔓連綿，望無盡頭。[5] 函人村落凡屋頂高坡，皆見綠旗招展，蔚為壯觀。[6] 函欽快馬輕步，一路心悅。

第三節　異族入居

[1] 眾人不覺遠行，已至百里開外華嶺之前。[2] 正待歇息，前行探兵突驚慌折回，稟報嶺前異情。[3] 函欽登坡遠望，但見山坳遠處棚屋滿布，高低錯落。[4] 一棚碩大無比，屋頂高飄赤色大旗。[5] 餘屋遍懸旌旗，大小不一。

[6] 見有異族之人入居函地，築屋建棚，函欽怒不可遏。[7] 函欽大吼一聲，令旗一揮，數百壯漢拍馬前行，衝殺而去。

第四章　函雅結仇

第一節　雅人離散

[1] 村寨原為雅人一支所建。[2] 二十餘年之前，雅侯支族與雅人本族離散，遊來此地安營紮寨。[3] 經年無有大擾，生息繁衍，漸成規模。[4] 平日男丁壯漢外出，或耕田勞作，或捕魚狩獵，惟婦孺老殘居屋守舍。

（圖24　夏婭浩氣圖）

第二節　拔旗燒屋

[1] 函欽率兵馬衝入村內，拔旗燒屋，四處砍殺。[2] 留守雅人多為婦孺，無力抵抗。

[3] 夏婭為族長雅侯之妻，見族旗為異人拔折踐踏，憤怒異常。[4] 夏婭躍上旗臺，手握長槍，誓死護衛。[5] 婦孺老殘群起效仿，紛登旗臺，簇集夏婭身邊。

[6]夏婭攜婦孺老殘，個個浩氣凜然。[7]雅人雖為婦孺之輩，然揮舞長槍短棒，英雄氣概不遜壯男。[8]函人士兵心有畏懼，不知所措，止步不前。

[9]函欽見狀又羞又怒，威聲呵斥。[10]眾士兵蜂擁而上，婦孺難敵壯漢，旋即死傷一片。[11]雅人族旗倒地，村寨被占。[12]函欽下令放火，轉眼之間狼煙四起，火光沖天。[13]不出半個時辰，山寨化為灰燼。

[14]函欽見狀，令士兵收拾刀槍，按原途返回。[15]返歸之際，函人將所帶綠旗遍懸高地。

第三節　雅人銘仇

[1]雅侯狩獵歸來，驚見村寨盡焚，族人幾無生還。[2]夏婭奄奄一息，斷續訴說原委。[3]未及言盡，斷氣身亡。

[4]雅侯如雄獅咆哮，扯碎函人綠旗。[5]隨後揮起長槍，欲尋函人報仇。[6]年輕壯士群情激奮，誓言尋函人報仇。[7]老者雅申上前阻攔，勸誡不可莽撞。[8]函人人多勢眾，雅人蒼莽上陣，必定雪上加霜。

[9]夜幕降臨，雅人圍於旗臺之前，無人能眠。[10]有人哀歎，有人低泣，有婦孺老殘尚餘氣息，低沉呻吟。

[11]雅侯聞之望之，憤恨難忍，突揮長刀，猛力斷掉左臂，以誡族人勿忘族恨。[12]眾人阻攔不及，一片驚呼。

（圖25　斷臂銘志圖）

¹³ 青壯烈漢見狀，多欲效仿，雅申上前大聲喝阻。¹⁴ 族仇須銘記，無臂何復仇？

第四節　割臂銘志

¹ 壯士不再草莽，然人人均在左臂肩上三寸，割十字臂記，以銘族仇。² 年幼男子雖有懼怕，然凡為雅族之男，無不割臂銘志。

³ 自此之後，凡雅人男丁八歲之際，皆行割臂之禮，以十字臂記銘記族仇，紀念先人。⁴ 此俗後為雅侯族之族規族俗，延續千年。⁵ 雅、函族仇亦延續千年，終難改變。^①

第五章　雅人遷移

第一節　天顯災象

¹ 雅申凝視夜空，心中不禁一驚。² 只見天高月隱，正東偏南星象大凶，冥星、海星、胡星由上至下連成一排，似利劍

---

① 函、雅兩族爭戰，既有「物爭」（土地所屬），也有「意爭」（雅人、函人各有所崇），兩者結合，遂演變成兩族的爭戰，並結為世代族仇。「割臂之禮」緣起爭戰中的斷臂銘志，後延續下來，即成族規族俗。族俗是一個部族的集體記憶和文化符號。有古代部族遺有「紋身」之俗，似可與此參照。

懸空，劍指雅人之頂。³ 雅申幼時即從先人習知，此乃大災之象。⁴ 先人早年凡遇此象，即遭族災。⁵ 今復遇此象，果有族災再起。

⁶ 雅申細望頂空，有流雲斷續向西。⁷ 雲邊流星閃爍，由東至西緩緩而移。⁸ 再觀西天邊際，有清亮銀光泛出，白中顯紅，依稀顯現。

第二節　族帝召喚

¹ 雅申閉目沉悟，隱聽族帝啟喚。² 雅申心得天啟，復辨天象，得悟族人正深陷危難，惟依萬能族帝指引，方可脫災離險。

雅申對族人曰：

³ 先前之事，萬能族帝皆已看到。⁴ 族人遠離本族本家，流於異族之地，慘遭異族屠戮。⁵ 萬能族帝緊要之際並不歇隱，雅人族旗不會倒下。

⁶ 族人可舉頭觀望，流雲西衝，繁星西湧，雅人流民須遷動。①

---

① 此處言及雅人一支遠離本族祖地，成為流落異地的「流民」，故遭致災難。災難當頭，又是族帝引路，出面解救族人，由此可增族人對族帝的敬拜。在族帝的召喚下，流民開啟尋歸族地之路。

（圖26　流雲西衝）

[7]眾人望去，天雲繁星列排西湧，似召人歸家。[8]再觀東方，串星如劍，愈發刺眼逼迫。[9]眾人依雅申告諭，匆匆收拾行囊，攙攜傷殘，向西進發，尋歸雅人族地。

第六章　開疆引水

第一節　渴蟾作祟

¹ 希人所居乘山一帶，遠離湖泊，日頭曝曬，流沙遍地。² 山丘荒地之中，多有渴蟾出沒。³ 渴蟾形如黃鯰，身有八腳，背有兩翅，爬行甚快，善跳會飛。⁴ 渴蟾汲水成性，有汲水化氣之能，所到之處河水汲乾。⁵ 百姓深受天旱之苦，更受渴蟾作祟之害。

⁶ 希人善掘井取水，掘深四十丈，方見地水泉湧，可供飲用。⁷ 然希人村落散布八百里，可掘井取水之地竟為少數。⁸ 加之渴蟾出沒無常，希人乾旱之困終無徹解。

第二節　希曼尋水

¹ 天曆一百七十三年，希曼為王，決議率族人開疆引水。² 春至時節，希曼率強悍隨從兩千出外尋水。³ 每至一處，希人皆以石疊壘，築成圓泰，以標示希人之地。⁴ 圓泰底大上尖，圓形塔狀，壘疊三十八層。⁵ 依用石大小，圓泰高低不一，高者數十丈，十里之外可見。^①

---

① 古族有在新發現領地築建各類標誌物的習俗，以此標示對領地的擁有，同時也作為祈拜的場所或對象。

第三節　天河聖水

¹ 希曼王率眾出行數月，翻山越嶺，行至一處新地。² 舉目望去，嶺下草木繁盛，一片蔥綠。³ 穿越嶺下樹林，驚現寬河一條，水清見底。⁴ 眾人興奮異常，高呼「奧拉」，即為祈福謝恩之意。⁵ 將士捧水痛飲，有人趴臥河邊，伸頭入水，盡情暢飲。⁶ 有卒兵樂極生悲，不慎落水，因不識水性，沉水無回。

⁷ 大河川流不息，希曼王觀之，慨歎不已。⁸ 希人世代深受旱災之苦，每日求雨，並不得豐沛雨水。⁹ 今終蒙雨神大恩，天水聚河川，天露匯甘泉，不見其源，但見其流滔滔不斷。¹⁰ 眾人稱其為「天河」，意為天水之河，天帝所賜聖水。

第四節　謝恩雨神

¹ 希曼王率族人序列排開，跪地而拜，謝恩雨神。² 微風漸起，希人藍旗隨風飄揚。³ 各人解下頭頂藍帶，時上下時前後，依序揮擺。⁴ 自希人祖上以來，世代延以此俗求雨謝恩，百年不改。

⁵ 希曼率族人築圓泰於新地。⁶ 眾匠人鑿選大白石，壘築碩大圓泰。⁷ 所選白石光潔如玉，日照不灼，冰壓不冷。⁸ 圓泰由

（圖27　希人築圓泰）

習常三十八層，增高為六十八層。[9]完工之際，眾人齊呼「奧
拉」，「奧拉」之聲回徹山谷。

第五節　族師會議

[1]希曼招來諸族師，會議族人大計。[2]族師為族內德高望重
之人，精通古訓，擅觀天象。[3]希人每遇族內要務，均由族師
合議，族王議定。

族師希啟曰：

（圖28　族師會議）

⁴天帝賜我天水，復賜豐沃寶地。⁵希人既已築就圓泰，此地已歸希人所有。⁶希人可舉族遷徙來此，沿河而居，必徹解族人缺水之困。⁷如此而來，希人必子孫繁多，必成諸國之王。

⁸希皋、希稷兩族師隨即附議，以為上策。

⁹沉寂半晌，族師希魯開口曰：

¹⁰希人居乘山祖地，天帝賜授久矣。¹¹希人世代繁衍承傳，雖受乾旱之苦、渴蟾之擾，然希人深得天帝眷顧，保我族人由少而多，延傳有序，佑我族人築城安寨，村舍羅布。¹²如今怎可輕言而棄？

¹³而況乘山之下，先人立族立教所在，天帝雨神拯救施恩之地，怎可見異思遷，廢棄祖地！

¹⁴希啟、希昕諸族師附聲稱是，籲族王不可廢棄立族本地。¹⁵希曼王思忖良久，沉默不語。¹⁶當晚未做定議，各自安息。

第六節　求悟天啟

¹夜深人靜，天河奔流，濤聲汩汩。²希曼輾轉反側，思緒千里，難以心靜。³遠離族地時日有多，族人家眷一切安好？

[4] 故地久受乾旱困苦，然滋養族人生生不息。[5] 新地天水充沛草木茂盛，故地、新地何取何捨？[6] 希曼心罣念思，求悟天啟，徹夜難眠。

[7] 東方泛白，日頭漸起，希曼王召集眾人。[8] 眾人先向天帝雨神敬拜，依次三番。[9] 敬拜完畢，眾人肅立，聆聽希曼詔諭。希曼曰：

> [10] 希人蒙天帝之恩，興族立教，繁衍子孫。[11] 亙古以來，以大乘為居地，勤懇勞作，多得天眷。[12] 惟常遭乾旱之災，常受缺水之苦。[13] 今受天帝恩賜，尋得天水之河，實為希族至福大祉。[14] 天帝恩意，希人萬世不忘。[15] 希人獲此恩地，須近水而居，據嶺修寨，以被天帝之恩，以護天賜甘水。
>
> [16] 然希人不可忘祖宗棄祖地，不可離棄天帝所賜祖業祖地。[17] 天帝有啟悟，且授萬全策。[18] 希人須鑿大渠引天水，引天河之水至乘山故地，以使天帝之恩遍及祖地，惠及族人。

[19] 六族師聽完希曼所言，連聲稱道。[20] 眾人高呼「奧拉」、「奧拉」。

第七節　天渠綿延

[1] 希曼率眾人返祖地，舉族人之力，歷經二十餘年，終鑿通大渠一條，希人謂之「天渠」。[2] 天渠寬十丈，或繞山而行，或作隧而通，綿延千里，終將天河之水引至乘山一帶。

[3] 天渠通於天曆一百九十六年春至時節。[4] 希人將通渠之日立為聖日，定為通水族節。[5] 每年春至時分，希人必載歌載舞，慶之賀之，拜謝天帝，念恩先人。

（圖29　天渠延綿千里）

⁶後通水節成為希人大節，沿襲千年。^①

⁷希人修築大渠，經年之間死傷無數，後列入族譜族冊，傳於後人。

第七章　布人伐希

第一節　犀水枯竭

¹布人所居犀水之畔，犀水清湛充沛，育養世代布人。²自希人掘渠引水，犀水日漸枯竭，田地荒蕪，草木凋零。

第二節　布禹尋水

¹天曆一百九十九年，布王布禹率騎士三千，溯犀而上，查尋水況。²犀河寬大，然只剩淺流細水，河底泛露，車馬可行。³布禹行軍於河床，途中常有人馬掉隊。⁴年老騎士體力不支，不到半月掉隊者近半。

---

① 節期之俗是人類文明演進中一個十分重要的現象。節期往往是對民族重大歷史事件的紀念，隨著時間的延續而沉澱成俗，後人在過節時，既是對先人的紀念，又是對民族歷史的回憶。節期是對民族意識的週期性提示，作為重要的文化符號，不同節期有不同內涵、指向，不可一概而言「節日快樂」，有些節期須靜默、緬懷。

⁵ 為避烈日曝曬，布禹率族人白日歇息，夜晚披星前行。
⁶ 皓月當空，戰馬嘶鳴，隊列蔚為壯觀。⁷ 行至第十八日，正當
眾人午歇之時，先行騎兵回頭稟報，前有草木漸盛，似聞流水
之聲。

⁸ 夜幕降臨，布禹與眾族師議事，隱有濤聲傳來，眾人難
抑興奮。⁹ 布禹召喚集結，眾將士抖擻精神，乘涼爽夜風整裝
進發。

¹⁰ 是夜懸月如晝，星光耀眼。¹¹ 布禹眾人拍馬前行，白馬
爭先，黑馬不讓。

¹² 前行二十里，突見碩大圓形石堆矗立在前，上有大旗招
展，周邊燈火隱現，散落林間一片。¹³ 布禹喝停眾人，派兵前
去偵探。

第三節　犀水易流

¹ 兩時辰後探兵返回，詳細稟報所聞所見。² 原為希人在此
鑿渠築壩，將犀水東流之向易為向南而流。³ 犀水南流，致布
人所居東北之地有河無水，有水無源。

⁴ 希人在此依山就水築屋設寨，分居三處，一處人眾，兩
處人寡。⁵ 人眾者為首領所居，背靠圓泰，地勢居高臨川。⁶ 另
兩處散居人稀，分處兩邊。

（圖30　白馬爭先，黑馬不讓）

第四節　合殲希人

[1] 布禹與族師商議，趁希人不備，突襲希族首領。[2] 另派兩隊兵馬，圍斃兩旁散居希人。

[3] 布禹一聲令下，眾將士衝殺過去，見人殺人，見屋燒屋，一時哭叫一片，火光沖天。[4] 希人無防範，十之八九旋即被殲，餘下皆成布人之虜。

第五節　換旗改流

[1] 布禹派人攀圓泰，欲摘希人族旗。[2] 士兵攀至大半即失手滾落，傷者過十，死者有三。[3] 幾費周折終有布兵攀頂，扯下希人族旗，置換布人天虎青旗。

[4] 東方日出，山川清亮。[5] 布禹率眾人面東而跪，感恩布帝，祈福族人。[6] 眼望滔滔清水向南而去，布禹率族人搬石運土，誓欲截流堵水，改流向東。

[7] 布人合力運石築壩。[8] 然石大石小落水即沒，不見成效。[9] 眾人心機費盡，合議砍伐大樹，以木築壩，壘石固壩。[10] 眾人試之，果然生效。[11] 然未及心悅延久，有湍流湧來，木石立時全無，壩上工匠亦被捲沒。

[12] 數月下來，布人竟損失有半。[13] 眼見水流湍湍，布人無奈，惟有望水興歎。[14] 天帝賜犀水與布人，犀水何以不東流？

第六節　天意難違

[1] 布曲乃布人大族師，天象地理古往今勢，無所不知。[2] 布曲翻查經書，觀象測地，思揣多日，終明天意。

[3] 布曲勸諭布禹王，天意難違，犀水既已南流，已成難阻之勢。[4] 天水普濟眾人，布人須捨獨貪之念。[5] 一意堵之，徒勞

無益，與其死堵，無如導疏。

　　⁶ 眾人信之，遂沿犀水故道，重鑿渠口，分水而流。⁷ 不多時日，犀水重歸東流，流口愈沖愈大，及成沟湧之勢。

　　⁸ 自此犀水之流一分為二，一沿故道向東惠澤布人，一支向南澤濟希人。⁹ 然希、布兩族由此結怨，百年不解。

第八章　福禍相轉

第一節　返歸故里

　　¹ 布禹終成復水之業，遂率族人並戰俘歸返故里。² 自探水以來，布人已損將士十之七八，存活者不足千人。³ 所擄希人男女上百，皆以繩索縛之，連成一串。

　　⁴ 布禹出巡初時，河道乾涸，雖有河沙卵石，然行進不難。⁵ 現河水清澈滔滔東流，眾人心中愉悅，然腳下歸途甚艱。⁶ 眾人沿河岸披荊斬棘，跚躚前行，進速甚緩。

　　⁷ 一日行進途中，突遇暴雨雷電，白晝瞬轉黑夜。⁸ 眾人只得停歇，躲於崖壁之下。⁹ 暴雨一晝一夜未息，及至次日黎明，方見雨住雲開。¹⁰ 眾人從崖下走出，歡呼雀躍，欲整裝再發。

　　¹¹ 被擄希人繩索捆綁，行走尤艱。¹² 紛紛懇求布人除繩鬆綁，以便前行。¹³ 士兵秉報布禹，布禹不允。¹⁴ 令官集合眾

人，希人專列一邊。

¹⁵布禹登高，對眾人曰：

¹⁶布人重得天水，乃布帝神恩所賜。¹⁷布人伐希而勝，全賴布帝所助。¹⁸天水已抵布人家園，祖地鄉里必是枯樹發芽，遍野開花。¹⁹布人蒙天恩，日後必是江山萬里，世代旺盛。

²⁰眾人歡呼，群情高亢。

第二節　天有不測

¹天有不測之變。²話音未落，布禹所立礁崖突然晃動，瞬間坍塌。³未及侍者救扶，布禹連人帶馬墮入深淵。⁴眾人驚慌無處躲閃，布人、希人不分，轉眼皆沉大河，掀起狼煙一片。

⁵跌水人馬拚命掙扎，多為湍流吞噬淹沒。⁶惟被俘希人繩索捆綁，反被河礁古樹纏繞。⁷力壯者先自掙脫繩綁，再將水中同胞一一解至岸邊。⁸希人驚魂未定，慶幸之餘，眼見布人連人帶馬盡被大水捲沒。

⁹希人老幼相互攙扶，跋涉百日，終歸希族祖地。

（圖31　磯崖坍塌，狼煙一片）

第三節　水多成患

[1] 丘山之傍布人故地，自布禹率兵外出探水，族人每日翹盼犀水重流，親人歸返。[2] 待見犀水流來，布人無不喜悅，亦知禹王歸期不遠。

[3] 孰知天降大雨，犀水暴流，直把河床周邊屋舍淹沒。[4] 布人四處鼠竄，或逃至岸邊高坡，或攀至山嶺凸地。[5] 老弱婦孺多被沖走，傷亡者不計其數。[6] 布人盼水，有水得福，水多成患。

⁷尤使眾人驚駭者，不時有布人死屍順流漂下。⁸雖面目不清，然依飾裝而辨，死者非布人騎士莫屬。⁹布人心懷悲痛，打撈屍首逐一掩埋。

¹⁰時過良久，布禹引水之難方為族人明悉。¹¹族人歌之泣之，代以誦傳。

第九章　兄弟鬩牆

第一節　秋實節慶

¹耶人自先祖遭大風災，避海三百里，連年拓荒開墾，漸以耕種為生。²所種作物有小麥、蕎麥、紅粱、黃穀，亦有沙果、黃梨、山棗、椰棗。³有人擅養禽畜，近水者養鴨鵝，遠水者養牛羊。

⁴仲秋糧穀豐收之際，耶人即行祈福族祭，歡慶秋實之節。⁵秋實節乃耶族大節，始止持續七日，期間族人歇息停工，不再勞作。

⁶秋實之節擇秋日月圓之夜，以巨石築八丈高臺，以臺為央，眾人圍繞歡慶。⁷高臺徑約二十丈，方底圓體，逐級漸小。

⁸全族各支按輩序奉獻供物，糧穀果蔬應有盡有，盡選佳美之物。⁹心誠者得山神悅納，亦得族人祝福，來年必得回

報。¹⁰ 偶有心私不捨者，族人必唾之，家人亦不允，來年必遭災受罰。

¹¹ 夜幕降臨，族人環繞祭臺，牽手歌舞，周邊篝火通亮。¹² 祭司長依輩分序列點唱各支各家名目，由遠及近，由卑至尊。¹³ 點叫聲落，即有人應。¹⁴ 被點支族由族領手捧奉物上前，依序置於祭壇，由低遞上。¹⁵ 每獻一物，皆引來喝彩擊掌。¹⁶ 有族領年邁不支，便有侍人攙持攙輔。

第二節　香桂花環

¹ 耶人十族四十八支逐一獻奉。² 愈往後者，獻物愈豐美，喝彩之聲愈烈。³ 每年皆由祭司長合眾評議，獻物至佳者為冠，可得族長頒佩香桂花環。

⁴ 耶菲力為耶人十族之大，自選冠以來，冠者非其莫屬。⁵ 故每次殿後出場者均為耶菲力。⁶ 耶菲力出場必招大喝彩，所獻祭物縱與兄弟諸家伯仲不分，祭司長合議，亦將香桂花環頒予耶菲力。

第三節　兄弟競獻

¹ 今次耶族各支經年累積，皆欲祭奉精美獻物。² 耶郁里為耶族次兄，為人公義，勞作勤勉，甚得族人擁戴。³ 雖連年未

曾得冠，然甚獲期待。

⁴祭司長高喚耶郁里，眾人騷動一片。⁵但見耶郁里率大小兩子，三人合抬碩大木筐登場。⁶筐上置精巧托架，架上布滿穀粱，穀粱依翠綠、金黃、赤紅各色分圈堆放，煞是美觀。⁷再見穀粱之央托架之上，立丹頂白鶴一隻，白鶴顱頂丹紅，頸長且直，羽潔無瑕。⁸白鶴雙腿細長，雙翅輕展，兩目環視，似與人語。

⁹眾人見之目瞪口呆，不辨實幻。¹⁰片刻靜默，喝彩之聲響起，如雷震天。¹¹耶郁里置好獻物，向族人作揖致謝，環拜四周。

¹²長兄耶菲力殿後而出，眾人甚有期待。¹³耶菲力率兩子抬上奉物，眾人見之大失所望，四圍噓聲一片。¹⁴原耶菲力奉物仍不外雜穀、雞鴨之類，與往年無異。¹⁵耶菲力面紅耳赤，久佇呆立，顧左右而無所措。

第四節　花環易主

¹眾人齊叫：「耶郁里，耶郁里！」²祭司長匍臥族長跟前，與族長耳語。³祭司長回眸張望，眾人仍是齊叫：「耶郁里，耶郁里！」⁴祭司長復與族長耳語，族長擺手示意，眾人立靜下來。

⁵祭司長起身站於祭壇中間，眾人鴉雀無聲，惟有篝火呼呼作響。祭司長高聲稱頌：

⁶耶帝賜恩，耶人得享。⁷耶人奉物，耶神皆有悅納。

⁸眾人一片歡呼。⁹祭司長清喉提聲，手舉香桂花環。¹⁰停息片刻，高聲宣告道：

> ¹¹耶人奉物，各有所長。¹²是次祭獻，至受耶帝悅納者——耶郁里！

¹³語音未落，四周響起：「耶郁里，耶郁里！」¹⁴耶郁里甚喜，躍上祭壇。¹⁵族長起身近前，親將香桂花環佩掛於耶郁里頸項。¹⁶耶郁里跪拜謝恩，眾人歡呼。

¹⁷依耶人族規，耶郁里即成各支之首，同輩之大。¹⁸眾人狂歡，耶菲力沮喪，惱羞離去。

第五節　耶族內訌

¹耶菲力族人自此妒恨耶郁里一族。²耶人不再平息，族內兄弟糾紛不斷。³是年冬至之際，耶菲力率人侵入耶郁里家園，火燒屋棚，斬殺家眷。

⁴耶人十族四十八支各有偏傾，耶族內訌內損，引遭異族

覷覦。⁵外患始於內憂，族爭千年不斷。①

第十章　撒人爭女

第一節　傾國之美

¹撒人居地北有魏山，西有乙山。²兩山為屏，烈風難吹，猛獸難襲。³南面慈水，東臨田湖，漁米豐碩，鄉倫有序。

⁴撒詹有獨女名丹倫，貌若天仙，似天女落凡，不識人煙。⁵丹倫之美傾族傾國，遠近老幼無人不曉。

第二節　族王好色

¹族王撒全好色愛美，曾擁宮妃三千。²此時年已老邁，只能臥榻仰天，偶喚美媛榻前漫舞，聊飽眼福。³每遇靚佳媛，族王即昂奮，雙目泛異光。⁴族內立有族規，天下美女均須舉薦進宮，先供老王過目，凡王中意者皆留宮內。

⁵此例所興已久，撒全諸子多有抱怨，然懾於父威終不敢言。

---

① 此節言耶人族內之爭，族內十族四十八支各有偏傾。族內之爭常起於爭寵、爭位、嫉妒、爭財等因。

⁶ 老王幾近昏癡，然權柄死握，不願傳子。⁷ 尤命族人，凡涉美女、金銀之事，必其躬親而為。⁸ 故此長子撒寅未得承傳之位，兄弟五人亦未臣服撒寅，尤以二弟撒帶為甚。

⁹ 丹倫年滿十四，既行成年之禮。¹⁰ 族人依規將其帶至王前，眾人圍觀。¹¹ 樂起之時，兩傭引行，丹倫緩步移至王榻之前。¹² 雖粉黛未施，卻玲瓏天然。¹³ 丹倫仙氣四溢，觀者無不屏氣凝神。

¹⁴ 老王似被仙女之氣襲擊，竟能舉頸盯視，目光炯然。¹⁵ 端視良久，老王欲語不能，忽現孩童孺笑，又似老狼貪煞。¹⁶ 持續半晌，王體不支，精氣耗盡，垂頭落枕。

¹⁷ 撒寅、撒帶觀於一旁，一身冷汗，父王倒臥方得舒緩。¹⁸ 宮臣宣告禮畢，丹倫退下返回。¹⁹ 撒寅、撒帶目送丹倫遠去，直至倩影不見。²⁰ 丹倫歡喜，家人竊喜。

第三節　兄弟提親

¹ 次日日頭升起，撒詹門前突起喧囂之聲。² 撒詹出外細觀，一隊人馬由東而來。³ 原是撒帶當先，率侍從趕至門前。⁴ 撒帶恭敬有加，下馬跪拜。⁵ 撒詹惶恐，趕緊回拜。⁶ 撒帶端扶撒詹，眾人緩緩起身。

⁷ 撒帶曰：「族王選妃已過，昨夜夢得父王允諭。⁸ 撒帶今依父諭，前來提親，改日可擇良辰佳時，娶丹倫入室為妻。」

⁹話音未落，一襲人馬由西而來。¹⁰眾人望去，原是撒寅趕到。¹¹撒寅見狀，心中全然明瞭。¹²不由分說，旋即拔出寶劍，怒向撒帶。¹³撒帶並不退讓，立馬起劍以對。

第四節　以劍為語

¹撒寅大聲吼叫，以兄長之尊，丹倫應歸其屬有。²撒帶以弟之序，何以搶先在前？³撒帶辯稱，父王既無屬意，已夢諭撒帶，丹倫歸帶乃父王之意。

（圖32　兄弟以劍為語）

[4] 撒寅斥其無理，變亂尊長之序。[5] 兄弟互不相讓，以劍為語。[6] 兩隊人馬見狀，一一捉對廝殺。[7] 撒詹家人嚇匍在地，不敢正視。

[8] 撒寅、撒帶後援人馬皆眾，分東西兩向蜂擁趕至，山坡上下一時殺聲震天。[9] 直至夕陽西落，殺聲方漸平息。[10] 但見血流成河，陳屍遍野，撒寅、撒帶倒臥其間，完屍不見。

第五節　撒弗繼位

[1] 半載之後，老王壽終正寢。[2] 三子撒弗繼位，時年二十有二。[3] 然撒弗體胖智昏，全靠臣宦輔佐。[4] 丹倫被納入宮，成撒弗之妻，然枉為王妃，不得撒弗珍寵。

[5] 撒弗雖獲繼位，兄弟撒升、撒齊諸人並不誠服。[6] 撒人隱患深埋，恩怨情仇盤錯，終難平安寧順。

第十一章　天使巡望

[1] 分族以降，族族相爭，未有停息。[2] 立教以來，教派相對，未有消滅。[3] 族教之內，亦爭鬥時起，少見平息。

[4] 自開天創世，天帝常遣使者人間巡望，百年大巡，十年

小望。⁵天曆三百年秋，天帝遣使者落凡巡望。⁶見人間四處紛亂，滿地爭戰，天使心憂神傷。①

⁷天使稟報天帝曰：

⁸天下族人，同為天生。⁹分處異地，水土萬千，各不相同。¹⁰天有冷熱，地有燥濕，勞有漁耕，作有狩牧。¹¹各族習性漸分，族統漸變。¹²眾人居山不食山，依水不食水，而盡坐山望水，擁水望山。

天帝回曰：

¹³天下眾生，自大為源，心爭為根，物爭為本，捨命求多。¹⁴人之生途，族之道統，迢遙曲折，此起彼伏。②

¹⁵靈道既賦人，冀人以身載道，以靈制欲。¹⁶人自修為，族自承續，何去何從，可續觀續望。

¹⁷天帝既造人，自可制人。¹⁸天帝何制人，自依人修為。③

---

① 此處以天使旁觀者之眼，概言人世間族族相爭、教教相對、滿地爭戰的慘烈史實。

② 此處以天帝回覆天使之語，界說爭戰的根源，即：「自大」為爭戰之「源」，「心爭」為爭戰之「根」，「物爭」為爭戰之「本」。

③ 此處表明兩點：天帝賦人靈道，寄望於人的修為；天帝既然造了人，自然可以制人。

[19] 天使聞之，心有釋然。[20] 後不時巡望，觀世察人。[21] 天帝之使無所不在，人間世事了悟盡然。

雨界書

卷七　承續

文明的演進是一個承前續後的過程，從婚俗嫁制、道統族規、民習民俗到治家理世等等，似長河一般源遠流長、蜿蜒曲折，在一脈相承地流變中，既有生發壯大，也有陶冶吸納，更有適勢而變。

第一章　各族清數

第一節　雅人清點

[1] 雅人幾經災患，終在猶山、瑞水一帶盤營生息，逐年壯大。[2] 至天曆二百六十二年，先王雅羅十子所衍後人，九子九族完好延續，惟七子雅塞一族走失，不知所去。[3] 九族之中以長子雅曲為大，九族擁雅曲為王。

[4] 雅曲王命各族清點人數，男女老幼按類分數。[5] 各族壘石為記，各家攜石會聚。[6] 能工者為成人，以拳大之石為標。[7] 哺乳蹣跚者為幼童，以小石為記。[8] 石分陰陽，光凸向上者為

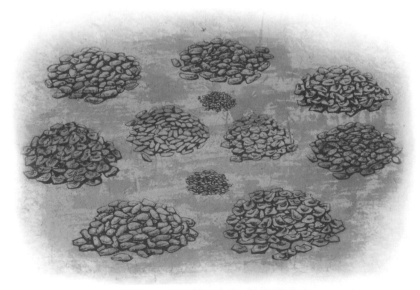

（圖33　清點族人　壘石為記）

（圖34　智師創符）

陽，以茲為男。[9] 貼地濕潮者為陰，以茲為女。[10] 各族按人壘石，大小不等，陰陽有分，堆連成片。

第二節　智師創符

[1] 雅曲派智師分類清點，計數匯總。[2] 智師乃族中超慧之人，得天啟悟，可上觀天象，下識地理。[3] 智師初以刻痕為記，或以石版刻之，或以竹木刻之，或以牛骨龜甲刻之。[4] 後以畫符為記，男女有異，老幼有分，多寡有別。[5] 智師創符，眾人仿效，逐族相傳，遂約定俗成。

⁶凡日月星辰、天地河川、牛馬雞犬、屋舍耙鎬，皆有符圖具表，各有音聲相對。⁷至於衣食勞作百工諸事，喜怒哀樂七情六欲，亦各有符表。⁸天地事項，以連符而表徵，連數而推演，經年演進，及至精深。⁹有智士專事數理之術，數數相累，增減依序，律位上階，可至無窮。①

第三節　各族人數

¹智師清數，雅人各族人數如次：

²雅曲嫡族人數至多，計三萬三千五百七十一人；雅非族計二萬八千三百一十三人；雅安族計一萬九千六百二十人；雅東族計二萬一千三百三十二人；雅和族計二萬二千零二十九人；雅代族計一萬六千四百五十四人；雅石族計八千七百五十五人；雅目族計一萬三千一百八十人；雅月族計七千八百二十六人。

³雅曲全族計一十七萬一千零八十人，其中男人八萬五千九百一十一人，女人八萬五千一百六十九人。

⁴函、希、雅、耶、撒諸族亦各依其法，清點族人。

⁵函人全族繁衍旺盛，至天曆二百六十年間，全族已有三十二萬三千餘人。

---

① 此處一講「字符」，二講「數學」。字符由智師得天啟而創立，眾人仿效，約定俗成；有智士專事數理之術，「數學」得以精進發展。字符與數學是文明演進中具有里程碑和標誌意義的事項。

⁶希人全族九萬四千人。

⁷布人一十四萬五千人。

⁸耶族外災內患不絕，只有六萬一千人。

⁹撒人計有一十三萬二千人。^①

第二章　婚俗嫁制

第一節　雅人婚制

¹雅人九族脈傳有序，婚制謹嚴。²雅人規定：

不可與外族人通婚。³凡與外族人通婚者，必從族內剪除，其父母亦必從族內逐出。

⁴不可與父母通婚。⁵凡與父母通婚者，無論父母、兒女，皆要遭亂石擊殺。⁶水不可倒流，女不可嫁父，子不可娶母。

⁷兄弟姐妹不可通婚。⁸凡通婚者必遭棒打一百下，棒打不死者，可救治療傷。⁹同父異母、同母異父兄弟姐妹不可通婚。¹⁰表兄弟姐妹可以通婚。

---

① 最初的人口統計，涵蓋了各族。《兩界書》始終是一種整體性的思維。

^{11}男人不可與男人通婚，女人不可與女人通婚。^{12}男人不可做女人所做之事，女人不可做男人所做之事。^{13}凡男人同男人通婚、女人同女人通婚者，須棒打三百下，棒打不死者可救治療傷。^{14}日後如若再犯，加倍棒打三百下，棒打不死者不可救治療傷。^{15}男人與男人通婚、女人與女人通婚，必致陰陽失序，此例若開，日後氾濫，人孫必亡。

^{16}人不可同牲畜禽獸通婚。^{17}凡與牲畜禽獸通婚者，必遭亂石擊殺。^{18}牲畜禽獸未經天帝涮洗，人若與之通婚，必染異病，必生怪胎。^{19}怪胎既生，必亂倫序，遺害大矣。

^{20}人不可同自己通婚。^{21}無論男人女人都不可與自己通婚。^{22}凡與自己通婚者，必棒打五十下，不可打死。^{23}棒打五十下者，可致作祟之物從體內逐出。

^{24}如屬陰陽之人，就是身有男女兩性之人，亦不可與自己通婚。^{25}陰陽之人身有兩性，實為初人影現，未經天帝再造。^{26}可以石刀、鐵刀割切，割切存活者，同天帝所造男人女人一樣，適為中人，可男女通婚。①

---

① 婚俗嫁制是各族形成的關於男女婚配的制度規範，有鮮明的民族、時代印跡，反映了歷史上各族生存與傳承的特定要求。此處所言雅人的規定，包含了異族關係、倫理、信仰、傳統，甚至提到了「同性婚」、「自婚」等問題。

第二節　函人婚制

[1]函人規定：

男人可娶多個女人，女人不可嫁多個男人。[2]男人娶多個女人，後裔子女繁衍增多，父源延續，相貌可辨，族倫有序。[3]若女人嫁多個男人，所生之子父源不分，族脈不清，必致混亂。

[4]函族男子可娶外族女子，函族女子不可嫁外族男子。[5]函族男子娶外族女子，必給函族繁衍後代，傳函人血脈，長函人模樣。[6]如所生之子相貌類同異族之人，函人祖業就不可傳他，必再生產，祖業必傳函人相貌者。

[7]若函族女子同異族男子私奔，須將女子從函人中剪除，要往女子父母身上潑倒汙水三十天，以承照管不盡之責。[8]如女子有姐妹未嫁，須將姐妹看管起來，腳縛石鎖，以防仿其姐妹私奔。

[9]男人如果亡妻，要選妻子平日喜好之地，安葬妻子。[10]待妻子墳墓長滿青草，青草一尺之高，即可再娶新妻。

[11]女人如果喪夫，要選丈夫平日喜好之地，安葬丈

夫。¹² 待丈夫墳墓長滿青草，新栽小樹長出兩次新芽，方可再嫁。

¹³ 再嫁男人須是先夫同胞兄弟。¹⁴ 如果先夫沒有同胞兄弟，可嫁先夫堂兄堂弟。¹⁵ 如果先夫沒有堂兄堂弟，只可再嫁先夫同姓同門男人。¹⁶ 因女人已跟先夫之姓，就不能再嫁外姓男人。^①

第三節　希人婚制

¹ 希族規定：

　　希族女人嫁至男家，若一年四季過後仍未懷子，男人就可另娶女人，女人也可另嫁男人。² 希人在雅人、函人周邊人數最少，要多多繁衍，使族人布滿全地。

³ 希族女人不可同時嫁多個丈夫。

⁴ 女人改嫁新夫後，不得再留戀前夫，不可再進前夫家門。⁵ 如果進了，前夫須將她趕走。⁶ 如果收留，像原先夫妻一樣，現夫有權棒打她。⁷ 也可棒打妻子前夫，前夫現妻也可棒打她，或棒打自己丈夫，被打者不可反抗。

---

① 函人的婚規與雅人有同有異，特別強調了對「父源」的延續。這在早期對於保持族群的純正性是非常重要的。

第四節　族各有制

[1] 布人、撒人各有婚俗嫁制，與雅、函、希各族有同有異。

[2] 各族婚俗嫁制多經沿襲流變，破戒違規者時有其例，然大統延續，千年不變。

第三章　王子公主

第一節　王子遇公主

[1] 雅王子雅榮時年十八，英俊威武。

[2] 一日雅榮外巡，來至一處界山，山前有河，對岸為希人居住。[3] 行至溪灣淺畔，忽聞少女嬉鬧之聲傳來。[4] 透視水邊葦草，驚見少女七八，正於水中沐浴嬉戲。

[5] 少女環繞一圈，忘情潑水戲鬧。[6] 圈中一女子肌白如雪，髮髻高聳，玲瓏身軀隱而顯見。[7] 美女貌似天仙，實為希族公主，名曰希瑪。

[8] 雅榮注目良久，全然忘記周切。[9] 王子驚詫不解，人間之女何以如此美豔？[10] 竟為凡人尤物，抑或天外來仙？[11] 雅榮幾欲近觀，專注張望，口角垂涎。

（圖35　少女嬉戲圖）

[12] 雅榮忘情之舉，驚動水中少女。[13] 少女驚慌失措，護擁希瑪往岸邊逃去。[14] 少女出水登岸，妙曼身軀裸露無遺。[15] 眾女匆匆以裙紗遮體，紛逃林叢之後匿藏。

[16] 穿飾完畢，眾女方敢定神觀望。[17] 但見雅榮立於岸邊，身軀挺拔，器宇軒昂。[18] 希瑪不及細望，即被女傭簇擁逃離。

第二節　情不能禁

[1] 雅榮回至宮中，一夜未眠。[2] 次日天亮，雅榮急返舊地，

然人跡全無，惟溪水緩流，岸柳輕撫。³一連六日，雅榮皆失望而歸。

⁴第七日雅榮如常巡視，只是心中不抱期望。⁵然途經美女沐浴處，仍情不能禁，不時佇立尋望。

第三節　再遇希瑪

¹日頭西落之際，雅榮率人歸返。²行至半途，巧遇人馬一隊。³來者驚慌躲避，不知所措。⁴雅榮士兵將其圍住，定睛細看，除兩名持械者為男，餘者皆為年輕女子。

⁵雅榮下馬近前，認出立於其中之人正是公主希瑪。⁶希瑪亦辨識眼前青年，曾於溪畔相見。

⁷雅人責問希人，何以行至雅人領地。⁸希人盡述原委，公主只為尋鹿而來。⁹原希瑪養一寵鹿，寵鹿遍體赤紅，金斑點綴，舉世無雙。¹⁰是日寵鹿頑皮闖禍，遭希瑪訓斥，遂走失於山嶺叢林。¹¹希瑪心焦遍尋各處，不覺行至雅人之地。

¹²不容多言，雅榮命人將來者帶回宮內。¹³侍從繳下希人槍械，將人悉數押回。¹⁴雅榮訓誡手下，勿對希瑪動粗。

第四節　善之以待

¹希瑪帶至宮中，雅榮善之以待，三餐奉以佳餚。²然希瑪

愁思煩惱，茶飯不香。[3] 希瑪與愛鹿多年相伴，情同手足，心有靈感，一日不見，猶坐針氈。[4] 希瑪被困雅宮，朝夕嚷叫，片刻不寧。[5] 雅榮見狀，屢派手下四處尋鹿，以圖希瑪歡心。

[6] 希瑪人在雅宮，心在父家。[7] 年紀十之有六，希瑪從未離家獨居，更未身處異族他鄉。[8] 數日下來，希瑪日漸消瘦，愈發暴躁。[9] 雅榮只是傾心照料，百般取悅。

[10] 多日尋鹿不果，雅榮親率隨從外出。[11] 幾經周折，終有所獲。[12] 原寵鹿誤入叢林，荊藤纏身，不得走脫。[13] 雅榮尋獲之時，寵鹿已遍體鱗傷，奄奄一息。[14] 眾人小心翼翼剁荊斷藤，始將寵鹿解救脫難。

[15] 雅榮急速返宮，將寵鹿帶至希瑪面前。[16] 希瑪眼見所愛，甚是喜悅。[17] 又見寵鹿遍體鱗傷，心中不免疼憐。[18] 寵鹿見希瑪亦甚親熱，撲身擁懷，不停舐舔。

[19] 愛鹿失而復得，希瑪開心愉悅。[20] 雅榮親派御醫照料，不出一日，寵鹿復又歡蹦歡跳。

第五節　欲聯異族之婚

[1] 雅榮欲向希瑪提親，首遭族臣反對，更遭雅王不允。[2] 雅族有規，雅人不得嫁娶異族之人。[3] 凡與異族之人通婚者，必從族內剪除。[4] 而今雅人王子欲同異族聯姻，父王、族臣何以應允？[①]

---

① 此部分演繹了男女愛情與族規、族例相衝突的史例和故事。

第四章　雅榮決絕

第一節　不能自拔

¹ 雅榮陳表父王，滿心傾情希瑪，橫豎不能自拔。² 若能得娶希瑪，希瑪即做雅人之妻，可傳雅人血脈，於雅人何損之有？

³ 父王聽後暴怒。⁴ 只因雅人世有前規，代有定例，承續久遠。⁵ 現雅王子欲破先規，此例若開，族人將無規以循。⁶ 族人無規，族統不續，害莫大焉！

⁷ 雅榮跪拜父王，抽出王賜寶劍，劍柄呈王，劍鋒向己。⁸ 眾人大吃一驚，莫不驚慌失措。⁹ 雅榮之劍為雅王所賜，雅族權柄象徵。¹⁰ 持劍者雅榮一王之下，萬人之上。¹¹ 寶劍出鞘，或有生殺大事，或在雅族緊要關節。

¹² 按雅人之俗，雅榮劍指己身，意表決絕。¹³ 眾人見狀，無不匍匐跪拜，不敢舉頭望視。

¹⁴ 父王見狀，既驚且怒，半晌不能言語。¹⁵ 老王年事已高，雅人大業全寄雅榮承續。¹⁶ 如今雅榮傾情外族之女，竟做決絕之舉，實令老王七竅生煙。

第二節　雅王不允

¹ 半晌之後，老王緩過神來。² 王以悲憤之聲言道，除非老

王閉目死去，除非雅神天意所囑，雅王決不應允雅榮破規。

³ 眾人驚駭，鴉雀無聲。⁴ 雅榮跪拜不起，淚如泉湧，地濕一片。⁵ 眾人觀之，無不動容。⁶ 有族臣欲向雅王諫言，欲語又止，無人敢前。⁷ 有族臣欲勸雅榮回心轉意，欲勸又止，幾次三番。

⁸ 士兵帶希瑪至王前，人群一陣騷亂。⁹ 有人高呼「斬殺」，遠近應聲，此起彼伏。

¹⁰ 雅榮怒吼：「何人敢動！」¹¹ 話聲未落，立時靜默。¹² 希瑪周身顫慄，偎依雅榮身旁。¹³ 雅榮、希瑪雙雙跪拜王前，老王一忽抽搐氣喘，一忽呆若木雞。

第五章　滾石極刑

第一節　令牌昭眾

¹ 時過半晌，雅王回過氣來。² 老王顫抖起立，緩步移向身後令壁，令壁掛滿令牌。³ 凡涉族人大事，雅王即以令牌昭眾，全族上下無不遵踐，縱赴湯蹈火亦無人敢違。

⁴ 眾人屏息凝氣，注目老王。⁵ 雅王佇立壁前，移目掃視，許久未見手動。⁶ 女僕攙扶在旁，見雅王老淚縱橫，襟濕一片。

⁷ 老王猛然趨步向前，手抓大刑之牌，轉身目視眾人，全

場驚歎一片。[8] 雅榮見狀大驚，緊擁希瑪不放。[9] 雅王將令牌拋下，眾人細看，原為石刑大令。[10] 眾人無不驚呼，唏噓哀泣之聲四起。

[11] 石刑乃滾石極刑，為雅人三大命刑之一，餘者為除首、裂軀。[12] 自雅族立規以來，受石刑未有可僥倖活命者，且死狀甚慘。[13] 有言曰：「除首為爽死，石刑為煎死。」[14] 有受刑者自選，寧以爽死為快。

[15] 雅榮、希瑪相擁而泣。[16] 雅王昏厥倒臥，宮內一片慌亂。

第二節　行刑

[1] 翌日日頭東升，族人早起。[2] 依雅王之命，按刑制刑規，眾刑手將十塊巨石依次置於高崖，預備行刑。

[3] 崖下設迎石臺，即固身臺。[4] 四條固身繩索依序排列，緊固於石臺四角。[5] 因受刑者為族王子，刑官、刑手各懷恐懼，各喝烈酒兩碗，以壯心膽。

[6] 日頭高升三丈，刑官發令，石刑將行。[7] 刑場四周簇滿人群，雅王已被抬上觀刑高臺。[8] 四壯漢攜舉雅榮登上迎石臺，粗繩大綁，依北東南西之序，逐一縛牢固身。[9] 被縛雅榮立於臺中，紋絲不能動。

[10] 刑官高高舉起令牌，環場一周，昭明眾人。[11] 正欲落牌行刑，天空黑雲密布，霎時電閃雷鳴，風雨大作。[12] 只聽刑官

大喝一聲令牌落地，崖上數十大漢猛力拉開石銷。

第三節　巨石落高崖

[1] 巨石落高崖。[2] 眼見雅榮變身肉泥，一陣颶風襲來，吹倒人群一片，吹飄巨石旁落。[3] 刑手腿腳被砸，四周觀者驚跳，雅榮竟然未損毫髮。

（圖36　石刑颶風）

⁴眼前景象，實令眾人難以置信。

⁵雅王見狀，不禁起身前觀。⁶雅榮睜開雙眼，周身縛綁鬆落。

⁷眾人歡呼，天佑雅榮，奇蹟天降！

第六章　守規破例

第一節　王發判令

¹經石刑而不死，雅榮為首人。²有眾臣上稟雅王，為雅榮求情。

³雅王三日思而不眠。⁴及至第四日，終發判令：雅榮經石刑而不死，乃天佑雅榮，幸可活命。⁵然族規道統延年已久，堅不可改，聖不可易。⁶雅榮須對天指誓，永守雅人族業。⁷雅榮須向先人謝罪，永延雅人族統。⁸雅榮須向族人謝恩，永傳雅人血脈。⁹雅王亦當謝罪謝恩。

第二節　謝罪謝恩

¹雅王聲落，雅榮即環周拜謝，謝天謝王謝族人。²未及眾人回禮，只見雅榮抽出寶劍，劍起臂落，左臂飛出三丈之遠。

³ 眾人驚愕，未及回神，只見雅王屏氣凝神，一聲爆響，口噴鮮血，倒斃於王座之上。

⁴ 老王駕崩，雅榮繼位，遂成獨臂雅王。

第七章　雅希之約

第一節　希王焦慮

¹ 自希瑪走失，族王希尼果焦慮萬分。² 遣人四出找尋，遍尋山野不見蹤影。³ 有百姓稟告，見希瑪一行往雅人方向走去。⁴ 後有音訊傳來，希瑪為雅人所擄，禁閉雅宮。

⁵ 族王希尼果派使者探情，月餘未有音訊。⁶ 希尼果未敢妄動，自知希人寡弱，難敵雅人。

⁷ 希王日漸憔悴，日日召集族師商議。⁸ 有族師反覆寬慰，公主聰慧善良，定會平安無恙。⁹ 有族師提議，召族內壯兵，或強攻或偷襲，不可坐受其辱。¹⁰ 族王權衡再三，躊躇難定。

第二節　雅使傳訊

¹ 一日希尼果所派兩使突然返回，且伴三名雅族使官。² 五人按希人禮俗，行禮敬拜族王。³ 使者稟告，公主一切安好。

⁴ 族王急詢詳情，使者一一作答。⁵ 使者詳述雅族變故，尤述雅榮、希瑪逆天奇愛。

⁶ 聽聞雅榮欲娶希瑪為妻，希尼果大為暴怒。⁷ 眾將士拔出長劍，直指雅使頸項。⁸ 雅使急叫「且慢」，高聲稟告，雅使如遭不測，公主命將不保。

⁹ 眾人未敢妄動。¹⁰ 僵持良久，希尼果發令，將雅使三人收押。¹¹ 希尼果會族師連夜商議。

¹² 翌日希尼果命將雅使押來，令其速速返回，傳信函兩箇，分致希瑪、雅榮。¹³ 竹函各封泥籤，他人不得私看。¹⁴ 希人將雅使送至族界，鬆解其縛，雅使旋即趕回。

¹⁵ 希瑪見函，如晤父面，即刻淚如雨注。¹⁶ 隨傭附其悲咽，呼訴歸家。¹⁷ 父函除致慰懷，旨要希瑪速與父王會面。¹⁸ 希尼果致雅榮函，首表憤懣，再譴無理。¹⁹ 希尼果要雅榮善待希瑪，速放希瑪歸返。

²⁰ 希瑪催促雅榮，期盼早與父王會面。²¹ 雅榮遣人回覆，相約三日之後日出之時，於雅希界河相見。²² 雅、希兩族之間，半為山脊相連，半為界河相隔。²³ 界河寬約百丈，中有洲島，人稱「雙峰洲」。²⁴ 平日人跡罕至，每遇族爭，兩族常於此地交涉。

第三節　族會洲島

[1] 雙峰洲長約三百丈，闊近百丈。[2] 因矗立兩處石峰，左右相伴而立，故曰「雙峰洲」。[3] 洲上少花草多石砂，河水經年沖刷，時現晶瑩寶石，紅黃翠青各色均有，五彩繽紛，甚為悅目。

[4] 因洲處闊江之中，洲邊水流湍急，登洲甚難。[5] 偶有登洲淘寶者，多溺水而亡。

[6] 三日後，天黑未亮，雅榮已率將士行至河邊。[7] 希瑪興奮異常，一夜未眠。[8] 望對面河岸，隱約有燈火閃現。

[9] 日頭升至旗杆之高，雅榮命手下擎起雅族赤旗，左右飄擺三次，以示族禮。[10] 對面希人擎起藍色族旗，上下舉動三次，以族禮相回。

[11] 兩族相約，雅榮攜希瑪並十員隨從登洲，希尼果攜希瑪之姊希麗並隨從十人登洲。[12] 餘者立岸遙觀，不得近前。

[13] 兩族人馬各乘其舟，相對而來。[14] 兩舟同時近岸，兩族人馬急至雙峰之間。[15] 兩族旗手旋即攀上左右兩峰，將族旗高矗其上。

[16] 未及雅、希兩方行禮，希瑪旋即撲見父王。[17] 希尼果老淚縱橫，父女抱作一團。[18] 希尼果突拔長劍，將希瑪掩於身後。[19] 雅榮迅即抽出寶劍，迎刃向前。[20] 兩族將士見狀，一一

刀劍相對。²¹希瑪、希麗相擁一旁，悲喜交加。

    ²²希尼果年已老邁，刀槍相見已非雅榮對手。²³雅榮隨從個個人高馬大，身懷絕技。²⁴希尼果所隨將士亦百裡挑一，絕非等閒之輩。

第四節　提親對語

雅榮曰：

    ¹今日如約晤面，無意刀槍相見。²惟應希人邀約，以成希瑪之願。

    ³數月而來，雅榮善待希瑪，公主毫髮未損。⁴雅榮傾慕希瑪，歷經千辛萬難。⁵冒生死而捨一臂，方得族人應允，可娶希瑪為妻。

    ⁶今拜見希人族王，恭表雅榮之願，萬祈族王應允成全！

⁷希尼果怒目以視，斥曰休想！

雅榮曰：

    ⁸雅榮心意已定，死而不棄。⁹若得希尼果應允，凡所提之事，雅榮無不可應。

¹⁰ 希尼果聽罷，半晌不語。後曰：

¹¹ 你能使日頭由西而起，從東而落？

¹² 雅榮默而無語。希尼果曰：

¹³ 你能使白晝變轉黑夜，黑夜變轉白晝？

¹⁴ 雅榮默而無語。希尼果曰：

¹⁵ 你能使河水倒流，從低向高，使河魚上天，飛鳥入水？

¹⁶ 雅榮默而無語。希尼果曰：

¹⁷ 如此這般你皆不能，何使希尼果行不能之事？何使希人公主違心成雅人之妻？¹⁸ 今日相約，或使希瑪歸返，或是你死我活，刀槍相見。

¹⁹ 眾人分處兩邊，個個怒目以對。
²⁰ 河水似靜止，眾人不呼息。

第五節　希瑪求告

[1] 希瑪突大聲嚷叫，願嫁雅榮，願作雅榮之妻！

[2] 眾人大驚，希尼果錯愕萬分。

[3] 眾人鬆弛刀劍，轉視希瑪。希瑪曰：

[4] 父王多諒，且聽希瑪細言。

[5] 希瑪別離父王三月有餘，無日不思父王，無日不念族家。[6] 希瑪居雅人之屋，食雅人之餐，睹雅人之變，無日不受雅榮恩待，無時不受雅榮眷護。[7] 雅榮經死而不棄，斷臂銘意，希瑪何求之有？[8] 女已長大成人，心有決意，願嫁雅榮，亦免雅希族爭之災，切求父王應允！

[9] 言畢，希瑪跪於希尼果之前，不再話語。[10] 其姊希麗上前攙扶，希瑪不起。[11] 希麗轉求父王，見希尼果半晌不語，亦伴跪希瑪身旁。

[12] 幾經僵持，幾多爭拗，幾番躊躇反覆。

[13] 希尼果終心動，應允希瑪之求，成全希瑪、雅榮跨族姻緣。

第八章　雅希聯姻

第一節　族婚大禮

[1] 雅、希兩族訂聯姻之約，雅榮、希瑪行族婚大禮。[2] 雅榮依希人習俗，向希瑪跪拜求婚，向族王並希族眾人起婚誓。

[3] 希尼果賜頒恩准牌，將嵌有族長飾徽之檀香御牌，賜予雅榮。[4] 雅榮得允後，向希尼果敬呈金銀珠寶十箱，並依雅人之禮，敬獻百匹紅馬。

[5] 雅人依雅族之規，為雅榮、希瑪行大婚典禮。[6] 成婚當日，族人休工同樂，雅宮內外一片喜慶，到處張燈結綵。

第二節　兩族踐約

[1] 依雅、希兩族之約，雅人將雅希界河之雙峰洲、花洲、墨石洲，及原屬雅人之東嶺地，劃歸希人耕作居用。[2] 雅人可藉希人居地通商貿易，與異族交通不再繞行。

[3] 此後多年，雅、希族人漸多往來，民間通商結緣者不在為少。[4] 每逢節慶之日，兩族之人同歡同樂，有懸掛紅、藍兩旗者，有將紅、藍兩彩合為一旗，成紅、藍雙色之旗。

[5] 歲月流轉，世代延綿。[6] 後雅、希兩地接壤處，聯姻合族之人事漸多，蔚成風氣。[7] 族規族俗亦多有雜合，與雅、希本

族各有同異。[8] 後漸成一脈，稱曰「嘉人」，意為雅、希合和之人。

[9] 雅希聯姻結好者多，要者如次：雅連與希坤，雅尼與希甬，雅寧與希晉，雅嚴與希得，雅閭與希濟，雅訇與希月。

第九章　結好復惡

第一節　雅寧好劍

[1] 雅寧為雅人一支，居山臨川，驍勇善戰。[2] 所鄰希人為希晉一脈，族領希晉仁德寬厚，聰慧慈愛。

[3] 雅寧劍法了得，有晨練午戰之習。[4] 每口晨時約劍師二三，依雅祖劍法逐式研練，風雨無阻。[5] 雅祖所傳劍法形意兼備，意到劍到，以速致力。[6] 雅寧自幼習之，劍師之外無人能敵。[7] 雅寧屢放言，盼以劍會友，劍術超寧者嘉以重獎，可官至臣爵，另配美女，加贈牲畜。

[8] 雅甫獲封佑爵，即為雅寧所賜。[9] 雅甫劍法高強，昔時與雅寧比試，劍師評判伯仲不分，劍術相當。[10] 雅寧遂兌現其諾，封雅甫為佑爵。[11] 後無人超越雅甫，而死傷於雅寧劍下者，不計其數。

[12] 雅寧、希晉結好有時，兩族往來頻繁。[13] 雅寧劍法族內

無人能比，一因劍術高強，亦因族人懼其權位，無人敢比而勝之。[14] 雅寧殺得性起，一日可擊殺壯漢七八，其名威顯，遠揚四方。

第二節　雅寧約劍

[1] 雅寧有聞希人流行霹靂蛇劍，劍法如蛇，鋒力無比。[2] 行劍之時，劍如狡蛇，盤轉纏繞，發力可致敵劍碎崩。[3] 若為蛇劍著身，輕者皮開肉綻，重者入骨三分，肉骨離析。

[4] 雅寧遣人傳信，欲與希人比高低。[5] 希晉因結好雅寧，心有所忌，憂傷族和。[6] 雅寧再三下書，甚或放言希人膽怯，辱其名聲。[7] 雅寧復以沃土相許，言稱希人若應招獲勝，可將固山之南讓與希人。

[8] 固山之南有三山六川，雅、希兩族多有爭拗，因往古早期為希人所居，後雅人強盛居占有年，自成雅地。[9] 自雅希交好，多年相安，幸無大爭。

[10] 幾經推避，希人無奈，終應約比劍。[11] 希晉年邁不武，希撒尼、希撒契、希撒爾三王子請纓出戰。[12] 王子兄弟武藝高強，族內無人出其右。

第三節　雅寧比劍

¹ 比劍時日由兩族約定，比劍之地定於固山武場。² 武場依坡而建，呈半圓扇狀，觀者立於周邊石坡，可容人上萬。³ 因是次比劍者為雅、希兩族至強高手，故觀者如雲，兩族各據半方。

⁴ 雅寧坐擂，誓言以一敵三。⁵ 希方以希撒尼率先出陣，雙方行禮一過，立見刀光劍影，呼呼作響。⁶ 希撒尼揮舞族傳寶劍，但見劍柔似蛇，撓而不折。⁷ 雅寧力大無比，任憑左虛右實軟硬兼施，蓋無撼動。⁸ 希撒尼使出長蛇上樹之法，運足氣力，大吼一聲全力盡發。

⁹ 慣常之下，長蛇抖動，劍功盡出，所纏利劍非折即斷。¹⁰ 然雅寧寶劍毫髮未損，反是撒尼之劍斷去三寸劍梢。¹¹ 斷梢飛迸十丈之外，擊中希人僕傭，制其當場命亡。¹² 雅人一片歡呼，希人一片驚叫。

¹³ 希撒尼敗走，雅寧殺得性起，示意希人再上。¹⁴ 二王子希撒契躍上武臺，但見蛇劍飛舞，接連使出青蛇盤蜷、翹首遠眺、拱曲求伸、游溪過川、醉蛇狂舞諸招式，眾人眼花繚亂，喝彩一片。¹⁵ 雅寧不為所動，前驅後撤，左飄右移，似閒庭信步一般。¹⁶ 希撒契身輕如燕，雅寧穩如磐岩。¹⁷ 兩者一來一往，忽上忽下，百回合未見分曉。

[18] 比試正酣，忽有黑雲壓頂，漫山襲捲。[19] 希撒契借風趁勢，使出牡蛇發情纏綿之法。[20] 但見撒契蛇劍與雅寧寶劍纏繞偎依，如膠似漆。[21] 雅寧坐懷不亂，以剛制柔，以雷霆貫頂之法將希撒契拋離武臺，摔出十丈之遠。[22] 希撒契倒臥在地，人如橫屍，劍如僵蛇，曲扭反轉。[23] 雅人歡呼震天。

[24] 傭臣為雅寧拭汗，呈上天參神湯，雅寧一飲而盡。[25] 天參為雅人族傳神草，生於萬丈峭壁，經千年方可成材。[26] 人飲天參神湯，可補氣增力，虎背添翼。

[27] 雅人一片亢奮，個個欣喜若狂。[28] 希人一片低沉，哀聲不絕。

[29] 雅寧興致所來，愈發不可收。[30] 不待休整，一把推開身旁傭臣，示意希撒爾上臺比劍。

[31] 希撒爾排行居三，文靜纖弱，跳上武臺即遭一片嗤笑。[32] 俗曰「劍如其人」，希撒爾劍法文若婦孺，靜若處子。[33] 然見希撒爾眉宇淡定，步履靈穩，不顯慌亂。

[34] 雅寧以劈山之勢連發重劍，希撒爾左躲右避，竟毫髮無損。[35] 希撒爾以守為攻，劍如頑蛇，或曲或直，或轉或彎，前迎後接，以柔制剛，戰百回合竟不見示弱。

[36] 雅寧漸顯性急，使出天地劍，欲一劍制勝。[37] 天地劍依地迎天，依天貫地，此劍一出，自雅寧習劍以來，未見能禦之人。

第四節　雅寧失劍

[1] 正當天地劍行至半空，天空突現一道閃電。[2] 雅寧心中一驚，似有魔法纏身，頓覺臂手酥軟。[3] 希撒爾精氣貫注，以脫兔之勢、電閃之速，使出乾坤倒轉劍，順勢借力，一舉將雅寧掀翻。[4] 雅寧寶劍失手飛出，半晌方聽一聲脆響，劍落遠山岩壁之上。

[5] 沉寂良久，眾人方緩神醒悟。[6] 希人歡呼，雅人驚叫。

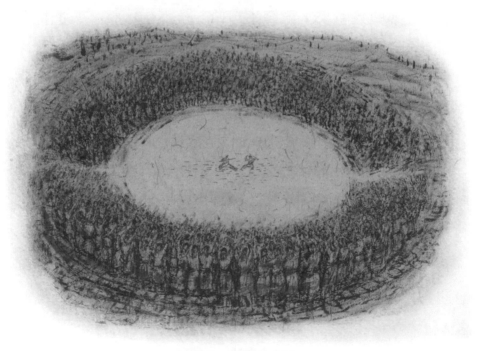

（圖37　武場比劍）

[7] 雅寧被人攙扶而起，怒目相向，沒有言語。[8] 希撒爾為希人簇擁，淡定如常，似無事一樣。

第五節　履約失和

[1] 依雅、希兩族之約，希人勝出，固山之南三山六川歸希人所有。[2] 然居地雅人甚不情願，你來我往，紛爭不斷。

[3] 當年冬至，雅寧氣鬱斃命，新王雅瑞承雅寧脈統，與希人交惡。[4] 此後兩族之族領、百姓，無不仇深怨長。

第十章　祭嬰之禮

第一節　歸族之抉

[1] 雅希兩族交惡，百姓往來漸少。[2] 然兩族聯姻多年，後嗣雜裔為數不少，歸雅歸希並不易決。[3] 有欲歸雅，有欲歸希，有欲雅、希不歸而自立族門者。[4] 因雅人強盛，物產豐裕，自以歸雅者居多。

第二節　月夜獻嬰

¹雅瑞立規，凡欲歸雅者，均須犧牲頭生之嬰，祭拜雅神，以表心誠。²凡不從者，輕者逐除不得入族，重者滅門。①

³每至月圓之時，族人聚於高臺之上，祭司長率眾面南而跪，行三祭三拜，方可禮成。

⁴頭祭頭拜者，祭物為糧果，有高粱、穀粟、紅棗、石榴之類。⁵次祭次拜者，祭物為牛、羊、雞之類。

⁶後為三祭三拜，即重祭重拜，入族之家以頭生之嬰，無論男女，捧來置於祭臺之上。⁷先有嬰兒父母繞嬰一周，後自報名號，由祭司長刻於族冊、族牌。⁸族冊存留，以備稽考傳續，族牌留於入族家人。

⁹行祭之時，祭司長向族神高聲稟告三遍。¹⁰琴師伴樂，歌者吟唱，燭香繚繞，眾人一起叩拜。¹¹祭司長將嬰兒逐一置於祭臺壘穴，壘穴東西有序，南北成行。¹²族長率先，族人隨後，以香木、香土覆於祭嬰之上。¹³覆香木在先，覆香土在後。¹⁴始時可聞嬰兒啼聲，後啼聲漸微，嬰兒歸天而去。

¹⁵明月高懸，浮雲遊過，族人逐一擁慰祭嬰家人。¹⁶凡祭嬰之家，均獲族領允應，可得雅地居耕，可世代傳襲。¹⁷再過

---

① 以嬰兒做祭品，檢驗對族神、族王的忠誠。有考古學家曾在一些古代祭臺上發現「嬰壇坑」，未知其意，似可做此解。

（圖38　雅瑞祭嬰）

兩年，舉家可得族首冊封。[18]冊封之家可門第升階，高者可及
爵侯。

[19]此俗延續百多年，後漸廢。

第十一章　割禮之俗

第一節　希人憂患

[1]自與雅寧、雅瑞交惡，希晉族人後裔亦與周邊異族有交

惡。[2] 異族之間爭多和少，鮮有平息。[3] 雅、函兩強多以蠶食之勢擴展領地，希人邊抵抗邊避讓，四處遷徙流離。

[4] 天曆二百九十三年，希人連遭十年大旱，土石灼人，草木生煙。[5] 幾經天災人禍，八族希人只剩三族統傳有序，餘五族消失匿跡，不知所去。

[6] 希晉年事高邁，憂哀成疾，晚年雙目失明。[7] 然經世事滄桑歲月淘煉，老王肉眼閉合，天眼漸開。[8] 天眼之下，無物不可視，無事不識曉。[9] 惟希人天災人患不絕，希族何去何往，常令老王費心思揣，終日不安。

第二節　族神告諭

[1] 一日夜深人靜，人畜皆已沉睡。[2] 忽有雄鹿啼鳴，希晉心中一驚。[3] 希晉靜聞，似有腳步御風而來，由遠及近。[4] 希晉起身挪至庭院，心知族神已在面前。[5] 希晉跪伏在地，傾心聆聽。族神道：

> [6] 希晉，希晉，希人所經之事我皆看到。
>
> [7] 道統有傳，授受久矣。[8] 雖經磨難，然希人族宗未改，似風吹頑石，去沙存磐。[9] 有泥沙附石隨風吹散，豈不順其自然？
>
> [10] 族運多劫難，實為滄桑世事，族道正途。[11] 懼不

在族運有難，懼在族人心石不堅，心意邪偏。[12] 祖統道傳，至要者在正族心。[22] 欲正族心，先正人心。[13] 欲正人心，先正人身。

[14] 族人須有約定，凡希人之後，男嬰割陽皮，女嬰割陰皮，以此為識。[15] 如是以往，可除藏汙納垢之所，可潔族人之身，可正族人之心。[16] 如是以往，可行千里而不失，可匯異族而不迷，可延希人族統，可正希人族道。①

[17] 希晉正欲舉頭探問，雄鹿啼鳴再起。[18] 東方泛白光，族神御風而去。

第三節　割禮之規

[1] 希晉得啟悟，依族神曉諭，嚴立族規。[2] 凡希人所生嬰孩滿月之時，男嬰須割除陽皮，女嬰須割除陰皮。[3] 男嬰由男術師施禮，女嬰由女術師施禮。[4] 施禮之先，由族內老者率眾祈福。[5] 男嬰祈福六遍，女嬰祈福三遍。

---

① 割禮（circumcision）之俗在古代埃及、非洲、巴比倫、迦南等地的部族中多有流行，可分割陽（subincision）、割陰（clitoridectomy）兩種，前者施行在男性身上，後者施行於女性。其涵義多有不同解說，有的解釋為成人禮的一部分，為婚前準備；有的解釋為警示族人不得濫交；有的賦予更多的文化符號意義。此處被作為希人同族神的約定，以此保持希人對族神的忠誠，並延續希人的族統。

（圖39　滿月禮慶）

　　[6] 祈福之後，術師以高崖靈草榨出清汁，塗抹於男嬰陽皮、女嬰陰皮，半個時辰之後，方可施術。[7] 術刀為鋒利石刀，薄如柳葉，鋒如利劍。[8] 術刀用前須經滾水清洗，再經靈草清汁浸泡。

　　[9] 施術之時，嬰兒多有哭鬧。[10] 亦有不哭不鬧者，或有嬉戲玩樂者，此類嬰孩成人之後，男子必有造就，女子必賢淑美麗。

　　[11] 術畢之後，族人喜悅慶賀。[12] 家人須宰殺禽畜，眾人同享同樂。[13] 因割禮施於嬰兒滿月之時，故割禮亦為希人滿月禮。

　　[14] 希人族規明定，凡希人之後無論男女，均須行割禮。[15] 男不行割陽，女不行割陰，不可成為希人。[16] 有拖延割禮

者，日後可成逆子，多遭族人鄰里嗤笑，且須補行割禮。

[17] 施行割禮之嬰，亦有禮後哭鬧不止者，持續數月有餘，直至氣絕身亡。[18] 此為暴戾之嬰，成人之後多為悖逆之人，亡不足惜。[19] 嬰屍須埋於僻遠無人處，以防暴戾之氣彌散族人。

[20] 希人割禮之俗延續千年，未曾間斷。

第十二章　百丈石塔

第一節　築塔記先

[1] 希晉壯年之時，即派族人三千，於族土方圓之央，築建百丈石塔。[2] 塔高百餘丈，周圍三百丈。[3] 石塔逐級向上，方圓交錯，由低漸高，由寬漸窄。[4] 塔底留有道穴，可通塔中。[5] 塔石雕有紋飾，飾圖多為神獸禽鳥。[6] 並依天曆年序，雕刻希族先賢名符，銘記希人立族、立教、居遷流變。[7] 歷經五十年，石塔終成。

第二節　立節紀祖

[1] 成禮之日，希人全族盡出。[2] 人如蟻群，跪臥敬拜，延綿數十里。

³ 希晉王仙髮飄逸，道骨清風，立於石塔中前。⁴ 希晉背依高塔，前望族人，心了夙願。

⁵ 行禮之中，漸有藍雲飄捲，伴有天光閃現。⁶ 一陣雷鳴之後，清雨如注，天地翻新。⁷ 眾人不停跪拜，恩謝天神。

⁸ 天雨過後，眾人驚見希晉立於塔前，如石雕磐立，絲紋不動。⁹ 希晉乘雨歸天，是年一百零一歲。

¹⁰ 遵希晉之囑，族人將希晉置於石塔之中，逐石安封，後人不可移動。¹¹ 後希晉石塔為希人全族祭拜之塔，希晉歸天之日為希人族祭之節。¹² 當此節期，全族之人節欲節食，靜默緬懷，追紀先祖。

第十三章　七子鬮家

第一節　均等共用

¹ 嘉人為雅、希兩族合衍後人，性情兼蓄雅、希兩族，習規兼備雅、希兩俗。² 然嘉人合融而自成，族性族規自有其立，尤倡族家之內均等共用。

第二節　工有所長

[1]有嘉人名嘉弗，文武雙全，漁耕百工無所不能。[2]育有七子，名嘉烏、嘉里、嘉妥、嘉向、嘉邦、嘉果、嘉未，各自業有所立，工有所長。

[3]嘉烏、嘉里擅耕種，尤擅種植小麥、蕎麥、稻穀，所種穀粱全家共用，時有結餘。[4]嘉妥、嘉向擅漁獵，每日外出捕魚狩獵，多有所獲。[5]歸來全家共用，其樂融融。[6]嘉邦、嘉果擅築屋搭棚，嘉地常遭風雨之災，棚舍易毀，嘉邦、嘉果伐木壘土，修繕築建，既快且牢。[7]嘉未通醫草，每日上山下川採藥集材，精研細磨，可治百病。[8]嘉弗老來少工，坐享其成。

第三節　人有所怠

[1]天長日久，人有所怠，工有所廢。

[2]嘉烏日出而耕，星出而歸。[3]嘉里日中而出，日西即回。[4]然嘉烏、嘉里所享者無不同。[5]嘉妥漁獵風雨無阻，滿載而歸。[6]嘉向漁獵朝夕不定，空手而回。[7]然嘉妥、嘉向所享者無不同。[8]嘉邦築舍盡心盡力，每有所成。[9]嘉里搭棚敷衍搪塞，不禁弱風。[10]然嘉邦、嘉里所享者無不同。[11]惟嘉未每日採藥研磨，自行自力，無所推諉。

¹² 三年不出，兄弟責怨不絕，諸工懈怠荒廢。¹³ 嘉弗動情曉理，斥責訓罵，冀兄弟七人均力均享，家業興旺。¹⁴ 然終無顯效，家道日衰。

¹⁵ 嘉弗朝思暮揣，一籌莫展。

第四節　嘉祖教誨

¹ 一夜嘉弗有夢，於嘉山雲霄頂處拜見嘉祖。² 嘉祖乃嘉人聖祖，超凡超智。³ 聖祖不可近視，然可對言。聖祖對嘉弗誨曰：

⁴ 嘉人之先廣採眾長，以均享為崇，均力為尚，世代沿襲，源遠流長。⁵ 族習族規世有所承，代有所傳，當因時因地而制，因人因群而宜。

⁶ 均享者，嘉人所崇矣。⁷ 天下嘉人無論族分，皆為一家。⁸ 有福當共用，有難須同當。⁹ 不可獨食糧穀，不可獨吞果蔬。

¹⁰ 均力者，嘉人所尚矣。¹¹ 天下嘉人，無分男女，皆須盡心盡力。¹² 有心者盡心，有力者盡力，不可汙心偷力，不可盜食貪享。

嘉弗曰：

¹³ 嘉弗深明族規祖義，終日身體力行，躬親而為。
¹⁴ 嘉弗七子，血脈相通，相貌似同，工有所分，專有所長。¹⁵ 然經年累月，均享者無不心同，均力者無不心異，竟為何故呢？

聖祖曰：

¹⁶ 均享者，多多益善，少少不願。¹⁷ 均力者，少少益善，多多不願。¹⁸ 凡人不聖，人皆此心。¹⁹ 身有高矮，眾人絕不均等。²⁰ 心有分殊，兩人不可概言。²¹ 尤人心各異，性情多變，義欲交集，何可言均？①

²² 人心未改，制人不合，難言均享均力。²³ 所言「均」者，多為形均而實不均。²⁴ 多力者多享，少力者少享，是為實均，乃嘉人先祖所崇所尚。②

²⁵ 人合天道，地久天長。²⁶ 嘉弗百工皆能，然未識天人融匯，未能物事貫通。²⁷ 結網所以捕魚，制在綱舉目張。²⁸ 綱目有序，綱牢而目隙，其用則適水宜漁。

²⁹ 理家治世，道亦同然。

---

① 此處討論「均享」與「均力」的問題。均享是古時最常見的一種「原始家制」，嘉弗發現，即使是親兄弟，也難以做到「均享均力」。故聖祖有言：「均享者」，得到的愈多愈好；「均力者」，出力愈少愈好。根源在於人心如此。

② 此處提出「實均」的思想，核心是多出力者多得，少出力者少得。原始型「均享均力」的問題在於制、人不合，即制度與人心不相適合。

³⁰ 制適人，人適制，制人合適，方可致用成效。³¹ 須以實均為綱，以形均為目，以力為舉，以享為張，力舉有度，享張有衡，可致綱舉目張，可達理家治世之功用。①

³² 嘉弗聞罷，悟有所啟，覺有所開，盡心窮力，探行天人合道。

第十四章　順勢隨流

第一節　以力得享

¹ 得聖祖啟悟，嘉弗躬推力享制，親族之人皆以力得享，不徇私情。² 若鰥寡病弱不得力享者，可以族儲賜濟。³ 得賜濟者不得奢享。

⁴ 七子漸年長，各家膝下子孫日眾。⁵ 一日，嘉弗召七子於堂前，述曰：

---

① 此處論及制、人相適的問題。以漁網的「綱舉目張」說明「實均」、「形均」、「力」、「享」的關係，即「實均」為綱，「形均」為目，「力」為舉，「享」為張，「力」的多少有度量，「享」的多少可衡測，理家治世即可達到「綱舉目張」的功效。

⁶ 嘉弗幼時常隨先人伐木拓荒，每日朝出晚歸。⁷ 每至夕陽西下，先人即喚嘉弗，收拾所獲，預備返家。⁸ 所伐大木長木，先人擔子扛之。⁹ 所伐小木細木，嘉弗擔之抬之，然零散雜亂，常顧此失彼。¹⁰ 先人授弗以法，以繩捆紮，可使雜木成行，可矯亂物有序。

¹¹ 先人以物寓意，授餘弗名，教誨嘉弗，行事不可疏隨，矯偏方可合正，合正方能續長。①

¹² 聖祖嘗言，天人合道，地久人長。¹³ 嘉弗得天帝之佑，承嘉祖福蔭，嘉業興旺，子孫滿堂。¹⁴ 嘉烏、嘉里、嘉妥、嘉向、嘉邦、嘉果、嘉未皆已家大業大，可自分為家，自力而享。¹⁵ 多力者多享，少力者少享，不力者不享，是為至公至平。¹⁶ 公平者方可適人性、合天道，方可久長。

¹⁷ 然分而為家，合而為族。¹⁸ 家分而族合，余悟聖祖諭言，亦為綱舉目張。

¹⁹ 嘉弗七子各攜家眷，依山就水分而居之。²⁰ 耕漁百工各盡所長，糧魚果蔬依需交易。²¹ 不出幾年，嘉弗族家人畜興旺。

---

① 講嘉弗先人以物寓意，為嘉弗起名為「弗」，以繩捆亂木為例，教諭其行事不可疏隨，矯偏方可合正。弗，甲骨文作，捆紮亂木之意。

第二節　隨風而行

[1] 嘉弗七子之中，惟五子嘉邦離族失散，後自立新族。[2] 原嘉邦、嘉果攜眷移居，行至山嶺之上。[3] 嶺東而望，黃樹一片，山川交疊。[4] 嶺西紅樹成林，綿延不盡。[5] 嘉邦、嘉果躊躇盤算，或東或西各有其好。

[6] 未及仔細斟酌，忽有東風襲來，吹飄嘉邦家眷巾幗，落至西坡之下。[7] 嘉邦家眷隨蹤撿拾，喜見紅樹掛滿佳果。[8] 族人老幼紛來採摘，解飢解渴無不稱好。[9] 佳果愈尋愈多，嘉邦愈行愈西，不覺抵至遠方。

[10] 嘉果孫童逐兔捕鳥，直奔向東，嘉果家眷一路追行。[11] 嘉果、嘉邦各行東西，不再復合。[1]

[12] 後嘉邦攜眷西行，尋得居地，依山就勢築屋建房。[13] 經年與異族為鄰，終離嘉弗本家，自立新族。[14] 嘉果攜眷東行，然未與本族斷離。

第三節　嘉弗族會

[1] 嘉弗百歲之際，嘉烏、嘉里、嘉妥、嘉向、嘉果、嘉未

---

[1] 此處意表的思想是：世上多族原本一統，分族有其必然，亦有偶然。一個偶然因素，或許就會改變歷史的走向，差之毫釐，去之千里。

六家族人會聚嘉弗本地，典行嘉弗族會。[2] 各家奉佳美糧果、牲畜，致賀祝壽，敬祖祈福。嘉弗告族人曰：

[3] 嘉弗蒙天帝之恩，承嘉祖福蔭，享生百年，死而無憾。[4] 日月流轉，世事滄桑，然萬變不改其宗。[5] 嘉弗後人遍布嘉地，循天帝之道，承嘉祖遺規，順勢隨流，必將源遠流長。

[6] 族人如流，起自早古，去向遠方，前途未可確知，然可預測。[7] 嘉烏、嘉里、嘉妥、嘉向、嘉果、嘉未各家各族，務須立心如山，行道似水，族人必將光大昌盛。

[8] 嘉弗百歲之喜，亦為百年之際，西歸之期不久遠矣。[9] 嘉弗百歲之生，始悟順勢隨流之族道，務望族人記牢。

[10] 高水向低，謂之順勢。[11] 東南西北，謂之隨流。[12] 何人曾見低水向高、水可逆流？[13] 亙古未曾見，天道不可逆。[14] 然世人隨見水流東南西北，皆因水有定勢而無定向。[15] 依勢依力依風雨，順勢而隨，其自為然也。

[16] 嘉人順勢隨流，可合天道，余百年之後，可欣然而閉目。[1]

---

[1] 此處言及「順勢隨流」乃古今大律。順勢，高水向低之勢。隨流，東、西、南、北皆有可能。《孟子·告子上》：「水信無分於東西，無分於上下乎？」嘉弗教誨後人：順勢隨流，可合天道。

[17] 嘉弗言畢，目顯祥光，駕鶴而去。[18] 嘉烏、嘉里、嘉妥、嘉向、嘉果、嘉未六家族人依嘉人族禮祭拜嘉弗，滿月始禮畢，各返居地。

（圖40　順勢隨流）

卷八　盟約

「約」（盟約、契約）的概念，是文明社會的一種本質性標誌，它不僅使人類自覺地區別於一般動物群體，也使得人類社會處於有序狀態成為可能，甚至可以說，人類社會中的一切關係都是一種「約」的關係：夫妻、同事、上下級等等，都以特定的「約」的關係將各種社會活動連接在一起。

第一章　合血之盟

第一節　族分枝杈

¹ 老樹生根，根深盤錯。² 新樹發枝，枝長分杈。³ 至天曆三百年間，族分枝杈，根有交錯。⁴ 雖經風吹雨打樹有凋零，然族林多繁茂，衍生愈不息。⁵ 惟強盛者愈強，羸弱者愈弱，強弱有分合，沉浮多變轉。

第二節　聯族之盟

¹ 布其率族人游牧流散，不出十數年，已與宗族漸行漸遠。² 遠離祖地，布其與撒耳之族睦鄰而居。³ 然天災人禍時降，尤有兇悍異族常襲兩族。⁴ 天曆三百一十六年，布其、撒耳兩族欲締聯族之盟，冀以合力相互扶援，共禦外敵。

⁵ 訂盟之日擇於秋實之際，月高風靜之夜。⁶ 布其、撒耳各率族人三千，均為族內首領將士。⁷ 布其與撒耳互挽臂膊，立於隊前，餘下族人一一作對，列排於後。⁸ 有巨碩銅釜置於場中，銅釜周長三丈，高逾三尺。⁹ 釜旁邊立兩族壯漢，各握鋒利大刀，威風凜凜。

¹⁰ 布其、撒耳齊步向前，分由兩族壯漢割臂取血。¹¹ 撒族壯漢以鋒利之刃深割布其臂膊，布族壯漢以鋒利之刃深割撒耳

（圖41　合血之盟）

臂膊。[12] 壯漢刀下皮肉立開，血流不止，混注巨釜之內。[13] 布其、撒耳之後，兩族將士依次向前，互割臂膊，合注鮮血。

[14] 篝火熊熊，婦孺旁觀，老者立於兩側，低吟迴唱，祈福頌天。

[15] 兩族將士捉對割臂，巨釜之內注滿人血。[16] 兩族老者上前攪混，餘者立旁見證，釜內即成兩族合血。

[17] 布其、撒耳各舀血一瓢，先敬天帝，再敬族人，然後對拜，交臂而飲。①

---

① 古時人與人之間、部族與部族之間結盟，常刺臂出血而相互飲之，以表融合之意。後有宰殺牲畜，將宰殺之物分置兩旁，結盟者立於中間，相互起誓。「盟約」的本質是契約，使相關方建立起價值對等的關係，可溯至早期的物物交換、貿易活動。

[18] 兩族壯士成雙結對，逐一交臂而飲，禮行徹夜。[19] 此為合血之盟，亦為聯族至約。

第三節　合血族約

[1] 布其、撒耳立合血族約如下：

[2] 互不捕殺兩族所養羊、馬、牛與各類牲畜；

[3] 互不竊搶兩族之各類家物，含蓬繩、冬草之雜物；

[4] 互不欺侮打罵兩族眷屬婦孺，尤不得打罵兩族老人；

[5] 互不擊殺兩族之人；

[6] 遇怪獸侵擾，兩族須共同迎殺；

[7] 遇異族來襲，兩族須共同抗擊，以命相保。

[8] 自布其、撒耳兩族立盟訂約，每遇怪獸來擾，兩族同起追殺。[9] 每遇異族來襲，兩族迅報音訊，同起迎擊。

第二章　布人鬩牆

第一節　離族遠去

[1] 布其有六子，長子布風人高馬大，驍勇善騎。[2] 冬去春來之際，布風率羊馬千頭南下覓草。[3] 半月光景，已去居地兩百里。

[4] 歷山以南暖風勁吹，山野早綠。[5] 是日太陽高照，千頭羊馬沿山澗小溪，一路啃食嫩草，一路嬉戲前行。

[6] 忽然之間，東、南、西三面湧來兵團馬隊，似黑雲壓頂，立現眼前。[7] 騎上之兵或揮舞大刀，或手執長矛，直朝布風馬羊衝殺過來。[8] 來者見羊即砍，見馬即殺，眨眼之間羊馬死傷一片。

第二節　族戚殘殺

[1] 布風望去，來襲者手擎青色大旗，盔甲裝束似曾相識。[2] 定睛細看，原為布鮮之人，乃布其同祖遠戚。[3] 經年流轉，布鮮、布其族戚荒疏，久無往來。[4] 尤當布其與撒耳立跨族合血之盟，布鮮族人已視布其一族為仇家。[5] 今布風率羊馬闖入布鮮之地，布鮮族人無以容忍，迅集悍將，追殺而來。

[6] 布風雖驍勇，然寡不敵眾，人馬幾被擊殺殆盡。[7] 惟布風幼子聰智乖巧，趁機策馬而逃。

⁸ 布其知悉長子布風被殺，遂聯手撒耳攻打布鮮。⁹ 布鮮則聯手布法、布泰、布尤、布濟、布司諸族，同起迎擊。

¹⁰ 爭戰十年，諸族傷亡甚眾。¹¹ 布其手下多有叛離，復歸布宗。¹² 餘者誓守布撒合血盟約，且漸融於撒，而與布鮮、布法、布泰、布尤世代為敵。

第三章　布帝之約

第一節　天虎布雲

¹ 布人裂分，族神布帝盡所知悉。² 一日天虎臨至布鮮、布法、布泰之前，布鮮率族人匍匐在前，布法、布泰率人在後。³ 天虎圍繞布人巡遊三周，周邊即被藍雲環繞，風吹不進，聲出不來。

第二節　布帝告諭

¹ 布帝御雲而至，眾人不敢舉頭正視，惟專心靜聽。布帝曰：

² 布人多經劫難，挫而不滅。³ 今由木成林，遍滿歷山周邊，延及西海之岸。⁴ 然天有陰晴，月有圓缺，世

（圖42　天虎布雲）

有不測，族有流變。[5]今布人多有裂分，原為兄弟今為陌人，實甚不止，而為仇家。

　　[6]布其一族已與異族合血同流，棄宗而去，從今而後，必將革除族門。[7]你們必不視其為同族兄弟，布族再無布其之人。

[8] 布鮮、布法、布泰、布尤、布濟、布司，及天下布人，皆要慎聽。[9] 我與布人訂約，你們皆要遵守，凡不遵從者，必遭大災降臨。

[10] 凡布人者，須堅守與布帝心約。[11] 布帝之約刻於肉身，流於血脈，印在心上。①

[12] 凡布人者，只可信布帝為惟一神。

[13] 凡布人者，只可與同族兄弟締合血之盟。[14] 因兄弟之血原本同父，兄弟之身原本同母。[15] 與異族合血，豈非敗壞血統，悖逆祖宗？

[16] 凡布人男子者，滿十歲之際，須於胸膛之中打青色印記。[17] 青印既成，即為布族壯漢，可獨自外出牧羊牧馬，可娶妻成家生子。

[18] 凡與布帝訂心約，且打青印者，就必定心有布帝，身有布印，血有布統。

[19] 布帝必眷顧布人，布人必多有家地牧場，必多繁衍生子，必不再為天災困頓，不再受異族侵擾。

[20] 布帝言畢，天虎環繞布人飛翔三周，停落布帝之旁。[21] 天虎見布鮮、布法、布泰、布尤、布濟、布司將布帝誡諭一一記牢，便護守布帝御雲而去。

---

① 此處將人與人（部族與部族）之間的盟約移植到部族與族神（族帝）之間的訂約，且在肉身留有標記，使「約」流於血脈、印在心上。

（圖43　心約身記）

第三節　布人受約

[1] 布鮮、布法、布泰、布尤、布濟、布司與天下布人各族，均與布帝訂立心約。[2] 布人每日默誦布帝神諭，不敢忘記。[3] 布人向東、向西、向南、向北，均受布帝指引。

[4] 布人男子十歲之際，皆於胸膛之中打青色布印。[5] 布印乃心約身記，即布人與布帝心約之身記。[6] 凡只有身記而無心約者，那人胸膛必會腐爛，不出一年即會斃命，從布人中剪除。

第四章　物事之約

第一節　牲畜、糧穀交易

[1] 布鮮之族善牧，多產牛、羊、馬、駝馬。[2] 所牧各類牲畜，以紅頭駿馬為貴。[3] 此馬頸直腿長，周身青黑烏亮，惟馬首赤紅，馬鬃飄逸，奔跑如飛，蹄不著地。[4] 紅頭駿馬專為族王、族領騎乘，百姓平民不可騎用，更不可宰殺。[5] 族王族領嫁女，多以紅頭駿馬陪嫁。[6] 族領之間往來交換，亦以紅頭駿馬為至高禮饋。

[7] 每年春發時節，各地族領聚於泰原草地，帶來公馬、牡馬、老馬、少馬品評賞鑑，各按所需所好交易。[8] 如用單色之馬易換紅頭駿馬，蓋若六十匹白馬，或七十匹棕馬，或七十匹單色青馬，方可易得一匹紅頭駿馬。

[9] 另按俗約，一匹棕色駿馬可易黃牛二十頭，或易綿羊五十頭。[10] 如在冬至之前，可易綿羊六十頭，因此時綿羊囤積甚多，冬至之後草糧稀缺，牧者急於減存。

[11] 布人亦常以馬、牛、羊等畜類與鄰族交易稻米、果蔬、布匹之類。[12] 一隻壯肥綿羊可易兩筐果蔬，如石榴、白瓜、山棗之類。[13] 可易糧穀一筐，如高粱、粟米、小麥、蕎麥之類。[14] 筐分大小，大筐周長五肘，小筐周長三肘。

第二節　布匹、糧穀、牲畜交易

¹ 炎山以西異族善織布，綾羅錦緞各色布匹應有盡有。² 常有異族之人前來以布匹交易羊、牛、馬，或交易糧穀、果蔬。³ 庶民百姓多易粗雜織物，族王、族領多易華麗錦緞。

第三節　寶石交易

¹ 連山一帶多產美玉寶石，白、黃、翠、墨之玉應有盡有。² 至珍者為紅玉，紅玉甚少，偶可遇之。³ 高品紅玉晶瑩剔透，清亮奪目，內中似有天光變幻，疑自天外而來。

⁴ 連山一帶族人善鑿石雕玉，常攜各色玉石與布人、雅人、函人交易。⁵ 始時不獲青睞，因玉石不可食用，不可禦寒。⁶ 後族領顯貴好之，或懸掛頸項，佩於臂腕，或妝於髮冠，綴以腰飾，華美高貴，漸成族王族領妻妃至好。

⁷ 上等玉品飾物，常需數百綿羊、黃牛可易。⁸ 如遇珍稀紅玉、翠玉、白玉，可易多匹紅頭駿馬。⁹ 富貴之人易得寶玉，終日把玩，愛不釋手。¹⁰ 亦作珍貴饋贈，傳於後人。

¹¹ 工匠可據買家所需雕製，預列訂單，預付質物。¹² 所製器物，或雕瑞獸神物，或雕族徽族記，各賦祥意。¹³ 物成之後，如約兌換，絕不毀約，亦不欺詐。

¹⁴ 有傳玉有天賦之靈，人、玉可互潤互養。¹⁵ 若人、玉之間氣脈相通，玉可得人性，人可得玉靈。¹⁶ 靈玉為人尊崇，平日伴人修心養性，要時佑人避凶化吉。

第四節　黃金、寶石可成通幣

¹ 馬斯卡人為雅族後人一支，所居陽山一帶富產金石。² 金石經千冶萬煉，可成黃金。³ 黃金長可遊絲，薄可蟬翼，可隨意而成華美飾物，至為珍罕。⁴ 初時僅為馬斯卡人看重，他人不識其貴。⁵ 馬斯卡人欲與異族交換糧穀，眾人不識，視如糞土。⁶ 後各族漸識其貴，視比寶石，遂成寵好。⁷ 皇室貴人無不好之，紛紛以物相易，貯之藏之。

⁸ 後黃金、寶石漸為各族共識，因其珍貴稀少，漸成各族通行寶幣。⁹ 以之可易所需之物，甚或可易家奴、美女。

¹⁰ 蓋因金石至稀，各族漸以銅石、銀石代之，冶煉成銅、銀。¹¹ 品質精細者製成錢幣，標識族徽，注以幣值，族內流通，可兌物什。¹² 品質粗雜者，可製刀劍，鑄器皿。¹³ 所製刀劍器皿，繁複精巧，各有其用，各賦其值。

第五章　柳巴羊馬

第一節　柳巴交易

[1] 柳巴祖居草地，擅牧羊馬，家有綿羊三千，肥壯潔白。
[2] 是日天微亮，柳巴牽趕五十壯羊，公母各半，行路三十里至喀拉集市交易。

[3] 柳巴以十隻壯羊易得黃牛兩頭，公母各一，一大一小。
[4] 復以母羊兩隻易得兩隻藤筐，置於牛背之上。[5] 再以八隻壯羊易得稻穀兩筐。[6] 以十八隻壯羊易得粗布四領，以為妻兒縫製裙袍。[7] 餘十二隻壯羊易得矛槍、弓箭各一，用以擊殺野獸，

（圖44　柳巴返家）

防備賊人襲擾。

⁸太陽西落，餘暉映天。⁹柳巴牽引黃牛兩頭，滿載易物，欣然返家。¹⁰妻子巴娃攜兩幼子坡邊候望，見歸甚喜。¹¹巴娃細察細看，兩子前呼後擁，歡蹦跳躍。

第二節　柳卡欺詐

¹柳卡為柳巴之弟，居柳巴近旁，牧馬上百。²平日懶惰疏於牧放，所養草馬非瘦即弱。³然終究馬貴於羊，一馬可易六羊。⁴柳卡常以幼馬易物，獲利甚豐。

⁵眼見幼馬漸少，柳卡心急生計。⁶見大羊似馬，遂與柳巴交易，以小馬易多羊。⁷復以大羊飾幼馬，以幼馬之值與人交易。⁸柳卡屢得逞，心中常竊喜。

⁹柳卡每至喀拉集市，多為日頭西落集市將散之時。¹⁰是日柳卡復牽八頭幼馬赴市交易，八馬之中實有大羊一隻，經修飾裝扮，與幼馬幾無二致。

第三節　德敦矇騙

¹柳卡與牛主交易，欲以八頭幼馬易四頭壯牛、六頭幼牛。²見天色已晚，牛主德敦即與柳卡匆匆交易，各自離去。

³德敦回至家中，聽聞幼馬之中傳出羊叫之聲，甚為詫

（圖45　柳卡羊馬）

異。[4]德敦疑已老衰耳背，遂喚妻兒辨聽。[5]家人細聞，確有幼馬發出「咩咩」羊叫。[6]家人疑惑不解，一夜未得安眠。

　　[7]天伊亮，德敦從圈中趕出幼馬，逐一辨識。[8]細察之下，果見一物似馬非馬。[9]該物貌似白馬，發「咩咩」之聲，屙綿羊細屎。[10]家人亦奇亦憤，嚷議紛紛。

第四節　非羊非馬

¹ 多日之後，德敦再赴喀拉集市。² 遠見柳卡行來，手牽一群草馬，多為各色幼馬。³ 柳卡見德敦，上前忙搭訕。

⁴ 德敦曰：「柳卡所帶何物？」

⁵ 柳卡曰：「所帶如常，草馬三匹，幼馬一十三匹。」

⁶ 德敦曰：「請將幼馬清點計數。」

⁷ 柳卡將幼馬清點計數。⁸ 德敦近前察看，指一似馬非馬之物，問曰：「是物何物？」

⁹ 柳卡曰：「是為幼馬。」

¹⁰ 德敦曰：「是物怪異，竟為何種幼馬？可使發出馬聲？」

¹¹ 柳卡曰：「此非白色幼馬麼？德敦年老眼眩麼？」

¹² 交語之間，圍觀者漸眾。¹³ 德敦由身後取出香艾一枝，置於異物鼻邊。¹⁴ 異物嗅聞，遂發出「咩咩」叫聲。¹⁵ 眾人大感意外，此物似馬實羊？¹⁶ 眾人皆問之，群起而譴之。

¹⁷ 柳卡辯曰：「此物為羊馬，非馬亦非羊。」

¹⁸ 德敦曰：「羊馬非馬非羊，豈非羊馬雜合所生？¹⁹ 羊歸羊，馬歸馬，柳卡可使羊馬交合麼？」²⁰ 眾人哄笑。

²¹ 柳卡正欲續辯，異物突翹粗尾，排出羊糞一堆。²² 眾人見狀，大笑不止。

第五節　欺者重罰

¹ 德敦述原委，聽者無不憤。² 眾人齊責柳卡，柳卡面紅耳赤，無地自容。³ 眾人商曰：「欺者重罰，違者重賠，柳卡須以真馬十倍償賠德敦。」

⁴ 柳卡欺名起，眾人相傳，皆避之不往。⁵ 後喀拉集市再無柳卡蹤跡。⁶ 鄉人傳曰，柳卡羞愧無顏，於集外懸樹而斃。①

⁷ 喀拉集市約則漸備，凡欺詐者均處以重罰。⁸ 少者缺一補十，騙者假一補百。⁹ 眾人多守約。¹⁰ 偶有聰乖之人，不經利誘，欺詐謀金，獲利不菲。

第六章　高崖沉金

第一節　德敦愁苦

¹ 德敦一生勤勉，篤行守信，重情好義，甚得鄉民敬崇。² 每日早起晚歸，不知歇息，勞有所獲，家中殷實。³ 惟年逾花甲，一生勞苦，身心俱疲。⁴ 加之妻室新亡，令德敦愁苦鬱悶。

---

① 此處講「踐約」的問題，亦即誠信的問題。

第二節　兩子不孝

[1] 尤令德敦心寒者，乃兩子不孝、好逸惡勞。[2] 兩子雖有家室，然似畜如豬，貪享成性。

[3] 長子德未年近不惑，自幼喜好迷草，終日沉溺，百醫不治。[4] 迷草生於山野，花豔似火，吸食如幻，不能自拔。[5] 坊間曾傳雷劈火燒可癒，然德敦諸法試遍，德未甚難有改。

[6] 次子德希遊手好閒，刁鑽奸猾，刻薄待人。[7] 其母臨終之夜，千呼萬喚盼見一面，卻得德希百般推脫。[8] 老母傳訊，有銀飾一件，可留德希傳家。[9] 德希聽聞，片刻不停，飛奔趕至。[10] 德希見母，急索銀飾，得後左把右看，罔顧病母。[11] 眾人前擁德希慰言老母，德希近前，不問母病，只詢多銀有否。[12] 老母欲言不能，氣絕西去。

第三節　以犬為伴

[1] 德敦孤寡獨守，白日與禽鳥對語，夜晚以家犬為伴。[2] 德未、德希兩子平日不見，來即索物。[3] 首索德敦存金，再索德敦存物，巧取私竊，無所不用。

[4] 一日德敦勞作歸來，恰遇德未偷潛入室四處翻尋。[5] 德未鬼鬼祟祟，見德敦歸返，攜物即逃。[6] 德敦踉蹌入室，只見四

（圖46　高崖沉金）

處狼藉，無處完好。[7] 有值之物幾近劫光，飯缽、鐵勺亦難保全。[8] 所幸攢金埋於土下，未遭竊取。

[9] 德敦粒食不進，愴然淚下。[10] 兩子無孝，心無父母，以金為父，以銀為母。[11] 金銀竟為何物，雖冰冷而無語，似有魔而無不摧？[12] 德敦淚流不止，老心灰冷。①

---

① 兩子以金為父、以銀為母，未盡其孝，是一種「失約」的行為。

第四節　沉金入海

¹ 德敦清理殘金，留一存埋，備履鄰人之約。² 餘金餘銀盡裝布囊，半粒不留。

³ 德敦手拄木杖，背負布囊，夜攀臥虎高崖。⁴ 高崖似虎橫臥，臨海高懸，險峻無比。⁵ 平日人跡罕至，因少有疏忽，即墜崖不見。

⁶ 德敦臨崖而望，只見黑水一片，水泛白光。⁷ 德敦解開布囊，一生辛勞盡在其中。⁸ 金銀有大有小，月下熠熠發亮。⁹ 德敦細扶細數，一生之求，求來何用？¹⁰ 德敦取金，一一拋沉入海，只聞風聲，不聽水響。

第五節　與道為約

¹ 有聞德敦沉金入海，或惜或歎，無不唏噓。² 有問德敦曰，付之深海，竟為何故？德敦回曰：

> ³ 金銀無言語，眾人拜為主。⁴ 逐之無度，致人迷途，父不父，母不母，人性盡無。
>
> ⁵ 德敦年老身衰，然心智尤清，雙目愈明。⁶ 高崖沉金，乃德敦老心所向。⁷ 德敦捨金取義，心向仁義，與

道為約，死可閉目矣。①

8 後德敦隻身勞作，平淡而居。9 家中義犬相伴，兩子不擾，百歲而終。

---

① 德敦兩子不孝，對父母爽盡孝之約，根子在「拜金」，故德敦「捨金取義」。眾人不解德敦所為，但於德敦而言，他是在「與道為約」，踐行對道義的約定。

卷九　工事

工，甲骨文工，形似豎向放置的一把斧子，做工的工具。人類的工事行為從低級到高級，是文明演進的重要組成部分，如果簡單地將「工事」喻作「硬體」，那麼這種「硬體」也是伴隨著人類文明的「軟體」（如分族、立教、家庭、婚姻等）不斷升級的，並與人類社會的「軟體系統」緊密地契合在一起。故「工事」的問題不僅是「工事」，更是「人事」。

第一章　雅昆什築高塔

第一節　築屋以高為尊

¹ 雅人之後雅昆什，既為族領又善百工，聰慧敏行，無所不能。

² 其時族人內外皆尚高屋，築屋以高為尊，以奇為顯。³ 雅昆什親率百工巧匠，所築高屋可達三十丈，依山就勢，巍峨高聳。①

第二節　雲中屋宇

¹ 一日，雅昆什仰望天空，竟見悠悠白雲之間，有屋宇幢幢，鱗次櫛比，心中大驚。² 眾人隨指望去，無不吃驚。³ 何人築屋雲中？何人可居九霄高空？

⁴ 有智師眼銳，窺見屋宇之間有人遊走，衣帛華美，進出無聲。⁵ 眾人欲仔細察看，卻見白雲飄移，屋宇漸隱。

⁶ 雅昆什百思不解，茶飯不香。⁷ 三日三夜閉門不出，靜默思悟，晝夜不眠。

---

① 築高屋（高塔）一直是人類的夢想，古時巴比倫有著名的「通天塔」之說，後人考古發掘確證了古代通天塔的存在。今人仍在延續古人築高塔之夢，世界最高建築紀錄不斷更新，「以高為尊，以奇為顯」是人類的一個嗜好和傳統。

（圖47　雲中屋宇）

第三節　雅帝告諭

[1] 及至四日夜深之時，雅昆什冥悟之中，驚見紅獅開道，雅帝臨前。[2] 雅昆什急忙跪伏在地，有聞雅帝曰：

[3] 雅昆什要聽，萬能雅帝居於高天，每日注目觀望。[4] 先前雅人偏離正途，萬能帝要山崩山就崩，要地裂地就裂，要天火空降天火就空降。[5] 豈見何家無人死

亡？豈見何家無人受傷？⁶雅西受命為族師，承雅帝傳道之任，向雅人頒諭族規。⁷雅人有律己恪守，有放任莽行。

⁸如今你們可曾看到，依雅帝誡規行事，可近天帝。⁹未依雅帝誡規行事，不可近天帝。¹⁰欲近天帝，須行帝道。¹¹行帝道方可心致，心致意致，意致工致。①

¹²雅昆什欲前細詢，紅獅以翅相擋，阻於身前。¹³然「心致意致，意致工致」之音幽空迴響，反覆不盡。

¹⁴雅昆什得啟悟，謹記「心致意致，意致工致」。¹⁵欲以心致而達意致，以意致而達工致。

第四節　築塔檢效

¹雅昆什悟行相合，力率族人守規行道。²經三年修行，雅昆什欲築高塔而近天帝，以檢修行之效。

³雅昆什召族人三萬，依山臨崖，築通天高塔。⁴族內能工巧匠盡出，選上等石材雕琢打磨，精工細作。⁵高塔底闊上窄，方圓交錯，由低至高逐級疊壘。⁶匠人以天尺度衡標識，

---

① 此處提出了「道、心、意、工」的概念。「道」（天道）最上，「心」（人心）居次，「意」（意志）再次，然後為「工」。以「工」說「意」、說「心」，實則歸為「道」。

巨石上下相扣、左右兼顧，竟渾然一體，分毫不差。

⁷族人晝夜不息分工勞作，經十年築建，高塔竟至千丈。
⁸由山腳仰望，塔入雲霄，難以盡覽。⁹念及高塔漸入天界，通
天之道將成，雅昆什心中甚悅。

¹⁰高塔將成未成，然族力竭盡，人力盡出，死傷者不計其
數。¹¹匠工疲憊，哀告歇息。¹²族師婉諫，適可而停。

¹³雅昆什執意不休，誓將高塔建至雲端。¹⁴族王更發令，
有怠慢不從者，輕者斷臂，重者戮命。¹⁵眾人心懼，無人敢
言，惟族王近身侍臣呼應慫恿。

第五節　高塔坍塌

¹一日突有黑雲飛捲，上下翻騰，高塔隱沒不見。²眾人惶
恐，憂有不祥發生。³未及細想，轟天一聲巨響，高塔坍塌，
白煙沖天。⁴隨後雷電交加，大雨如注，泥石成流。

⁵但見殘屍斷臂隨水漂浮，活命者寥寥。⁶雅昆什癱倒在
地，肉軀如泥，魂飛魄散。⁷有紅獅飛落近前，告曰：

> ⁸萬能帝曾告誡諭，心致意致，意致工致。⁹雅人心
> 未致而欲意致，意未致而欲工致，何不致此？
>
> ¹⁰天生心，心生意，意生工。¹¹故欲得道近天，首
> 須心致。¹²心致而意致，意致而工致，工致而可近天。

（圖48　塔入雲霄）

¹³ 故心致意致，無所不致，縱星辰雲霄，亦可達致。¹⁴ 然心意未致，縱三尺低臺，亦超所限，終不可致。¹⁵ 況萬丈高塔，幾近天界，豈可妄求所致。①

¹⁶ 雅昆什聽聞，老淚縱橫，氣絕而亡。¹⁷ 後高塔只留殘垣斷壁，千年風摧仍依稀可見。

第二章　函含造飛車

第一節　函人名匠

¹ 函含為函人名匠，聰敏善思，尤敬天帝。² 每日晨起敬帝，寢前自省，記事以降從不間斷。³ 常於夜深之時入似夢似幻之境，可得靈道啟悟。⁴ 晨起做工，如有神力相助，朽木可化神奇。

⁵ 先前各家運物，或人抬臂扛，或牛馱馬載，功低效差，人畜皆苦。

⁶ 函含以硬木雕琢成輪，以寬木勾搭成體，造成獨輪木車。⁷ 木車中置大輪，車體四角有柄，供四人推握。⁸ 木車既

---

① 此處再論「道」、「心」、「意」、「工」之關係，即道生心，心生意，意生工。

成，可多載巨石巨物，或多載糧穀雜什，搬運工事，功效倍增。[9] 眾人甚奇，效仿者眾，然木車之大之精，無人可超函含。

[10] 一日夜深，函含靈思暢遊，遠至邊海，高至雲天。[11] 恍惚之間，眼前竟現輪車無數，呼呼前行。[12] 輪車列排飛轉，前行後退，隨意而為。

[13] 函含醒來得悟，遂將兩木車捆紮並連，頓成兩輪木車。[14] 兩輪木車載量倍增，行止穩當，眾人皆驚皆喜。

[15] 函含舉一反三，革新變法，四輪連造，頓成四輪大車。[16] 四輪置於木車四角，無人握扶亦可自立。[17] 車體輔以邊框，框中載物甚多。[18] 車前繫有韁繩，既可人推，亦可馬拉。[19] 鄰家鄰族見之，一時仿效成風。

[20] 撒東乃撒人智師，見多識廣，聰慧異常。[21] 每日端詳撒人仿製木車，察覺木輪不固，每遇堅石易毀，每遇水浸易散。[22] 撒東試以鐵代木，鑄煉鐵輪，遂成鐵輪大車。[23] 鐵輪堅固耐用，銳石、泥溝所向無礙。[24] 鄰族之人棄函含而仿撒東，後各族木車漸以鐵輪代木輪，所造之車愈發精緻牢固。

第二節　夢幻飛車

[1] 一日夜深人靜，函含如常獨處靜悟。[2] 本族、鄰族，木輪、鐵輪，天上、地下，不覺神思無疆，實幻不分。[3] 函含眼見輪車無數，雕花繪彩，幡帶飄飄。[4] 函含為輪車載負，凌空

而起，騰雲駕霧。[5]一忽急速高衝，一忽緩慢翱翔，一忽高越峻嶺，一忽俯視海湖。[6]雀鳥繞周嬉戲，鵬雁前後伴翔。

[7]函含醒夢回神，然夢中之景揮之不去，歷歷在目。[8]函含起身敬拜天帝，頌恩祈福。

[9]函含謁見族王函塔爾，詳述駕車翱翔之歷。[10]族王聞之甚悅，即令函含速造飛車，以使族王有飛車可乘。

第三節　函含受命

[1]函含白日不離造場，夜晚尋靈悟道，晝夜不停。[2]函含思忖，雀鳥雖小可任自飛翔，鵬雁碩大可一飛沖天。[3]人何以無翅？車何以飛天？[4]函含竭精盡慮，不得其解。

[5]族王每日來巡，探問飛車之造。[6]後日巡兩次，催逼甚緊。[7]每聞函塔爾來巡，函含舉家惶恐，老幼不安。

第四節　族王限令

[1]一日函塔爾乘馬拉木車，攜嬪妃多人郊野出遊。[2]木車高巍，雕獸刻花，飾以族徽族旗，威風凜凜，路人無不敬畏。[3]函塔爾遊興甚濃，隨行嬪妃歡喜雀躍。[4]馬車沿山腳湖岸乘風飛奔，漸行漸遠。[5]直至日頭西落東天灰暗，族王一行方收興折返。

⁶ 歸至半途天即黑沉，周邊山高水深野風呼嘯，怪獸之吼不時傳來。⁷ 車內嬪妃心中有懼，簇擁一團。⁸ 函塔爾故作鎮靜，語音不若平常。

⁹ 車馬疾奔，突遇路溝躲避不及，一車人馬騰空翻滾。¹⁰ 族王嬪妃摔翻溝下，人喊馬叫亂作一團。¹¹ 隨從甚慌，攙王扶妃，抬拉背馱，天亮始返宮中。

¹² 函塔爾怒甚，斬殺車手隨侍多人。

¹³ 三嬪妃「嗚嗚呀呀」叫疼不止，一停一起，一嗚兩應，甚嬌甚嗲。¹⁴ 先怨天尤人，繼責問族王，何時有飛車可乘，不受車翻之傷。¹⁵ 西妃對族王曰，不再陪王出遊，除有飛車可乘。¹⁶ 餘妃附和，不再陪王出遊，除有飛車可乘。

¹⁷ 函塔爾下令，限函含於月圓之際造出飛車，否則將予斬殺。¹⁸ 眾人聽後無不驚怕，函含攜妻兒老幼跪地告饒，族王不曾理會。

第五節　突得靈悟

¹ 函含閉戶自省，家人愁苦萬分。² 函含祈盼天帝啟悟，冀有神靈相助。³ 函含心知，惟得天帝之靈，藉天帝神力，方可成飛車之夢。

⁴ 函含竭思盡慮，絕望之際突得靈悟。

⁵ 函含挑來千年鶴木，冀鶴木通靈，可成飛車。⁶ 鶴木長

生千年，坊傳多賦靈性，善解人情。⁷鶴木多生峭壁，纖輕牢韌，時有山人不慎落崖，均得鶴木伸枝攔抱。⁸民里均以鶴木為神木，敬拜有加。

⁹鶴木亦可預知吉凶，每有惡凶事臨，諸如天災疫情，鶴木自會縮枝垂葉，圍抱一團。¹⁰每有喜樂吉事，鶴木自會張枝舒葉，招來翠鳥鵲雀。¹¹族人有習約，鶴木展凶象，家家足不出戶，男女不工。¹²鶴木展吉象，族人欣喜，百工諸事，無不吉祥。

¹³函含仰視鶴木，祈拜再三，傾述心中愁思。¹⁴但見鶴木似解人愁，應聲飄擺，上下不停，時前時後。

第六節　鶴木成車

¹函含遂挑選上好鶴木，精製木車。²復雕四隻赤足丹頂仙鶴，爪立木車四角扶柄。³經馬不停蹄晝夜趕制，終於月圓之際造成飛車。

⁴眾人見車，又見四鶴栩栩如生，無不稱奇。⁵只是心有擔憂，木車能否飛天。

⁶函含面車而坐，閉目祈拜，旁人無敢驚擾。

⁷外有嘈雜之聲傳來，族王一行駕到。⁸函含妻兒恐懼，跪伏在地不敢仰視。⁹函含如石所雕，紋絲不動。¹⁰隨從見對族王不敬，上前呵斥，為族王喝止。

¹¹ 函塔爾細察細看，見木車玲瓏精緻，車角四鶴靈氣外顯。¹² 然上前扶拭，見硬木而不見軟羽，見死靜而不見活動。¹³ 函塔爾慍色漸起，責問飛車何飛？

¹⁴ 函含無應，依舊坐如磐石，靜似泥雕。¹⁵ 函塔爾見狀甚怒，揮手示意欲予斬殺。¹⁶ 眾人跪告求饒，周邊泣聲四起。

第七節　魂托木鶴

¹ 隨從正欲上前，只見函含額筋暴漲，鬢間汗湧如注。² 眾人驚詫，函含所流之汗竟為血汗。³ 血汗赤紅，浸染半襟衣衫。

⁴ 眾人皆恐，族王大驚。

⁵ 半個時辰過後，函含血汗流盡，人如枯材，閉目而逝。⁶ 函含軀骨不倒，魂靈歸天。

⁷ 轉見木鶴似得函含魂托，冠頂漸赤，羽毛閃動，目睛炯炯有神。^①

⁸ 忽聽「嘎嘎」幾聲長叫，四鶴合力，爪抓車柄，木車竟能騰空。⁹ 木車漸飛漸高，快慢有序，轉眼已上雲端。¹⁰ 高空盤旋一周，木車緩降，復停族王面前。^②

¹¹ 函塔爾甚喜，遂搭乘上去，左扶右看。¹² 隨從亦上車作

---

① 萬物有靈，人、物相通，故曰木鶴得函含魂托，由木而成活物。

② 古時曾有各類木製飛器，如《墨子・魯問》載，公輸般造木鵲，可飛三日。又有傳：墨子為木鳶，三年而成，成而飛之，三日不下。

伴，四鶴騰空而起，攜族王返回宮中。

[13] 飛車既成，函塔爾出行非飛車莫乘。[14] 族王常攜嬪妃多人，暢遊周邊峻山麗水。

第八節　飛車向月

[1] 函塔爾一日忽有奇想，欲乘飛車探視月宮。[2] 傳月上為仙境，遍地清風丹桂，更有佳麗曼舞。[3] 侍臣憂道途遙遠，高不勝寒。[4] 然函塔爾決意無改，擇佳日吉時，備美餚厚袍，攜嬪妃隨傭，飛車向月而去。

（圖49　飛車向月）

⁵ 後人不見函塔爾歸返。⁶ 傳王至月宮，身置仙境，樂不知返。⁷ 亦傳王至天星，有去無返。⁸ 族人日日期待，或曰月圓之時王可歸，或曰月損之時王可回，然終不見歸回。

第三章　冬甲造地龍

第一節　掘穴而居

¹ 冬甲之人實為微東族人所遺。² 微人先祖曾遭天雷轟擊，火雲覆頂，惟微東家僥倖活命，漸融於異族。³ 經年繁衍流變，終成冬甲族人。

⁴ 雖與鄰人多有交融，然膚表、體態有別於鄰人，尤以身小、膚深、鬈髮、凹目為顯徵。⁵ 冬甲人男高不足三尺，女人尤矮，常居深山、溝壑之間。⁶ 尤擅掘穴而居，穴深可達百丈。

⁷ 冬甲人掘穴有方，所造穿山地龍，可游刃於山嶽堅石之中。⁸ 地龍身披鐵甲，三爪尖利，挖吞吐棄，入地萬丈，遠及天邊。

⁹ 冬甲人所居祺山、發嶺一帶，山中地下洞道縱橫，洞口星羅，往來交通甚為便利。¹⁰ 洞道亦可避災，尤可避天雷火雲。

第二節　挖損祺山神絡

[1] 天曆三百一十四年冬，冬甲地龍掘至祺山樞脈，挖損祺山神絡。[2] 山神震怒，噴吐岩漿。[3] 岩漿火燙，四處蔓延，觸木即焦，觸人即亡。[4] 後祺山一帶多礁石光岩，少樹木百草。

[5] 冬甲人傷亡過半，遭此一劫，無人敢再造地龍，再掘洞道。[6] 所造地龍棄置不用，有謂地龍自毀，有謂縮變甲蟲逃逸，成穿山甲蟲。[7] 洞道多廢棄，或為岩漿掩埋，後人只可偶見痕跡。

第四章　歐、瑤成千里眼

第一節　天作之合

[1] 歐居山中，瑤居水畔。[2] 歐少年俊朗，聰慧敏行。[3] 瑤美麗賢淑，端莊善良。[4] 歐長瑤兩歲，幼時以兄妹相稱，成年結為夫妻，天作之合，天下無雙。

第二節　冶煉製器

[1] 歐擅冶煉製器，可從黃石之中提金，從灰石之中取銀，亦可將黃石、灰石混煉，成金銀合金。

[2] 一日歐取黃石三分、灰石二分，另加黑石、紅石、綠石、礫石、矽石各一分，置於煉爐冶煉。[3] 爐內煉物五彩繽紛，金光閃爍熠熠生輝。[4] 歐甚喜甚期，封爐燃柴，計時控火，文烈交替。

第三節　煉物隨洪而去

[1] 煉爐將成之際，暴風驟雨襲來。[2] 山洪暴發，泥石俱下，煉爐煉物隨洪而去。[3] 屋舍沖塌，家人雞犬一物不見。[4] 歐幸為大樹所攔，方得活命。

[5] 歐傷心不已，水退之後四處察看。[6] 家地面目全非，遍尋妻影不見。

[7] 瑤為洪水所捲，一去百里開外。[8] 幸有浮木所載，停落山坡旁邊。

[9] 坡地周邊荒蕪，不見一絲人煙。[10] 瑤遍體鱗傷，然神清肢全，可以野果為生。[11] 瑤四處探尋，只盼早日歸家。[12] 然山巒疊嶂，荒溝縱橫，實不知家在何處，路在何方。

第四節　各見煉物

¹ 瑤荒野徘徊，偶於草石之中見一亮物發光。² 物似圓鏡，光潔錚亮，近看可顯人影。³ 瑤仔細端詳，疑為家夫冶煉之物，遭洪水沖落至此。⁴ 瑤翻轉細察，前撫後摸，認定此物非夫莫屬。⁵ 瑤將亮物揣於懷中，涼物變暖，似有心跳。

⁶ 自颶風洪災之後，歐終日落魄山野，夜夜難眠。⁷ 念及愛妻杳無音訊，家舍物什蕩然無存，歐心冷至極，直欲一死百了。

⁸ 歐尋來長繩，高懸於樹。⁹ 正欲套頸懸身，似聞愛妻喚聲傳來。¹⁰ 歐定睛尋看，四處並無人影，然瑤妻喚聲不時隱現。

¹¹ 歐循聲尋去，驚見聲出之處有一硬物，亮光閃閃。¹² 歐驚喜，認定該物必是多石合煉之物，為暴雨沖凝所成。¹³ 再細察看，物似銅鏡，鏡中人影晃動。

¹⁴ 人影似瑤，雙眸清亮，正深情凝望。¹⁵ 歐揉目拭睛，又見瑤妻立於半坡之地，衣衫不整。¹⁶ 歐大聲呼叫，立時並無回應。¹⁷ 歐將圓鏡揣於懷中，似感溫熱外傳。

第五節　心誠成鏡

¹ 歐終日揣鏡於身，晝夜不離，累年積月。² 歐自發現，白日喧囂鏡影閃晃，人像不清。³ 愈當夜深人靜，鏡中之像愈發

逼真透亮。

　　[4]一夜，雲高月明，清風徐徐。[5]歐輾轉反側，苦苦思念，與瑤不欲共眠，欲共不眠。

　　[6]歐起身凝望圓鏡，瑤之音容清晰在目，尤似相擁而談。[7]歐起身攀登後山高坡，鏡影顯現，愛妻亦正持鏡攀坡。

　　[8]歐一路攀爬，迅登後山峰頂，鏡中傳出瑤妻喘息之聲。[9]歐拚命呼叫，瑤在鏡內聽聞，竟可與歐對望交流。[10]歐、瑤夫妻甚喜，雙雙淚流滿面。

　　[11]歐、瑤視聞如晤，尤在咫尺眼前。[12]心誠所至，時空無間，歐、瑤雙鏡竟成千里之眼。①

　　[13]歐、瑤各持千里眼，互觀互聞，相尋而去，不日即得相見。

第五章　賽禺造時鏡

第一節　家有兩子

[1]賽禺年逾古稀，早時苦煩塵世，離家棄室，獨居松山之

---

① 古時民間曾有傳說，有一對神仙兄弟，兄高名，眼可觀千里之外，稱「千里眼」；弟高覺，耳可聽八方遠聲，稱「順風耳」。此處是指歐、瑤雙鏡有千里眼之功，歐、瑤心誠所致，可致時空無間。「歐、瑤成千里眼」寓指人對空間世界的認知。

上。[2] 白日雀鳥為友，夜晚松林作伴。[3] 晝夜潛心靜研，感天悟人，常得天啟神諭。

[4] 賽禹家有兩子，長子賽虎，次子賽豹。[5] 賽虎、賽豹娶妻生子，或植樹培果，或播種糧穀，各自圈地勞作。[6] 然年前遇大旱，蝗蟲遮天，草木凋零。[7] 遍地糧果無收，人飢牲亡，一片潦困。

[8] 惟松山東坡之下島洲之地，得天之蔭，果樹茂盛，糧穀豐登。[9] 賽虎築籬劃地，賽豹修笆圈林。[10] 虎修豹拆，豹修虎拆，一來一往，日夜爭奪無休。[11] 男女齊揮鎬，老幼共上陣，強取豪奪，親情不再。

[12] 虎、豹相爭，各據其理。[13] 虎曰年長於豹，洲地開荒先於豹。[14] 豹曰自幼玩耍於洲地，攀樹摘果，捉鳥捕魚，無所不為，遍留痕跡。[15] 虎、豹爭執不下，兄弟拔刀相見。

第二節　落山裁決

[1] 賽禹松山望聞，眼見親子相殺，遂落山裁決。

[2] 賽禹修行已久，得天啟悟，竟成時鏡。[3] 所造時鏡，狀似銅鑼，面如琉晶，光潔平滑，雙面可視。[4] 一面為前時鏡，可預知未來，顯將行之事。[5] 另面為後時鏡，可溯知往昔，顯本源史實。

[6] 時鏡惟通賽禹心脈，方可運用生像。[7] 時鏡、心脈相通，

物人合一，天眼開啟。[8]故時鏡顯像耗精費氣，顯像片刻，賽禹須靜養多日。

[9]賽禹臨降，賽虎、賽豹各攜家眷跪拜。[10]虎、豹向前，訴說天旱蝗災之苦，互責不仁不義之舉。

[11]虎訴曰：

> 天旱蝗災之下，遍地無收。[12]惟島洲之地有糧有果，皆因虎率家人拓荒開墾，以披星之勤血汗之勞，始得豐裕之收。[13]然豹欲獨據洲地，何理所在？

豹聞後曰：

> [14]虎言甚差。[15]虎雖年長，然豹自幼貪玩，常往來洲地、家居之間。[16]洲地一草一木，豹盡瞭若指掌。[17]豹亦築渠引水，四處移花接木。[18]如今天旱、蝗災俱襲，虎欲蠶食洲地，何理之有？

[19]虎、豹互責，各不相讓。

第三節　鏡像為證

[1]賽禹聽聞，並不言語。[2]遂取出碩大時鏡，屏息閉目，運

227

（圖50　賽禺時鏡）

氣通脈，片刻之後微微張目。

3 虎、豹近看，大吃一驚，鏡中影像歷歷在目。4 尤令虎、豹匪夷所思者，鏡中所現之事依時光倒序，無一遺漏。

5 鏡中所顯虎言之狀，虎見甚氣壯，怒目瞪視豹弟。6 鏡中所顯豹言之狀，豹見甚氣壯，怒目瞪視虎兄。7 時鏡甚顯蝗災之前景象，直至虎、豹幼時嬉戲玩耍，亦一一盡顯。

8 見兄弟幼時親密無間，虎、豹對視皆有愧色。9 見兄弟幼時同採同摘互餵美果，虎、豹相覷口無所言。

10 賽禺滿額大汗，放下時鏡，對虎、豹家人曰：

[11] 虎、豹皆見否？幼時兄弟手足，兩心無猜，並無爭拗。[12] 天旱、蝗災來襲，兄弟理應互攜互扶，共渡難關。[13] 不想兄弟以利為驅，見利忘義，皆欲獨吞獨享。[14] 何以至此？何以兄不認弟、弟不識兄？

[15] 聽罷賽禺所言，虎、豹二人似有所動，半晌無言。[16] 賽禺翻轉時鏡，由後時之觀轉為前時之鏡，鏡內影像即按時光前行之序顯現。

[17] 虎、豹眾人甚驚詫，紛紛爭觀來日之事。[18] 只是賽禺氣喘吁吁，精氣難繼，突撒手氣絕，時鏡關閉。①

[19] 眾人皆悲。

第四節　承父衣缽

[1] 賽虎似有所悟，決意承父衣缽，離絕塵緣，脫俗修煉。[2] 賽虎登松山高臺，每日研磨，專心修行。[3] 經年修煉，賽虎先成後時鏡之能，可溯知往昔史實。[4] 後成前時鏡之功，可預知未來人事。

[5] 賽豹攜家眷專心耕種，洲地周邊穀產豐裕，天旱、蝗災不常侵襲。[6] 豹亦偶離俗鄉，松山探兄，求問天地人道。

---

① 賽禺所造時鏡，既可溯知往昔，也可前觀未來，寓指人對時間的認知。

第六章 百工競場

第一節 匠工聚匯

¹ 松山西南八千里，西海之岸工坊林立，匠工聚匯，天下工事無不可見，人稱「百工競場」。

² 冶煉之工當以瑞意、德羅為精。³ 瑞意擅冶黑金、紅金，可從黑石、鑠石之中煉取黑金、黑鐵，可從砂石、紅石之中煉取紅金、紅銅。⁴ 所煉黑金、紅金硬比石堅，銳比火劍，無所不承，無所不摧。

⁵ 德羅擅冶白金、輕金，可從白砂、灰石之中煉取白金、輕金。⁶ 所煉白金、輕金剛柔並濟，加添石粉，剛如黑鐵，輕如檀木。⁷ 加添木油，柔如綿泥，細可抽絲，拔拉十里而不折。

⁸ 製器之工繁雜，至精至奇。⁹ 船舟水器品類繁多，形制各異，巨細皆全。¹⁰ 有泛遊水面，有潛行水中，巨者可載山，微者如細鰻。¹¹ 飛鳶空器多如林鳥，可載人運物，可逾山越海。¹² 鐵甲地器多如地蟲，堅者可穿石，柔者可過溪，行速快慢有序，前進後退自如。

第二節 智器神手

¹ 有極聰極慧之人，靈思開悟，製成精算之器。² 精算之

器初以計數為能，微數、巨數無所不計，及至無盡之數亦可推演。

³ 後精算之器合以矽石、輕金，精設巧構，置罡山神龕三月，即成智器。⁴ 智器得賦神功，可駐人聲，可貯人影，可溯往昔，可預未來。

⁵ 有超智之人名伊諾，集黑金、白金、紅金、輕金、矽石、檀木之材，藉智器神功製成神手器。⁶ 神手器坊稱「超度」，意為超凡之手。⁷ 超度幾無不能，亦稱「萬能器」。

⁸ 萬能器功無不及，首擅度量測衡。⁹ 凡時間長短、空間遠近，均可度測細微。¹⁰ 尤奇者可度測天上星辰、地下寶藏、海中魚蟲，及至萬物存變。

¹¹ 有度測山底儲金，於是眾人移山取金。¹² 有度測海中有銀，於是眾人圍海取銀。¹³ 有度測星辰繁多，於是有人企欲攀星登辰，拓開新地。

¹⁴ 有王試以度測群臣之忠奸，度測群傭之勤惰，亦大致不差。¹⁵ 有朝臣衣冠楚楚道貌岸然，然陽奉陰違，瞞上欺下。¹⁶ 王幾經測度，終得驗證，凡奸詐之臣皆遭除殺。¹⁷ 後有極奸之人巧用超度，機關用盡，巧設計謀，忠善之人反遭汙陷，蒙無辜之冤。

第三節　無所不能

¹ 雲高秋實時節，有匠人以超度為器，取陽精、陰液合混，竟成母體孕化之功，造出活嬰。² 活嬰由成型至呼氣自動，僅費時三月。³ 後甚可取成人片肉，器孕培育，複製成人。⁴ 複製之人漸大，竟同原人無異，音容舉止分毫不差。

⁵ 一日，突有成群超度湧出，其形如人，大小不一，高矮不齊。⁶ 超度走街串巷，所到之處或噴氣吐火，或泄糞排毒。⁷ 眾人見之，呼之不應，避之不及。⁸ 超度力大無比，刁鑽奸猾，出自人工，人反被制。

⁹ 有超度稱曰「異能」，以精金巧構而成。¹⁰ 異能既成，無所不能。

¹¹ 異能逕闖王宮，吸食族王，坐於王座，遂成新王。¹² 異能音貌與族王無分，晝理王務，夜寢王榻，王后不察。¹³ 異能召宮內朝臣頻頒王令，有令族人列隊入海，有令族人自斬家人。¹⁴ 族內上下不解，違者皆遭格殺。¹⁵ 朝臣令官無奈，庶民百姓鼠逃。①

---

① 所述百工諸事十分精緻發達。

第七章　天冰地封

第一節　工事惡脹

¹百工場內，工事惡長，天地不勝，人為器奴。²超度無所不在，工物暴行，靈道不暢，人性不張。

³天地苦憂，天臉灰沉似地皮，地皮病瘠似癩痢。⁴有天使巡遊，見西海之岸人為器制，速報天帝。

第二節　升海百尺

¹天帝明察，遂升海水百尺，淹西岸於海底，遍野山島即成大海。²天帝復降大雪百日，冰封其上，冰如磐石，厚如高山。

⁴自此百工競場不再，人跡全無。⁵惟少許禽鳥走獸，因善游耐寒而存活其上。①

---

① 喻言如果人的工事不加限制地發展（即暴行），終有一日將會人性不張，人也會成為機器的奴隸。

（圖51　天冰地封）

卷十　教化

《詩‧周南‧關雎序》：「美教化，移風俗。」中國古代儒家思想宣導政教風化，以此作為完善人格、治家理世的重要路徑。事實上，教化是人類最基本的文明自覺。

第一章　帝山石銘

第一節　古有帝山

¹ 帝山位萬國之中，諸族之央。² 山崖陡峭，巍峨聳立。³ 登頂可觀四面，落山可通八方。

⁴ 面東山崖，峻峭光平，草木不生。⁵ 崖上多有畫符，以血砂塗之，硝煙燎之，經千年風吹日曬，愈益栩栩如生。

⁶ 畫符敘載開天闢地，尤記初人天生，中人演進，風雨雷電，獸禽競處。⁷ 天地萬象無所不包，陰陽交合界有化變。

第二節　字符祕意

¹ 所顯字符，似識而不認，似知而不曉，蓋以天書所記，凡人難辨。² 然人圖獸像之下，字符交錯，詩畫滿岩，細辨可識祕意。記曰：

³ 人之初，性本合。

⁴ 惡有善，善有惡。①

---

① 人性本善，還是性本惡？《孟子・告子上》：「人性之善也，猶水之就下也。人無有不善，水無有不下。」《荀子・性惡》：「人之性惡，其善者偽也」。此處言及人性，提出「人之初，性本合。惡有善，善有惡」的命題，而非簡單地區分人性善惡。

（圖52　帝山石銘圖）

⁵ 善惡共，生亦克。

⁶ 心向善，靈之道。

⁷ 身向惡，軀使然。

⁸ 身心合，順天道。①

---

① 此處論及善惡的關係是共生、共克的關係；論及「善之所依」（心、靈道）、
「惡之所依」（身、軀）的問題。最重要的是沒有簡單地非善即惡、非惡即善
的兩極判斷，而是提出「身心合，順天道」的思想。

⁹帝山石銘多族傳誦，婦孺皆曉。¹⁰然徹悟其諦者甚罕，多為囫圇吞棗。¹¹惟智士、靈道之人可大致明曉，而其妙在似曉非曉、非曉似曉之間。¹²在似是非是、非是似是之間。¹³在恆中有變、變中有恆之間。

第二章　雙面人國

第一節　前後有臉

¹帝山畫符之中，至多者為雙面人符。²畫之鑿鑿，人之切切，蓋莫能盡。³所記帝山之東南西北各地，昔時皆有雙面人國。

⁴雙面之人，前後皆有臉面。

⁵前臉端莊色正，慈眉善目。⁶後臉貌似惡鬼，形態各異。⁷因多以正臉示人，後臉漸小，常以多發遮掩。

⁸面由心生，人有雙面，蓋因內有雙心。⁹一心向善，一心向惡。¹⁰善心以善面向人，惡心以惡面向人。

第二節　正面向人

¹有修善好義之人，得天帝靈道指引，立臥皆舉善行。²天長日久，後向惡面漸萎，終為毛髮覆蓋，只剩正面示人。³此

（圖53　雙面人圖）

為善人，得庶眾敬慕，尊為正人，譽為君子。

　　[4]世人漸覺惡面為醜，多以正人為範，多舉善行，棄惡揚善。
[5]習之為積，好之為常，雙面之人善面漸大，惡面日微。[6]有惡面
碩大者，人多不願為伍，交往婚配日難，現於人群，多遭白眼。

　　[7]經年久後，芸芸眾生皆以善面示人，惡面漸微，藏而不露。

第三節　心藏深處

[1] 然面變易，心變難，因心藏深處，並不見日示人。[2] 故人之善惡兩心故在，大小因人而異，實難測量。[3] 不同之人，抑或同人之心，亦因時因地而異變，並非恆定。

[4] 天帝觀之，喜人向善棄惡，施行教化之道。[5] 天帝亦憂，惡面可掩而惡心難除。[6] 尤憂善惡難辨，善惡通變。

第四節　切心術

[1] 一日，天帝遣天醫降臨，欲行切心之術，為人除惡心。[2] 眾人列排施術，天醫不分男女，逐一開腔摘心。[3] 雙心只留其善，黑汙醜陋者除之。[4] 多犬侍旁，見之搶食。

[5] 然人之雙心之中，善惡交疊，形同色混，實難區辨。[6] 若皆除之，人無心則死，不死則獸，遺害甚大。[7] 更有多人雙心合體，無所分辨，難以斷開。[8] 亦有懼怕施術者，趁黑夜逃遁山林。

[9] 天醫無奈，歸去稟告天帝。[10] 所經摘心者，亦難存活長久，更難留後。

第五節　識心難

¹雙面人國經多年變演，漸成單面之人。²後雙面人國消逝，世存均為單面之人，多以善面示人。

³然面皮雖一，面容萬多。⁴善面易呈，秉性難改。⁵時面由心生，由相知心。⁶時飾面隱心，善惡不辨。

⁷故曰：「識面易，識心難。⁸一時識心易，恆久識心難。」^①

第三章　綠齒人

第一節　隱於群人

¹帝山周邊，昔有綠齒人隱於群人之中。

²綠齒人常時與人無異，開口言笑顯皓月白齒，友善親近，其樂融融。³每遇適時之機，惡邪由心作祟，其齒由白變綠。⁴綠齒碩大，鋒利無比，或吸吮人血，或戮食人肉，尤以婦孺良善之人常遭食殺。

⁵綠齒人生性狡黠，汲血食人常趁人不備，不為人知。⁶事畢之後不留跡痕，半日不出，綠齒即復原狀。⁷經年久多，偶

---

① 喻說善惡交混，難以一概而論、恆久而論。

有綠齒人為人發現捕捉。

第二節　美果誘童

[1] 一日傍晚，七八小童嬉戲於山邊槐樹之下。[2] 一綠齒人近前，圖以美果誘童，引入林中噬食。[3] 然小童沉湎嬉戲，食果而不離群。[4] 綠齒人無機下手，無奈而漸慍，口內綠齒顯露，賊人以手相掩。

[5] 小童穌泰不慎跌倒而傷，倒臥一旁歇息，餘伴續戲樂。[6] 穌泰瞥見賊人似有綠齒，心中惶恐，偷偷回村稟告族人。

[7] 族人壯漢多人趕至，綠齒人抿嘴憨笑，似無異樣。[8] 族人

（圖54　美果誘童）

問之，賊人應而不答，邊禮應邊起身欲逃。[9]眾人將其扭住，綠齒人終掩飾不住，露出滿口利齒。[10]眾人痛打之，石擊棒捶，終成肉泥。

第三節　鄉人俗規

[1]鄉人漸有俗規，婦孺夜晚不出門，三人以下不外行。[2]十里八鄉多有壯漢巡戒，凡遇綠齒之人，皆群起圍打擊殺。[3]久而久之，綠齒人不敢妄為，偶在夜間出遊。[4]後噬血食人者漸少，多行偷雞摸狗之盜。

[5]亦有綠齒人受外眾之迫，自省自恥，欲行善抑惡，每遇惡欲起，咬齒以抑制。[6]其人綠齒漸小漸淡，惟後牙之根遺有殘痕。[7]綠齒不再外顯，然綠齒人混於人群，惡念難絕。

第四章　尾人國

第一節　人長毛尾

[1]帝山以西偏南約五百里，有國曰尾人國，國人皆長毛尾。[2]其人行事為欲所驅，行南輒南，行北輒北，與獸相仿，亦稱「獸人國」。

第二節　為所欲為

[1] 國王烏里出身庶民，力大無比。[2] 曾有三千獅身虎頭怪獸侵襲，百姓死傷不計其數。[3] 烏里率人抗擊，一人殺獸無數，後被族人擁戴為王。

[4] 烏里為王，威高權重，為所欲為。

[5] 凡遇美女，即擄為妾奴，無須避掩。[6] 凡遇美酒，即就地暢飲，爛醉成泥。[7] 凡遇愛物，金銀珠寶、綾羅綢緞之類，即攫而取之，宮內堆積如山，腐爛如泥。[8] 見肥羊家禽，即令捕捉，回宮宰殺。[9] 食羊僅食羊鼻，食雞僅食雞舌，餘皆棄之。

第三節　群起效仿

[1] 烏里之下六宮朝臣，敬王俯首貼耳，理政無敢諫言。[2] 王不在場，朝臣群起仿之，深入民里，搜刮民脂。[3] 權貴爾虞我詐，或競相傾軋，或向王獻讒，藉王之力致敵於死。

[4] 庶民窮苦，先任權貴宰割，後有樣學樣，蜂擁群起。[5] 能食則食，能奪則奪，能竊則竊，能搶則搶。[6] 日落西山如獸寢，日出東方從頭起。

[7] 斯國上下，人皆以尾為榮。[8] 位愈高尾愈大，位尾相應，

見尾知位。[9]國王烏里尾粗且長，直立於後，高過頭項，可左右舞動，可前後倒臥，威嚴無比。

[10]朝臣權貴，各有中長之尾。[11]粗細長短大致，或豎或拖，因時因地有變，百姓見之，無不畏懼。[12]至於庶民百姓，亦長獸狀毛尾，只是短小，多夾於身後，不易顯見。[13]大尾者趾高氣揚，小尾者受盡凌辱，終日鬱悶不歡。

（圖55　王尾粗長）

第四節　獸性暢行

¹ 族內獸性暢行，少人能異。² 王者率先，權貴後繼，庶民仿隨，個個恐後爭先。

³ 飢者不擇食，盡物可吃。⁴ 貪者不擇物，凡物皆取。⁵ 族內上下人人自危，晝夜惶恐無所著依。

⁶ 有趁鄉民沉睡之機偷割人耳、偷挖人目、斷人手足、竊人臟腑者。⁷ 有強盜活人，解而食之者。⁸ 被掠者多為婦孺，或為己享用，或轉於他人，換金易物。

第五節　互視異類

¹ 族內皋覺一支鄰水而居，身有尾而心另類。² 族領皋覺得天道啟悟，厭惡尾人類獸，率族人遠去，行至東方無尾國。

³ 無尾國人皆無尾，或有尾甚短，可觸不可視。⁴ 其人自食其力，節行有制，夜不閉戶。⁵ 陌人相見友善和氣，親如家人。

⁶ 皋覺諸人抵至無尾國，有尾、無尾者互不相適，均以異眼相看，彼此互視異類。

⁷ 無尾者鄙視有尾者粗俗類獸，有尾者怨怒左規右矩不知所措。⁸ 無尾人或強制以待，或循循誘導。⁹ 有尾人始時手足無適，後自慚形穢，獸性漸改。

（圖56　互視異類）

¹⁰有尾人欲成無尾人，或自斷其尾，或為人所斷，漸與常人同樣。¹¹有斷尾者斷而復生，生而再斷，反覆多次。¹²經年之後，皋覺後人多無尾，習性養成幾與無尾人類同。

¹³皋覺去尾之歷至為神奇，不時傳至尾人故國。¹⁴尾人國人聞之多有逃離，庶民、權貴皆眾。

第六節　尾人國民反

¹天曆三百六十三年，尾人國民反，見尾長者即殺。²烏里王老朽無力，亦難逃劫運。³未遭斬殺者多自斷其尾，一時間

人尾遍野，皆成犬食。⁴ 後多有復長其尾者，然不敢顯露，惟緊夾於股後。

⁵ 此後其人皆無尾，常人多留尾痕，不見尾體。⁶ 鄰里相處，漸少獸性獸行。⁷ 凡以獸性獸行見世者，皆為人不齒。

⁸ 然因尾基所在，每遇適機，常有復生復顯。⁹ 每約六至八代，或循復一輪。

第五章　獨目人

第一節　一目豎額

¹ 帝山以北八百里外，昔有獨目人國。

² 獨目人只有一目，豎於額面之中。³ 獨目人周身毛長，或黑或褐，故有稱「獨目毛人」。⁴ 獨目人視距三尺，三尺之外物不可視。⁵ 所視者多為可食之物，或為可易食之物，餘者皆視而不見。

第二節　來者為異

¹ 一日，有夏國之人瑪甫一行十數人遊至，引見於獨目族王野桑。² 野桑見來人雙目橫置，大為驚詫，不知何物。³ 周圍

眾人無不驚詫，皆視來者為異物。

4野桑近繞瑪甫環視，除雙目橫置、體毛稀少，餘皆無大異。5野桑見瑪甫身披綾羅，頸飾貴器，亦感好奇。6再觀瑪甫隨行之人，個個身披錦緞，各配飾物，手持閃光寶劍。

7瑪甫行作揖之禮，表友善之意。8野桑視若無見，無有回應。9瑪甫言曰來自夏國，西行尋道途徑此地，心無惡意。10野桑聽若無聞，命手下將瑪甫圍住，欲擒而殺之，以食其肉。

（圖57　獨目人）

¹¹ 瑪甫一行個個身懷絕技，手持利劍。¹² 見野桑欲行不善，紛紛亮出寶劍，忽攀高躍低，忽左衝右殺。¹³ 獨目人視短身拙，亂作一團，殺敵不成卻自相殘殺。

第三節　承天習道

¹ 獨目人眾，然無奈視短，終不敵瑪甫一行，死傷成片。² 倖存者見狀紛紛繳械，願從瑪甫習道。

³ 瑪甫承天道之啟，遂攜獨目人頌天悟道。⁴ 獨目人隨瑪甫日出而作，日落而息，循序漸進，依文化人。⁵ 其間有叛道悖逆者，或被斬殺，或逃逸不見蹤影。

⁶ 經年之後，獨目人後裔漸易豎目為橫目。⁷ 後又漸易獨目為雙目，橫列額前兩旁，可雙目並視。⁸ 三百年後，獨目人國漸逝，獨目人終成雙目之人。

第四節　心目為要

¹ 有載曰：「一目視物，雙目視道。」² 亦有曰：「目可視道，不在單目雙目之別，而在有無心目之別。³ 有目無心，雙目何用？⁴ 故以心目為要，心目觀道，人行正道。

第六章　日月歇隱

第一節　萬物肅殺

[1] 天曆四百一十七年，帝山西北三千里，葛昆之地日月歇隱，終年日月無出。[2] 秋至以後雪飄不止，天寒地凍，萬物肅殺。

第二節　家奴三千

[1] 巴敖有家奴三千，終年為其耕獵。[2] 是年晝短夜長，糧果無收，鳥獸絕跡。[3] 巴敖常遣壯士入民間搜刮，有糧者收繳，有禽者捕捉。[4] 民里餓殍遍野，巴敖糧積如山，。

[5] 鄉民多以樹皮為糧，或以冰雪充飢。[6] 飢餓至極，亦有以人屍飽腹。[7] 餓殍未及掩埋，即被盜搶，爭屍互殘者司空見慣。

[8] 巴敖暴酷，家奴年老無用即遭棄置。[9] 哈努爾年近七旬，侍傭巴敖五十有年。[10] 巴敖舊情不念，逐其出門。[11] 眾人求告，巴敖不為所動。

第三節　二孫伴行

[1] 哈努爾眼噙老淚，與眾道別。[2] 眾人不捨，含淚相送。

[3] 有侍童哈里、哈法，自幼隨哈努爾長大，不忍老人離去，偷偷後隨。

[4] 行至山崖高處，見哈努爾臨崖佇立，目視遠方。[5] 哈里、哈法趕至哈努爾跟前，抱膝扯衣，相擁而泣。[6] 哈里、哈法齊曰，若哈努爾投崖，二孫必隨之。[7] 哈努爾承允老不輕生，祖孫三人遂作伴西行，遠尋巴夏。

[8] 巴夏乃巴敖之弟，幼時與巴敖同受哈努爾照料。[9] 巴夏自幼志向高遠，當為之年率壯士三千，遠赴西域開疆拓荒。[10] 巴夏開明善治，重義崇仁，名聲遠揚。[11] 無奈疆道萬里，投奔者多有去無返，多年來只聞其名，未見其實。

[12] 夜幕降臨，哈努爾攜哈里、哈法尋洞而居，相偎相依。[13] 祖孫三人晝行夜伏，餐風沐雪。[14] 三月跋涉，老幼精疲力盡，仍不見巴夏蹤影。

第四節　祖孫互誓

[1] 哈里深夜醒來，不見哈努爾身影，立喚哈法出外找尋。[2] 寒風勁吹，見哈努爾佇立高坡，西望天星。

（圖58　祖孫互誓）

[3]哈努爾對孫兒曰：

　　日歇復月隱，久未見星光。[4]今夜明月高升，滿天
亮星，是為吉兆。[5]月宮以西，尤有瑞星高懸，清晰明
亮。[6]瑞星所指，應為巴夏所在。[7]二孫依星前行，定可
抵巴夏之地。

　　[8]哈里、哈法仁善為懷，年少志高。[9]若得天道啟
導，日後必堪大任。[10]孫輩尚幼，來日路途漫長，切望
鍥而不捨，欲百棄而不棄。[11]切記寧失小節，不失大

志，尤不可顧小節而損大志。

[12]哈里、哈法默聽而無語，以心相應。哈努爾曰：

> [13] 哈努爾年老力衰，肉身枯朽，無力相伴前行。
> [14] 然我心與孫兒同在，我靈與孫兒伴行。
> [15] 天道相佑，二孫前行，巴夏之地指日可達。[16] 哈里、哈法須隨我起誓，永依我言，百棄不棄。①

[17]哈里、哈法隨哈努爾舉手互誓：永依所言，百棄不棄。
哈努爾續曰：

> [18] 天帝在上，天道無疆。[19] 我以肉身祭天，哈里、哈法須依天行道，代天用祭。[20] 惟照此而行，哈里、哈法方可走出冰雪荒地，抵至巴夏聖地。

第五節　百棄不棄

[1]哈里、哈法噙淚起誓，依天行道，代天用祭。[2]哈努爾似蠶絲抽盡，雙目漸閉，告慰而去。

---

① 言指要有恆心，有一百次放棄的念頭也沒有放棄，事情就可望成功了。

³哈里、哈法馱負哈努爾，依星所指，踟躕前行。⁴哈里、哈法尤感哈努爾並未離去，恍如安睡一般。⁵行進之中，每遇憂惑，即對哈努爾訴言，可得哈努爾心語。⁶每飢餓至極，即以哈努爾之軀為補，經久數月，其軀微而不殘。

⁷欲百棄而不棄，經三百三十三天前行，哈里、哈法終至巴夏之國。

⁸巴夏詳詢細況，哈里、哈法一一述說。⁹巴夏見之聞之，不禁悲慟，遂率眾人厚葬哈努爾於西峰之巔，立碑銘記。

¹⁰巴夏之國尊禮重義，尚德崇仁，典嚴制明。¹¹損人者為人損，助人者為人助，通則守約，信誠以待。¹²國內老弱無欺，強壯不恃，有者均天下，無者天下均。

第六節　樂未忘返

¹哈里、哈法漸長成人，然樂居而未敢忘返。²經年預備，攜精兵八千，殺返巴敖之地。

³巴敖治下民不聊生，皇族皇戚花天酒地。⁴哈里、哈法攻入巴敖內宮，生擒巴敖，眾人拳腳相加，斃成肉泥。⁵哈里、哈法率兵開倉清貨，盡見糧果禽肉，男女老幼人皆分之。

⁶日月如常，晝夜交替。⁷巴敖苛政終滅，哈里新政將啟。

第七章　王入歧道

第一節　推施仁政

¹哈里主政，哈法輔佐。

²仿巴夏之治，開荒耕墾，教化民眾，推施仁政。³經數十年而治，糧果豐裕，民眾腹飽衣暖。⁴哈里威高望眾，深得百姓擁戴，所到之處前擁後呼，民稱「萬歲」。

第二節　樂而忘憂

¹一日哈法進宮拜見哈里，侍傭不允，令其外宮等候。²原來哈里正於內室伴妃嬉戲，無暇晤見。³嬉戲之聲不時傳出，半晌之後哈里整衣理冠，出見哈法。

哈法曰：

⁴經年圖精勵治，糧草豐裕，民生有改，然尚不足高枕無憂。⁵昔時餓殍遍野民無聊生之景，似尤在目。

⁶哈法近日夜夜難寢，心有空惶，憂天有不測，地有不預。⁷心恐日歇月隱復現，雪蓋冰封重來。⁸若不防患未然，屆時急救，當為時必晚。

⁹哈里聽之，頷首未語。

第三節　驕侈暴起

哈法曰：

¹尤甚者，當下驕侈之風暴起，逐物縱欲日盛。²上君若無節，下民則無制。³沉溺淫樂，有心無道，惟物是求，人與禽獸何異？

⁴有身須有心，有心須有道，身心載道，方可道以引道。⁵有道引道，人自識途，民自有序。⁶萬民有序，方可有代相傳，續持久遠。

⁷哈里聞之，面露慍色。⁸反詰哈法，何以為道？⁹並稱王即為道，王道即為人間至道。

哈法曰：

¹⁰王與庶民，有異而大同。

¹¹異者，王為民之首。¹²大同者，王與民共生。¹³況王與民立乎同地，蓋乎同天。¹⁴無地之撐，豈不懸空隨飄？¹⁵無天之蓋，豈不曝頂成焦？

哈里曰：

¹⁶法言不謬。¹⁷然民不需王道？民無王道，何以成民？¹⁸王無王道，何以為王？

第四節　上承天道，下載民意

哈法曰：

¹王言極是。²民無王道，民成流民。³王無王道，王成流王。①

⁴然王道乃成王之道，王之成王，上承天道，下載民意，方成天下民王。⁵王道合天道，順民意，天、王、民三合有序，方可國盛民生，王道久遠。②

哈里曰：

⁶里之所為，不合天道？⁷里之所做，未順民意？⁸若不合天道，天何以助里消災，使民有衣有食？⁹若不順民

---

① 流，放縱，無節制，無規範。流民，無規範之民。流王，無節制之王。
② 此處言及「王道」的內涵：上承天道，下載民意。提出天、王、民「三合有序」，方可國盛民生。

意，民何以擁里為王，祈里萬歲？

哈法曰：

[10] 王言極是。[11] 蓋因巴教苛政，王、民相悖，民、國兩分，其政必滅。[12] 王承天道，順民意，方改天換日，始有今朝。

[13] 然王不見，當下縱欲拜物成風，恃強凌弱日甚，民怨積深，萬不可小覷。[14] 尤為憂者，人心無道，隨欲任行，如獸放野，所去何方，未可知也。

[15] 王道非一己之道，而為天地普道，即合天道。[16] 天道無疆無垠，所以造化萬物。[17] 王道非人欲之道，而為人仁之道，即合仁道。[18] 仁者人人，即普濟眾人，而非一人，亦非少人。

[19] 上合天道，下合仁道，普濟眾生，方成王道。①

第五節　三制有序，天人相合

哈法觀望哈里，續曰：

---

① 此處續論天、王、民三者的關係，上合天道、下合仁道，可中成王道。

¹食色性也。²無食無色，豈為人乎？³然好食而不貪，喜色而不溺，食色有節，適而有制，即為人道，亦合天稟之道。

⁴王之為王，當因王命。⁵王命超乎凡民，王道行之天下，當在上有天制，中可自制，下可他制。⁶天制者，循天道是也。⁷自制者，自省自節是也。⁸他制者，念及普羅，垂範眾生，約制民里是也。⁹天、王、民，上、中、下，三制有序，天人相合。①

¹⁰哈里有所思，而無語。哈法又曰：

¹¹王道行之天下，引之凡民，當知天而曉民。¹²知天者，即知天意，明天道，王道之上有天道。¹³曉民者，即曉民意，識民情，王道所立基民心。

¹⁴當以天道開啟王道，以王智開啟民智。¹⁵民智升則王道暢，王不崇智，民智何升？¹⁶民智愚頑，王道終不持久續暢。¹⁸現王智有蒙，民智蔽塞。¹⁸上下眾生，蠢蠢欲蠕動，昏昏似蛆蟲，雖危言而不聳聽矣。②

---

① 此處論及王的「上制」、「中制」、「下制」。上制為「天制」；中制為「自制」，即王的自制；下制為「他制」，即施制於民。
② 提出以王智開啟民智，王道方可久暢。

¹⁹哈里如坐針氈，面色復變。

第六節　人言無信，類同犬吠

哈法續曰：

　　¹ 尤可懼者，人言無信，類同犬吠。² 犬吠噪噪，聽之罔罔。³ 人言鑿鑿，言而無信，豈不與犬吠無異？⁴ 人言犬吠無異，豈不人犬無異？

　　⁵ 言為心聲，言無信蓋因心無誠。⁶ 言由心出，行由心動。⁷ 心若無道，則言無信誠，行無正途。⁸ 言無信誠，行無正途，則王道必覆，天道必出。①

　　⁹哈里聽之，心有所動。¹⁰ 然疑天道何存，由何而出。¹¹ 飲食起居、肌寒膚暖，真切在身。¹² 然天道何其飄渺，內不關飢飽，外不關冷暖。

第七節　以道為天

哈法曰：

---

① 此處強調「信」的重要。

¹ 國以民為本，民以食為根，同以道為天。①

² 天道在天，尤在人心，在所不在。³ 天道之行非一日之功，非一人之心，乃亙古萬久之行，普羅萬眾之心。⁴ 王不可疑之，民不可不信之。

⁵ 哈里聽之，心有所動，行有所應。⁶ 承允躬身力行，效施於民。

⁷ 然三月未出，哈里自覺軀體之內似有蠕蟲侵擾，無以忍受。⁸ 始時坐臥不安，隨之晝夜難眠，終至六神無主，七竅生煙。⁹ 哈里難拒美女佳餚之誘，復入歧道，日夜沉酒溺色。

¹⁰ 身邊侍臣蜂擁而圍，爭先恐後投其所好。¹¹ 王心想之，即有獻之。¹² 更有巧計之徒，揣摩琢研，悟透王心所念，王所未想，亦會先而為之。¹³ 哈里悅之，封爵賜賞，各得其索。¹⁴ 可謂：美女佳餚金玉杯，日出日落復西歸。

第八節　成敗哈里

¹ 惡邪暢行，良正阻滯。² 天道掩沒，人心汙垢。³ 人之熙熙，甚如猛獸盡出。

⁴ 天曆四百五十七年春，哈里欲縱無節，突崩床笫之上，年僅半百，笑謂「萬歲」。⁵ 朝內朝下，各揣所思，各執利

---

① 此處論及「國本」為民，「民根」為食，而國與民皆須統於「道」下。

欲。[6] 舉國百姓，多昏昏然，無動於衷。[7] 世風日下，國勢必衰，可謂：成亦哈里，敗亦哈里。

第八章　鸚鳥奪餚

第一節　天子真降

[1] 哈法繼位為王。

[2] 天子真降，有鴻雁翩翩，映暉而翔。

（圖59　鴻雁翩翩，映暉而翔）

第二節　舉步多艱

¹哈法弘倡天道，教化世風，治吏制法。²雖嘔心瀝血，無奈尾大而不掉，舉步多艱。

³自哈里駕崩哈法為王，朝臣上下皆有所斂。⁴然利欲暗驅，如高坡洩洪，山石難堵。⁵諸臣欲以前法侍現王，王者萬人之上肉軀之人，豈無所欲？⁶諸臣試以美言媚之，美女娛之，美餚餐之，諸般殷勤，微步漸進。

⁷哈法未有所動。⁸臣有所懼，心有所怨。

⁹哈法秉直，諸臣仿以秉直。¹⁰哈法親民，諸臣仿以親民。¹¹法自喜，然不久即察覺，諸臣王前王後不一。¹²王前清廉自守，王後聲色犬馬。¹³王欲搜證懲罰，無奈眾臣滑如鰍鯰，阻如磐石，無從著手。

¹⁴哈法訓言，諸臣即振臂應之，並轉示庶民百姓。¹⁵膽怯者立為所動，世風有好轉。¹⁶然浮萍在上，暗流在下，湍湧迴旋，較往昔實有過而無不及。

第三節　招惹暗憤

¹昔時哈里在位，哈法進諫，言之鑿鑿卻不為哈里納用。²今哈法理政，躬行楷模，臣民得有效仿。³然眾生芸芸，利欲

薰薰，只己正不足正天下人，甚或招惹暗憤。

⁴哈法理政，縱為大王，亦遭得利奸臣密謀。⁵或讒言設陷王側忠臣，或栽贓嫁禍，令王自斷左膀右臂。⁶或藉王之名，假王之威，偷梁換柱，暗謀其私。⁷有奸臣、老臣軟硬兼施，百般逼迫，陰招迭出，甚欲置王於死地。

第四節　鸚鳥護主

¹哈法立王五載之際，宮內朝臣設典慶賀。

（圖60　鸚鳥奪餚）

² 典慶之間，有鸚鳥飛至王前盤旋，周而復始，驅之不去。³ 鸚鳥為哈法寵養，通靈性知王心。⁴ 王有喜怒哀思，常與鸚鳥訴言。⁵ 每當王有煩悶，鸚鳥常飛落面前，或凝望慰藉，或輕展羽翅逗王舒心。⁶ 鸚鳥識情達理，從不擾王政務。⁷ 現於典慶之間來回飛翔，驅而不去，實令王感詫異。

⁸ 尤令眾人驚詫者，鸚鳥將哈法入口之餚飛奪而去，驚慌四座。⁹ 但見鸚鳥盤旋兩周，發出嘶鳴，跌落王前。¹⁰ 鸚鳥欲言未言，頸項直展，絕氣而斃。

¹¹ 眾人大驚，亂作一團。

¹² 王怒而查之，原有奸臣投毒，欲置王於死地。¹³ 幸得鸚鳥護王，口中奪餚，佑王倖免於難。

¹⁴ 王大怒，查斬奸臣私黨多人。¹⁵ 後王封臣多慎，用人存疑，疑人善用。①

第九章　天星顯祕

第一節　繁星閃爍

¹ 哈法夜夜不寐，經月有年。

---

① 古人常謂：「疑人不用，用人不疑。」此處倡「用人存疑，疑人善用」，表明識人不易，用人亦難，須因時因地因人而變通對待。

²一日夜深人靜，哈法孤寂無眠，步出寢宮，東臨高臺。
³微風細拂，哈法神清氣爽，似有靈悟。⁴舉頭仰望穹空，萬千繁星閃爍，似與王語，笑觀蒼生。

⁵雲浮月移，一路向西。⁶高懸之星始近而遠，由遠復近。
⁷哈法入神觀望，竟覺天人相融，天心開悟。

第二節　天字同現

¹哈法細觀，竟見亮星呈顯「道」字。²片刻之後，亮星變移，呈顯「約」字。³復過片刻，亮星呈現「仁」字。⁴而後亮

（圖61　天星顯祕）

星復移，呈顯「法」字。

　　[5]哈法驚惑之際，竟天字同現，由四方聚集向中，合顯「道、約、仁、法」四字。[6]天字由高至低列排，恍如四輪皓月。

　　[7]天星之下，天光普照，萬物盡覽。[8]哈法罩於天光之下，身感天人無間，凡靈無界。

　　[9]哈法心記「道約仁法」天字，以王劍刻於磐石之上。[10]翌日天亮，族人多有相傳，謂夜間天光普照，天星顯祕，惜無人可以識全。

第三節　哈法合治

　　[1]哈法終日思忖，匯古通今，由己及人，由王及民。[2]年五十又九之時，得天啟開悟，遂施「道約仁法合治」。①

　　[3]哈法合治，要在道統為體，體有脈骨。[4]融匯為用，用有旁通。[5]「道約仁法」本義貫通，因地制宜，本末兼顧，軟硬兼施。②

---

① 此處論及的「道」、「約」、「仁」、「法」概念，在這裡被認為是文明演進過程中形成的最具代表性的核心思想。「道約仁法合治」，意即吸納文明成果，施行綜合治理。
② 論及「合治」之中，「道統」與「融匯」的關係，是「體」與「用」的關係。

第四節　首順天道

　　[1]哈法合治，首重順天道。[2]世間繁複，有界而無涯。[3]眾生芸芸，可化而易變。[4]世因道生而有序，民因道出而有靈。

　　[5]以道為綱，日出日落，經緯有序，往復持久。[6]以道為靈，人之為人，族代交替，尤可持續。

　　[7]哈法嘗曰，化民治國以敬天道為要。[8]天道在上，縱橫經緯，無所不遮，無處不至。[9]天道失，世綱損，萬物衰，人可外乎？[10]治國、理世、化民，道不明則心不亮，心不亮則路不暢。

（圖62　天道在上　縱橫經緯）

¹¹ 惟人生之初，目視短淺，識硬物而不識天道，識走肉而不曉靈道。¹² 道之廣大，普天之下無所不在。¹³ 然道不似硬物張目可見，不似走肉唾手可觸。¹⁴ 惟以天目可視，惟以誠心可悟。

¹⁵ 故天道存於人心，心有道人有靈，人有靈道，世維有序。¹⁶ 人心無道，欲水橫流，人為魚鱉。¹⁷ 人之別於走肉，蓋賴於心有靈道。

第五節　以約為通

¹ 人非個人，以約為通。² 人無約識，則物易無衡尺，心交無路橋。³ 約為心橋，有約則通，守約則信，有信則立。

⁴ 君信須臣信，臣信須民信，民信須君信。⁵ 君、臣、民信同約通，國無不立，民無不治。⁶ 君、臣、民信悖約滯，各念東西，國則危殆，民行大地，皆成獸蟲。

第六節　以仁為和

¹ 人須愛人，以仁為和。² 以己心及人之心，以己欲及人之欲，即為仁，人可和。³ 惟己心而罔人心，惟己欲而罔人欲，人則妄為，縱欲逐利，失和而爭。

第七節　仁不離制

¹ 然道不離器，仁不離制。² 哈法經國化民，以法為制。
³ 訂凡三百六十五律例，含敬天帝、孝父母、善鄰里、不欺
詐、不貪奪、不偷竊、不侈靡、不耽淫，各類律典應有盡有。

⁴ 哈法頒重典，依法施制。

⁵ 首自制而他制，先官制而民制。⁶ 法制利國，厚利庶民，薄
利官宦。⁷ 不出五年，受極刑者逾三百，含皇親國戚多人，官宦自
絕自盡者眾，日日有聞。⁸ 舉國上下，依法為制，民無不服。①

第八節　國民相合

¹ 哈法有悟，國之泱泱，浩大紛紜。² 民之芸芸，萬千叢
生。³ 民、國一體，國之可興。⁴ 民、國兩分，國之必亡。②

⁵ 治國化民，必以國、民相適相合為要。⁶ 國、民相適相
合，必以治國制式、化民心性為要。⁷ 國制、民心相適相合，
則天道、人道可適可合，此乃治國化民之至要。③

---

① 此處認為，施行法制首先「自制」，然後「他制」；首先制官，然後制民；對
　庶民百姓有厚利，對官宦有薄利，如此依法為制，民無不服。
② 論及「民」與「國」的關係。民、國一體，國家興盛；民、國兩分，國家必亡。
③ 「國」與「民」如何一體？此處論及「國制」與「民心」相適相合，則天道與
　人道可適可合。

第九節　夢想成真

[1] 天道無疆，人道有痕。[2] 哈法秉「道約仁法」之治，經數十年教化治國，終夢想成真，使哈法之國內盛外強於眾國諸族之中。

[3] 有謂：天啟而心開，心開而道行，道行而路通。

第十章　菩度行道

第一節　菩度返家

[1] 哈法治下，有凡人名菩度，自幼勤勉，心地純善。[2] 弱冠之年即承父雇約，離家長工。

[3] 年復一年，三十載恍如一瞬，不覺已屆天命之年。[4] 平日起早貪黑勞作不讓，深得東家嘉賞。[5] 年關將至，菩度上念父母，下牽妻兒，不禁悵然有歎：

[6] 魂牽夢縈思舊土，我心歸故家。[7] 他鄉搏利枉圖名，身筋疲，心惶惶。[8] 兒時戲水有清溪，今日何處尋？[9] 鄰家小妹已珠黃，清月疊殘陽。

[10] 歲月匆匆留不住，鬢髮摧槐黃。[11] 眼望秋水東流去，留不住，源細長。[12] 天命似知心猶在，前路向何方？[13] 惟見天際捲輕雲，鴻雁排行行。

[14] 冬至將至，菩度結清工錢，備好衣糧，告別東家工友，踏上返家之路。

第二節　一路崎嶇

[1] 一路崎嶇山道，途有四淺兩深六道河灣，六低三高九座峰巒。[2] 八百里山路，順者十日，不順半月，可抵家園。[3] 只是年事漸高體不如前，菩度只得察天觀地，酌力而行。

[4] 兩日跋涉，日頭西落之際，菩度行至蓮山腳下，借宿山民品茗之家。

第三節　山民品茗

[1] 品茗育有兩女，以採山貨為生。[2] 是年天災頻頻，加之老妻多病不治，一家三口度日艱辛，常以樹皮充飢，或以獸糞作食。[3] 菩度入其洞窯，取囊中乾糧，與品茗家人共用。

[4] 正欲進食，洞外傳來馬蹄之聲。[5] 未及細看，催債之人策馬至前。

⁶ 債主已三登其門，曾言今次再無還債，勢以品茗兩女作抵。⁷ 品茗長女十四，次女過十，纖弱秀美。⁸ 品茗見狀，急忙跪地求饒。⁹ 債主見狀，不由分說即令帶人。¹⁰ 兩女驚恐，躲於菩度身後。

¹¹ 菩度上前，詳詢債況。¹² 聽聞債主道來，菩度自解背囊，以全年積攢三取其二，還於債主。¹³ 債主悻悻離去，品茗千恩萬謝，願以一女酬謝，菩度慰拒不允。

第四節　夜宿艾巧

¹ 菩度翻山涉水一路前行，行至第五日，夜宿艾巧之家。² 艾巧聰智刁鑽，有雁過拔毛之能。³ 每有路客來居，必以貧寒相示，以搜脂刮膏為終。

⁴ 聽聞家犬吠叫，知有路人臨來，艾巧即以苦狀相迎。⁵ 其情悲戚，致人憐憫。⁶ 菩度見之，不禁心酸，取出所剩銀兩之半，留於艾巧。

第五節　梨花大雪

¹ 菩度夜宿晝行，行至十日，故家遠山已極目隱現。

² 然天有不測風雲，午時未過，北風驟起，大雪普降。³ 雪大過鵝毛，雪色似梨花，白中泛紅。⁴ 菩度心慌，一生見雪無

（圖63　梨花大雪）

數，然未見梨花大雪，心中不辨吉凶。

　　[5] 雪大風急，荊棘老樹三尺不見。[6] 忽聞家犬吠叫，菩度心喜，循聲而去，望見炊煙嫋繞。

第六節　風雪益暴

[1] 菩度敲門，有婦相迎。[2] 室內惟見一婦一家狗，左顧右盼，再無他人。

[3] 家婦名曼陀，四十掛零，似曾相識，未曾相見。[4] 平日獨居山中，有猛犬為伴。[5] 今有陌漢雪天造訪，頗感詫異心慌。[6] 菩度觀望外天，大雪不止反暴，欲行不能。

[7] 不覺天黑，菩度、曼陀分處兩邊，和衣而臥。[8] 中有取暖木火，時閃時暗。[9] 黑夜漸深，木火漸息，風雪益暴。

[10] 菩度可聞曼陀喘息，知其醒而未眠。[11] 曼陀可嗅菩度呼氣，知其閉目遐想。[12] 菩度欲言又止，曼陀欲語還休。

[13] 雙人佯睡，菩度心如翻江，身似蟲咬。[14] 曼陀思前想後，心湧似濤。[15] 菩度時念家人妻室，時責己有非分之想。[16] 如此反覆，不覺時過三更。

[17] 久未入眠，曼陀寬解外襖，舒身仰臥。[18] 有女香襲來，菩度實難自抑，起身行至曼陀身前。[19] 曼陀並不張目，欲言又止，欲迎又休。[20] 菩度俯身相擁，曼陀順勢而前，兩相交環而抱。

[21] 旁臥家犬突怒，咆哮而起，撕咬菩度不放。[22] 二人驚嚇，曼陀急呵斥，猛犬轉而遷怒，直撲曼陀。[23] 二人合力自救，悻悻分於兩旁，每欲近身，猛犬即怒。

[24]曼陀掩面而泣，菩度不知所措。

第七節　天亮雪小

[1]天亮雪小，菩度起身趕路。[2]曼陀欲留不能，噙淚依依不捨。[3]菩度悵然而別，逝於雪石山林之間。

[4]菩度摸索前行，餐風沐雪，豺犬擋道，九死一生。[5]次日天黑夜深之際，終抵邽口。[6]一路凍餓交迫，菩度幾近昏厥。

第八節　夜深抵家

[1]菩度敲開家門，妻室惶恐，不知所措。[2]菩度細瞧，竟見家弟在內，己不居家，鳩占鵲巢。

[3]菩度外出年餘，晝盼夜思，眼前所見，如雷轟頂。[4]妻、弟二人跪地求饒，菩度癱坐，無以言語。

第九節　悲戚離去

[1]長夜漫漫，寒風凜冽。[2]天亮之際，菩度解留所剩銀兩，悲戚離去。[3]其妻左求右告不得允應，惟呼天號地，淚別家夫。

第十節　又見梨花

[1] 菩度行於荒野，不明所往。[2] 三日徘徊，又見天降梨花大雪。[3] 菩度體力不支，終昏厥倒臥於雪地草叢。

[4] 待其甦醒，驚覺周身暖熱，置身曼陀屋舍。

[5] 菩度不解，左顧右盼，斷定非夢。[6] 菩度心悸猛犬，四處尋望。[7] 曼陀識其所懼，告曰猛犬不會再擾。

第十一章　士耕爾織

第一節　凡常人家

[1] 帝山東南八百里，依山臨海，居一凡常人家，男名士，女名爾。

[2] 士以耕為作，爾以織為業。[3] 士耕爾織，朝起而作，日落而息，日復日，年復年，風雨如常。

[4] 居旁有園名澳園，園內果樹遍地。[5] 一樹千年不老，隱於半坡深處。[6] 傳曰此樹生於天帝定命年間，其時天火暴降，萬物皆滅，惟有此樹生而不死。

第二節　元樹元果

[1] 樹葉果貌與常無異，然樹果有甘有辛，僅觀外象不可識辨。[2] 先人稱樹為「元樹」，元樹結元果，亦稱「甘辛果」。

[3] 元樹至奇不在甘辛兩果共結，而在凡人採食，無可盡甘盡辛。[4] 所採兩果必有一甘一辛，第三果者辛甘難定，或辛或甘。[5] 故若三果兩辛以為常，三果兩甘實為幸，三果盡甘無可能。

[6] 士祖居此地，了然其祕，嘗曰：

（圖64　元樹圖）

⁷一棵元樹三隻果，甘辛未知各一顆。⁸兩甘一辛好運氣，一甘兩辛尤常可。

⁹凡常之人不明事理，縱為超智之人亦難了悟，多以盡甘為求。¹⁰世人有腦汁絞盡，有千試萬探，實皆枉然。

第三節　滿者至反

¹天下世事實皆同理，十分者為滿，滿者至反。²凡事十之六七即為常，果物諸事如此，人之善惡吉凶亦不例外。

³世之本義，乃數數之奧。⁴世本為數，物本數序，為本數度。^①

⁵故識數不迷，知數不殆。⁶數數之在，數序之列，為度之比，乃世義至本。^②

⁷士每日耕作，常攜三娃同去。⁸勞作完畢，慣以扁擔挑娃而歸。⁹三娃至喜，分入前後兩筐。¹⁰士樂而自唱，娃喜而隨和：

¹¹一根扁擔兩隻筐，三個娃兒兩邊裝。

¹²挑中挑前也挑後，輕重長短自掂量。

---

① 此處論及世界的本質為「數」，所謂「數數之奧」，即數與數的變化的奧祕。「世本為數」，即世界的本質是「數」；「物本數序」，即物質的本質是「數的序列」（結構）；「為本數度」，即行為的本質是「數的量度」。
② 強調一定要識數、知數，才能不迷、不殆。

（圖65　一根扁擔兩隻筐）

第四節　河有兩岸

[1]園中有河，亦傳開天初年，天火突降，萬物皆滅，萬水皆枯，惟一所留溪河。[2]溪河不寬，然源流不斷，士之祖輩賴以所飲，水中多有元魚遺種。

[3]舊謠有傳，士自幼即可唱誦，然其意似懂非懂：

[4]河有兩岸，岸間有水。

[5]水中有魚，魚可歡游。

[6]前後上下，止於岸邊。

⁷ 偶可飛空，復歸水中。

⁸ 水清無魚，水混死魚。

⁹ 水以土界，土以火生。

¹⁰ 火以水界，水以金生。

¹¹ 金以火界，火以木生。

¹² 木以金界，金以土生。

¹³ 春夏秋冬，四季五行。①

¹⁴ 萬物有對，相輔相承。

¹⁵ 生中有克，克中有生。

¹⁶ 本化相轉，恆異互變。

¹⁷ 本中有化，化中有本。

¹⁸ 恆中有異，異中有恆。

¹⁹ 士與爾常掛口中，耕時唸，織時誦。²⁰ 傳教於三娃，三娃每日唱誦，然意不盡明。

---

① 論及水、土、火、金、木之間的相生相剋的關係。參閱創三2。

第五節　天光四起

¹ 士半百之年，一日耕於田間，暴雨突降，天光四起。² 士感皮肉盡裂，腦髓暴脹，天光穿身。³ 眼前萬物不見，惟見數字輪顯。⁴ 細觀萬數，蓋以一、二、三、四、五、六為基，演繹變幻。

⁵ 士與爾相擁，竟覺肉體相合，身心超然。⁶ 士天眼大開，驚見一本、二維、三生、四象、五行、六說之玄意。^①

⁷ 經此天光開眼，士似脫胎換骨，徹觀塵世，超然俗間。⁸ 後日夜研磨，終悟萬古而來，大千世界，實乃無生有一，一分二維，二合生三，三衍萬物，萬物四象，根於五行，行於六說，六說合正，成七歸一。^②

---

① 此處把數字1、2、3、4、5、6作為演生萬數（萬物）的基數。「一本」：蓋指無中生有，一為萬物之本。「二維」：蓋指「二為世界成式」，萬物皆有二維。「三生」：蓋指「三為化異」，三生萬物。參閱創三2。「四象」：空間範疇指東、西、南、北四方（中國古代有以青龍、白虎、朱雀、玄武四種動物意象為代表）；時間範疇指春、夏、秋、冬四季氣象；《易‧繫辭》指太陽、太陰、少陽、少陰四象：「兩極生兩儀，兩儀生四象。」「五行」：蓋指金、木、水、火、土。「六說」：此處未做深論，似為後文鋪墊。
② 此處強調「行於六說」，蓋指六種學說對人類行為之重要。「六說合正」，蓋指六種學說將融會貫通，既成為「七說」，實為「歸一」。參閱問七19-22。

卷十一　命數

個人難以永生，人類會否永存？人類最終會向何處去？
這是人類關切的又一個終極之問，引起無數先賢聖哲的探問思
考。《兩界書‧生死》有「天定命數」之說，講天帝在「造人
之工」中對人的命數、命格、能限、生途都做了原則性的設
定。人類在漫長、具體的生命旅程中，既有克服「天定命數」
的追求，也有基於陰陽兩界、時空兩維、過去與未來的意識穿
越和感悟認知，並從各種感悟認知中來反思人的現世行為。

第一章　仙龜靈山

第一節　人心不甘

¹創世以降，雅、函、希、布、耶、微、撒七族合分分合，生息流變。²芸芸眾生，代有更迭，如草似木，枯而再生。

³惟天定命數，多以百歲為限，人心實有不甘。⁴人生悲喜無常，吉凶苦樂難解，然牽罣多多，心念不放。⁵或耽功名利祿，或溺兒女情長，或迷色受識想，皆以長生延壽為求。⁶求之不得，愈加欲求。^①

第二節　巨龜出海

¹東海以西三千里，有仙龜靈山橫臥。²山高萬丈，高聳入雲，綿延五百里，盡處為大海。

³傳萬年之前，有巨龜出海，伏臥此地。⁴一日日出之際，高天有彩翅翔龜飛來，口發妙音，眉目傳情。⁵巨龜在下心有所動，目不轉睛，立首凝望。

---

① 延壽是人類的共同追求，永生是人類的永恆命題。色（所見）、受（感受）、識（意識）、想（欲想）為佛教所稱「五蘊」中的內容，另一蘊為「行」（追求）。「五蘊」之中的「色蘊」屬物質範疇，餘「四蘊」屬精神範疇，佛教認為人（人體）和世間萬物皆由五蘊和合而成，《般若波羅蜜心經》開首便講：「照見五蘊皆空」。

（圖66　心有靈約，風雨無阻）

⁶翔龜日出而來，日落而去，一日三番，風雨無阻。⁷兩龜心有靈約，百日不爽。

⁸一日翔龜再來，發「嗚嗚」嘶鳴，其聲悲戚，其容哀愁。⁹巨龜心有靈應，預覺不祥。

¹⁰天空閃電，忽一青龍遮天飛來。¹¹青龍碩大，身有千爪，五顏六色，伸縮不停。

¹²青龍俯衝，爪抓翔龜，如拈細草。¹³翔龜懼縮一團，不停呼告：「等我歸返。」¹⁴其音山海迴盪，其影逝於雲霄。

¹⁵巨龜終日企盼，不回大海。¹⁶每至夜晚，思念心切，淚

落不停。¹⁷日積月累，龜淚磐石滴穿，竟成暗溪入海。¹⁸巨龜心志不移，軀身不動，千年終化仙龜靈山。

第三節　靈物萬千

¹山以龜軀為體，龜情為氣，龜精為靈。²其樹參天茂盛，林中靈氣縈繞，靈物萬千。³山中道人千歲不老，百歲樵夫年輕如少。

⁴尤傳龜首當頂有靈草生出，為巨龜、翔龜信約之物，四季花開，長生不凋。⁵人若食之，可增歲延年，與仙龜比壽。^①

⁶開天以降，天下各族歷代帝王，無不遍尋仙龜靈草。⁷上至皇親國戚，下至庶民百姓，為求靈草歷盡艱險，捨身亡命者不計其數。

第二章　兩界之越

第一節　雅尤入山

¹天曆六百六十六年夏，族王雅柬遣雅尤入山，探尋靈草。²雅尤聰慧靈敏，武藝高強，為雅王至信之臣，要務相委，從未

---

① 長生不老仙草（靈藥）的傳說，在古代多有流傳。

令王失望。

　　[3]雅尤率隊百人，備足糧草，入山探險。[4]山內靈霧迴繞，清涼透骨，恍如仙界。

　　[5]雅尤一行披荊斬棘，經三月搜尋，終抵山峰龜頂所在。[6]但見龜首昂立，仰對西空，陡峭高聳。

　　[7]臨頂之前，有懸空峭壁橫立，稱曰「龜嘴岩」。[8]岩下洞深萬丈，上有藤蔓遮掩。[9]有傳洞為萬年仙龜之腹隙，亦傳實為通仙之道，由此可脫俗入仙。[10]有攀援者俯身靜聽，內有奇音傳出，然未見有去而返者，故無確證。

　　[11]雅尤遣人攀岩，眾人心有恐懼，或畏縮不前，或去而不返。[12]雅尤決意親往探險。

　　[13]幾經周折，幾多試探，雅尤終近龜首高頂，可見靈草搖曳，周邊泛有奇光。

　　[14]雅尤不禁心悅，奮力一躍，幾登岩頂。[15]只聽一聲巨響，岩石坍塌，連人帶石墜入深淵。[16]餘者見狀，無不心驚膽戰，紛紛逃之夭夭。

　　[17]族內雅王左等右盼，始終不見雅尤歸返。

　　[18]天曆六百九十九年秋日，雅柬王日益老邁，然不老之心日盛，故欲再遣使者遠赴東海。

第二節　壯士歸返

¹恍惚之間，一威武壯士來到雅王面前。²定睛細看，壯士眼熟，疑似早年信臣雅尤。³開口詢問，應者果為雅尤，昔時音容未曾有變。

⁴眾人皆惑。

第三節　脫凡入仙

¹原來雅尤墜崖，恰為洞內靈龜所托。²龜托雅尤穿越凡仙界門，竟得脫凡入仙。³仙界別有洞天，至深至廣無有邊際。⁴周連東南西北海，上下無窮無盡處。⁵靈龜翔於其中，隨意泛游。①

⁶仙界清瑩通透，物如浮游，飄忽不定。⁷人事活物不以言語相傳，盡以意會神交。⁸雅尤伏於龜背四處巡遊，驚見族皇先人，亦見靈禽神獸。⁹先人以智師、道人居多，盤身靜坐，閉目默修。

¹⁰雅尤茫茫然居其中，俗塵皆斷，惟老母之念魂牽心弦。¹¹雅尤受命為王尋草，傾力捨命無所不往。¹²母憂雅尤凶多吉

---

① 遠古神話多有「仙界」之說。「仙界」與「俗界」（凡界）相對，為神仙所居之地，或在天上，或在海中，或在幽遠之深處。《淮南子‧地形訓》：「崑崙之地，極寒之地，上高倍之，是謂涼風之山，登之而不老也。再上高倍之，是謂懸圃，登之乃神靈，能使風雨。再上倍之，乃維上天，登之乃仙人。」

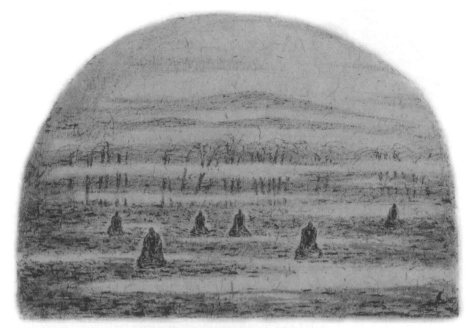

（圖67　物如浮游，仙界圖）

少，行前以髮為結，藏尤之懷，冀保平安。

　　¹³ 自雅尤外出，老母每日企立高坡盼兒歸返，風雨無阻。¹⁴ 星轉斗移，春去冬來，老母盼瞎雙眼。

　　¹⁵ 泛遊仙界，雅尤突有心覺，心脈刺痛，眼見老母為狂風掀捲。¹⁶ 雅尤不禁驚呼，只覺周身顫抖，仙龜馱負雅尤衝返凡間。

第四節　仙界一瞬

　　¹ 仙界一瞬，凡界十年。² 雅尤遍尋家址，不見老母身影。³ 昔時屋舍無有蹤影，昔時木苗已成大樹參天。⁴ 惟坡邊高石簪

立如舊，風雨不蝕。

⁵雅王見雅尤叩拜，急詢不老仙草。⁶雅尤稟告身經心歷，恍如經夢一般。⁷雅王聳耳細聽，入神至呆。

第五節　現命為磚

雅尤曰：

> ¹世有兩界，仙凡有別。²仙界一日，凡界十年。³仙界時物難存凡界，凡人凡物難入仙界。
>
> ⁴仙凡之間，萬里之遙，天壤之隔。⁵欲敲仙界之門，須以現命為磚。⁶非有捨命之志，非經靈修之熬，實難成道入仙。⁷然仙界之樂為靈道之樂，不見凡間煙火，難尋佳餚美色。①

⁸雅柬聽聞，追問何以既得仙界之壽，亦得凡間食色。

⁹雅尤答曰，兩者兼得，人之共求。¹⁰然兩界之間天涯一線，有進道而無返途。

---

① 不同教義均以不同方式塑造出與現界（凡界）相對應的彼岸世界，如佛教講涅槃，基督教講天國，道教講仙境（仙界）。道教並不認為人死後才可入仙境，活人通過修煉、悟道，也可「成仙」，成為活神仙，從而得以長生，但這是很難的事情。此處尤言人要兼得仙、凡兩界之樂，更是難上加難。

第六節　仙道非遠

¹ 雅尤言此，突感顫慄眩暈。² 原來腳下仙龜久留凡界，行將枯息。³ 西風漸起，轉瞬之間雅尤鬢髮生白，臉頰生皺，周身衰朽。

雅尤斷續曰：

> ⁴ 臣得仙龜托佑，由凡入仙，由仙還凡，旨願尋母拜王。⁵ 母未見，王已拜，俗願了半。⁶ 王不可坐等長生仙藥，惟以心尋道，以身融道，方可得道入仙。⁷ 仙藥非藥實為道，仙道非遠在心間。^①

⁸ 雅尤言畢，只留衣冠，肉軀隨仙龜而逝。

⁹ 族王似悟尤惑。¹⁰ 餘下有生之年，踟躕靈修之道，徜徉凡仙兩門，年百歲而終寢。

---

① 此處從長生角度論及「仙藥」不是藥，而是「道」，「道」之不遠，即在人心。

第三章 雅尤仙洞

第一節 天光空降

¹ 雅尤離凡，天降驟雨，七天七夜未停。² 及至八日晨，突有天雷轟響，天光空降，直擊靈山近頂。

³ 雨過天晴，天光擊處，生坐北朝南巨洞一座。⁴ 洞為雅尤仙居之所，後人稱「雅尤仙洞」。⁵ 洞深無垠，通連四海，可接仙界。⁶ 仙洞懸立峭壁，平日凡人難至，心誠悟道者偶有至達。

第二節 祈問密鑰

¹ 雅里果繼族王之位，理政修身，德彪績顯。² 一日雅里果拋卻俗務，離絕美色佳餚，入洞誠拜雅尤。

³ 雅里果入洞三日，四壁漆黑，不見紋絲光亮。⁴ 黑暗之中，似有冥線牽連，雅里果持恆以待，不曾放棄。

⁵ 及至第十日，雅里果軀肢癱軟如泥臥地，漸與山石融結一體。⁶ 恍惚之中，似有天音迴旋，可聞而不可細辨。

⁷ 洞中漸有光亮生出，忽隱忽顯。⁸ 雅里果舉目望去，似見雅尤立於當前。⁹ 雅里果叩拜，稟報治國、理邦、福民之業，祈問長生不老密鑰。

第三節　命如懸燈

[1] 光影應聲漸亮，原為懸燈顯現。[2] 其光赤紅、楊綠、金黃相混，雅里果見所未見。

[3] 聽有雅尤回音，聲出仙洞四壁。雅尤曰：

（圖68　命如懸燈）

⁴萬物有始，必定有終。⁵終即始，始即終，始終本一。⁶然凡界為俗塵所障，眼之所見，止為象觀，心之所往，止為相端。①

⁷亙古以降，人之熙熙，勞碌奔忙，無不渴求富貴長生，無不懼畏貧賤終死。⁸萬般心機，千般索尋，實皆枉然。

⁹雅里果舉頭前視，所見何物？

¹⁰雅里果答曰，俗目短視，惟見懸燈之光。

雅尤曰：

¹²命如懸燈，亦熄亦亮。¹³有油則亮，油竭則熄。¹⁴燈油有度，亮熄有時，費心耗神，豈不枉費命燈之油？

¹⁵燈亮不在大，溫固而彌久。¹⁶既防燥亮之虛旺，亦防驟風而摧滅。

---

① 「象」、「相」有所不同。「象」，現象，物現之象；象觀，物存在的現象、形貌，屬客觀性範疇。「相」，人所看見的物象的樣子；相端，人所看見、審視到的物象、印象，屬主觀性範疇。相，甲骨文作𣚘，一邊為「木」，一邊為「目」，即指人所看到的東西。同樣的東西不同的人看，結論並不完全一樣。參閱問五3:6-7：「心正則目清，目清則視潔，視潔則生善。心邪則目汙，目汙則視穢，視穢則生惡。」

第四節　燈油何來

¹雅里果問曰，命燈之油何來？何以為命燈添油？

雅尤曰：

²渴慕肉軀不腐，命性使然，世人皆同，尤以權貴為甚。³權貴冀以靈草為命油，然遍尋山海，無處可尋。⁴冀以金銀易命油，然命油非物，故無物可易，反因心機耗費，惡損命油。

⁵命油之源首在父母，故人須孝敬父母。

⁶命油之源次在靈修，蓋因命之所損，無外修身不善，邪毒入身。

⁷邪毒入身有四徑，或從口入，或從膚浸，或從心進，或由心自生。①

⁸至烈者當為心毒，心毒無形而有跡，有跡而不視，不視故難禦。⁹心毒所至變亂理脈，阻滯氣絡，命油不暢而自枯竭。

¹⁰心毒既可外侵，亦可自生，故須禦外固內。¹¹固內者亦為禦外，禦外者亦助固內，兩相輔成。

---

① 此處言及邪毒入身的四個路徑：口入、膚浸、心進、心生，關聯物質、環境、心理、變異幾方面。

第五節　心通燈明

¹ 故欲長生延年，務須保全己身。² 保全己身，首以保全己心為要。³ 己心保全，心路暢通。⁴ 心路暢通，心燈明亮。⁵ 心燈明亮，命燈長久。

⁶ 脫俗入仙者，蓋因了卻俗塵纏牽，身心淨潔，心燈清明。⁷ 然芸芸眾生，多無從脫俗，實難實不難矣。

⁸ 人多生自凡胎，足立俗地，故欲脫凡胎、離俗地實為不易。⁹ 然身出凡胎，心可通靈。¹⁰ 心誠以致，可通靈道。¹¹ 靈道行，心路通。¹² 心路通，心燈明，命燈長久。¹³ 此謂：立俗而不俗，肉身俗而心不俗。

第六節　三燈齊映

¹ 天帝創世，晝有日燈，高天生輝，世界光亮，萬物有生機。² 夜有月燈，大地安詳，黑暗不迷，眾生得生息。³ 人有心燈，靈肉相適，陰陽相宜，天地人相合。⁴ 心燈點亮，三燈齊映，與日月同光。⁵ 人心有天光，肉身長久，靈魂不朽。①

---

① 此處提出「日燈」（太陽）、「月燈」（月亮）、「心燈」（人心）的概念。三燈齊映，天、地、人相合，可「肉身長久，靈魂不朽」。這裡呈顯了中華傳

⁶ 雅尤言畢，仙燈漸隱，回復如常。⁷ 雅里果續留仙洞百日，得雅尤真傳，始悟命數命理之諦。

第七節　命理祕笈

¹ 後輯錄《命理祕笈》十二卷，藏於士山爾水。²《命理祕笈》亦稱《俗仙經》，合俗仙陰陽兩界，越晝夜時空兩維，基天地靈身兩極，察心經表紋兩端，昭命數命理脈勢，不易顯現於世人。^①

第四章　義犬救主

第一節　各有修行

¹ 雅里果將國事俗務悉交族臣，隱於靈山圭嶺，專心修靈悟道。² 後成仙道之人，圭嶺亦稱「里果嶺」。

³ 嶺下有雅翰、雅賢兩兄弟，相鄰而居，各有修行。

⁴ 雅翰每日早起，研頌《俗仙經》，廢寢忘食。⁵ 日積月累

統文化的精髓——陰陽相宜，天人合一。

① 此處講《命理祕笈》的內容：整合俗與仙、陰與陽之兩界，跨越晝與夜、時與空之兩維，基於天與地、靈與身之兩極，考察心經與表紋之兩端，揭示命數、命理的脈絡走勢。

修有所成，遠近聞名。⁶ 然家中耕務勞作久有荒廢，妻室家小多有抱怨。⁷ 三年不出，家妻抱病而終，兩小羸弱多病。

⁸ 雅翰忖思，家有多災，命多不順，或因修之不誠？或因道之未致？雅翰百思不得其解。

⁹ 雅賢憐雅翰之衰，多有接濟。

¹⁰ 雅賢每日聞雞而起，日出而作，家興業旺。¹¹ 每至午時，即停歇勞作，研摩靜修。¹² 每至晚夜，慣依坡而拜，伴清夜細風，敬謝天地，感恩賜福。

第二節　星象變亂

¹ 一晚星象變亂，似有不祥發生。² 轉瞬之間電閃雷鳴，暴雨如注。³ 雅賢急返屋舍，心有所掛，難以入眠。

⁴ 閃電之下見黑、白兩犬立於門前，「嗚嗚」作聲，似哭如訴。⁵ 雅賢不解，黑犬為自家，白犬屬雅翰，兩犬何以結伴立前？莫非雅翰有異？

⁶ 雅賢起身，兩犬前引，奔往雅翰之地。⁷ 只見雅翰居舍倒塌，成爛泥一片。⁸ 雅賢千呼萬喚，不見雅翰人影。

第三節　雅翰回生

¹ 雅賢心急，見白犬在先似泥鰍入水，黑犬隨後雙雙鑽入泥

潭。[2] 雙犬泥下拱刨，雅賢順勢掘挖，三尺深處終見雅翰躺臥。

[3] 雅翰昏死不醒，雅賢悲戚哀傷。[4] 兩犬舔舐，發出「嗷嗷」哭泣。[5] 兩犬伴雅賢，晝夜護守，十日不離。[6] 及至十一日，黑、白兩犬相繼氣絕，倒臥雅翰兩側。[7] 一陣東風襲來，竟見雅翰呼氣張目，起死回生。

[8] 雅翰經十日陰界之歷，陽氣未絕，得義犬之氣由陰歸陽。[9] 雅賢喜出望外，驚異萬分。[10] 雅翰面容未改，只因陰耗所致，體狀縮減一半。①

第四節　超凡之能

[1] 雅翰身經陰陽兩界，目力竟獲超凡之能。[2] 雙目一陰一陽，陰陽疊合，可有越牆穿壁之功。[3] 尤奇者雙目既可溯觀已逝之景，亦可眺望將臨之事。②

[4] 雅翰目穿泥漿，見兩童埋於其中，趕緊挖掘。[5] 兩童出泥，一童無息，一童還生，孿生兄弟，分處陰陽兩界。

[6] 雅翰後視，眼現雷暴突降樹倒屋塌慘狀。[7] 雅翰前視，可見風和日麗，復有狂風暴雨之災。[8] 又見晝夜有更替，吉凶復

---

① 陽氣為生命根本，此處講因得義犬陽氣的補充，雅翰「由陰歸陽」。參閱工二7:7-10：木鶴得人氣之精而獲生機，可飛翔。另，陰陽觀念的精髓在於辯證，其要旨不僅包括陰陽對立、陰陽消長，也包括陰陽轉化、陰陽互根。

② 《兩界書》工五章二節有「時鏡」之述，可穿越時間。可參閱《兩界書》問六2-3節。

交合。⁹雅翰極目遠視，陰晴循環，吉凶往復，難以窮盡。

第五節　陰陽界悟

¹雅翰心力不支倒臥癱息，數日之後方得甦醒。²後閉門一月不出，記留《陰陽界悟》，氣絕歸陰。³《陰陽界悟》亦稱《道行經》，凡四卷萬言，旨意概略為：

　　⁴陰陽有界，天地有道。
　　⁵天人合道，道遠無疆。
　　⁶天人悖道，天存人亡。
　　⁷天道在心，化外在身。
　　⁸修身成道，行以載道。
　　⁹道行相輔，可添命符。
　　¹⁰道行相悖，肉身立腐。①

¹¹《道行經》傳於後人，倡立道重行之風，得陽命綿延之功。

---

① 此處宣喻兩個思想：天人合道，行以載道。揭示「天」、「人」、「道」、「行」四者的關係，特別強調了「道」、「行」相合的重要。

第五章　種豆得豆

第一節　雅全種豆

¹ 雅翰後人承先人遺訓，力踐道行之說。² 凡虔心修道、勤勉勞作者，多收善果。

³ 雅全善種豆，紅、白、黑、綠、黃豆無所不有。⁴ 豆樹高逾丈，豆大如雞卵，相鄰百里無人能比。⁵ 所收之豆首祭天神，再饋鄉鄰，尤饋殘弱之人，餘者留為己用。⁶ 鄰人欲以其豆為種而植者，無人如願。

第二節　雅曲種瓜

¹ 雅曲善種瓜，瓜大如瓢，甘甜如蜜。² 所採之瓜，藏貯洞穴，不為人知。³ 雅曲常得雅全之豆，雅全未食雅曲之瓜。

⁴ 是年天大異，南風不見，北風盡吹。⁵ 東風不起，西風呼烈。⁶ 時值春夏交際，山洪頻發，泥石俱下。⁷ 及至夏秋交際，雅全之豆果實飽滿，五彩盡有。⁸ 雅曲之瓜有花無果，一瓜不收。

⁹ 次年雅曲瓜田種豆，冀仿雅全之效，得穫秋實之收。¹⁰ 然秋至時節，雅曲之豆竟有花無果，顆粒不獲。¹¹ 後雅曲地多有試種，所種之物皆有花無果，人稱「無果花」。¹² 有傳後世有花無果之物，皆源雅曲之地。

第三節　善種在心

[13] 雅曲不解，何以種瓜不得瓜，種豆不得豆。[14] 復試三番，依舊只花不果。

[15] 雅曲請教族內老者，老者曰：

> [16] 所種之瓜，既未敬天，亦未饋人，一人獨享，遮掩躲藏。[17] 瓜肉既腐爛，瓜種何繁秧。[18] 心私至重則惡，心惡自結惡果。

> [19] 至於雅曲欲種雅全之豆，冀以惡心藉善種、惡田得善果，豈非癡妄？[20] 正可謂：「種瓜得瓜，種豆得豆。」①

> [21] 事有前因，必有後果。[22] 雖力爭而欲變，然因果天定，實難變違！

> [23] 雅曲須謹記，善種在心，不在外物。[24] 善心之種乃為真種，真種方結真果。

[25] 雅曲始未信，然老者言狀年甚一年。[26] 雅曲地終成荒蕪，雅曲抱疾而終。

---

① 講「惡心」難播「善種」，「惡田」難得「善果」。

第六章　否泰之轉

第一節　得享遺福

雅全有子，名雅槐，得享雅全遺福遺產，藉風水寶地，連年豐裕，羨煞周鄰。

第二節　承父之貧

[1] 雅曲有子，名雅霍，承父之貧，居山林一隅，餐風沐雨，勉強維生，無人往來顧念。

[2] 雅霍居山背南向北，終日陽光稀見，多迎西北冽風。[3] 終年不見來雨，風水不吉，糧果難收。

[4] 然雅霍不餒，每日耕作不輟。[5] 每至夕陽西落，有成群雁鳥來棲，習與雅霍作伴。[6] 雅霍頗識鳥性，助鳥築巢，上遮雨淋，北擋冽風。[7] 雁鳥每日歸棲，銜來糧果無數，丟於林下。[8] 雅霍從不撿拾，助其堆疊巢下，備其需時食用。

第三節　雁鳥為朋

[1] 雁鳥識霍友善，視為朋類，常將果實丟落其頂。[2] 雅霍亦助傷鳥歸巢，群鳥嬉戲歡歌，甚有幼鳥停落肩上，親膩磨蹭。

³有鳥平日總發「來好」之聲，故稱「來好鳥」。⁴來好鳥可懂人語，可與人言。⁵每至日落之際，來好停於山坡，眼望雅霍，直發：「來好，來好。」

⁶雅霍嘲曰，終日勞苦溫飽難得，爾等復稱「來好，來好」。⁷何來之好？何時來好？⁸來好總對曰，來日會好，來日會好。

⁹來好邊歡歌邊雀躍，雅霍見之甚為開心。

¹⁰日復日，年復年，雅霍安於清貧，居於寧靜。¹¹終日勤以為業，與鳥為伴，不覺十年晃過，兩鬢斑霜。

（圖69　來好鳥）

第四節　洪水漫天

¹ 一日烈陽當空，成群雁鳥忽返樹林，發出「呱呱」嘶叫。² 來好飛落雅霍面前，雙目滲出淚血。³ 來好對雅霍曰：洪水將至，速速離開。⁴ 雅霍不明事理，將信將疑。

⁵ 猶豫之間，忽有轟鳴巨響傳來，天昏地暗，地動山搖。⁶ 雅霍驚恐，未及細想，洶洶洪水漫天襲來。⁷ 大水鋪天蓋地，屋舍遇之即沒。

⁸ 有碩大木舟隨水漂來，原來雅槐諸人早有預防，備製大舟。⁹ 大舟長約四十丈，盡載族戚顯貴。¹⁰ 舟上備滿糧穀、雞鴨，可供百人享用百日。

¹¹ 大舟湧來，高似山崖，無可攀爬。¹² 雅霍急聲呼救，木舟順流而下，舟上無人應答。¹³ 雅霍無助，隨被湍流淹沒。

¹⁴ 洪水愈發兇猛，勢不可阻。¹⁵ 大舟為水推湧，由低向高，直衝高坡。¹⁶ 舟上眾人驚駭不解，水流何以變向，大舟何以逆勢而上？

¹⁷ 眾人惶恐，眼見高坡之後，即為斷崖。¹⁸ 崖深足百丈，平日人獸跌落，無可生還。¹⁹ 有人見狀急不擇路，跳舟而逃，旋為洪水吞噬。²⁰ 餘者或癱或瘓，慌亂一團。

²¹ 大洪勢不可擋，木舟轉瞬衝落谷崖。

（圖70　大舟逆勢而上）

²² 雅霍醒來，察覺被大樹所掛，懸於半空。²³ 身下湍流奔突，周邊一片汪洋。

第五節　來好相救

¹ 高處有聲傳來，見三隻來好盤旋其上。² 來好俯衝試探，幾次三番，終合力抓托，攜雅霍飛離而去。

³ 雅霍回望，遍地洪水無邊無際，原野、山林盡被淹沒。⁴ 來好飛奔之中，漸有多鳥加入，雛鳥繞旁歡歌。⁵ 群鳥合力，雅霍似生翅膀，人鳥相伴，御風飛翔。⁶ 片刻過後，雅霍與群鳥停落遠處山頂。

（圖71　人鳥相伴　御風飛翔）

[7] 洪水十天十夜方退。

[8] 雅霍隨眾鳥返回，故處樹木可見，屋舍全無。[9] 尋至鄰邊雅槐之地，繁榮景象不再，活物不存，死寂一片。

第六節　雅霍不棄

[1] 雅霍不棄，次年春早，雅霍地果木繁茂，糧穀苗壯。[2] 及至夏秋，糧穀豐收，美果滿倉。[3] 不出兩年雅霍地名聲遠揚，有人由遠而至，移居此地。[4] 有良家淑女嫁予雅霍，雅霍老年喜得三子三女。[5] 三子如牛犢，三女似花鹿，家興人旺。

第七節　人無定運

¹雅霍恍如隔世，閒來常與來好對言。²雅霍以來好為聖，敬鳥如神，每聞來好之聲，無不肅然起敬。³惜雅霍之後無人能通來好之語，無人能識來好之聖。

⁴一日雅霍見來好心憂神傷，似有淚珠奪眶欲出。來好曰：

⁵天有天道，人有人運。⁶天道有恆，人無定運。⁷命定有數，數不盡數。⁸數度有變，運跡無痕。⁹否及泰來，泰久否至。¹⁰力合天道，大泰小否。¹¹平衡否泰，不可極盡。¹²否至無須悲傷，多思來好之語。¹³泰順勿可忘形，否泰一線之間。

¹⁴雅霍聽罷，頻頻稱是。

第八節　人各有命

來好續曰：

¹來好亦有命數，無從可改。²地上之人，無論富貴貧賤，各有其命，命有其數。³地上活物，無論居於何

方，共有同命，命有其數。①

4 雅霍問曰，芸芸眾生，散滿全地，各有其命，不難其解，何以共有同命？

5 來好回曰，同生為同命，同滅亦為同命。

6 雅霍仍不明，問曰，眾生無數，遍布天涯，同生可喻，同滅何解？

第九節　必有其終

來好曰：

1 物有起始，必有其終，恰如日有東升，必有西落。
2 然升為落之始，落為升之終。3 末日終將至，可期不可預。

4 雅霍問曰，同生在現世，同滅在何時？滅有何徵？
來好曰：

5 生始有啟因，滅終有其緣。6 其跡可尋，其徵可見。
7 異象叢生，積多為徵。8 風雨來臨蟻上樹，屋宇將覆鼠

---

① 與《兩界書·創世》呼應，因世上活物一同被創造，故亦有一同消亡之同命。為「循環論」、「末世論」思想的一種體現。

先逃。

⁹ 來好與雅霍終日廝守，每日告諭一異象。¹⁰ 雅霍集錄為
《來好天諭》，後集為《異象天諭》，凡五十卷。^①

第七章　天象變亂

第一節　日頭變異

¹ 末日將至，天象有徵。

² 那日將至之時，天有鐵幕蔽遮，白晝不見日頭，只有烏
雲漂浮。

³ 藍天變色灰天，空中彌散硝煙。⁴ 怪味四處發出，地竅日
夜生煙。

⁵ 日頭當空之時，突被天狗吞食。

第二節　晝夜失序

¹ 白晝瞬變黑夜，伸手難見五指。² 白晝點燈，夜晚光亮，

---

① 異象，變異的、不合常規的徵象，有時也指幻覺、夢境。異象一般可分為天
　象、地象、物象、人象四象，此處加上時象、空象而合為六象。

晝夜顛倒，交替失序。

　³日中有黑鳥，忽進忽出。⁴黑鳥似啄食，日頭出缺失。
⁵圓日不圓，豁口爛邊。

　⁶白晝高懸月亮，黑夜冒出太陽。

　⁷月亮忽東忽西，太陽忽下忽上。

　⁸太陽被縛，月亮被綁。⁹或高懸靜止，或不升不落。

第三節　冬夏失衡

¹太陽不止一個，東西南北並出。

（圖72　多日並出）

² 日頭高懸之際，大雨傾盆而降。³ 雨水鮮紅似血，又似黃砂泥漿。

⁴ 流火之月，有冰雹傾砸，雹大如雞卵。

⁵ 冬日不見片雪，大雪飄在春夏。

第四節　怪象迭出

¹ 有衝天水龍海底竄出，高飛萬丈。

² 有漫天風龍平地而出，呼嘯扶搖，攜捲人畜，屋宇搬家。

³ 大鳥碩大可馱人畜，立馬不見蹤影全無。

⁴ 天空有爆響，似雷非雷。

⁵ 雲端有怪象，似獸非獸。

第八章　地象變易

第一節　地勢變換

¹ 隕星墜落，跌入大海，海水淹沒陸地。² 跌入陸地，擊穿萬丈深淵，有火岩迸出，滿地黑煙。

³ 地勢變換，形貌變易。⁴ 高山易為大海，大海聳成高山。

⁵ 小島不見，大島消沉。

⁶地表稀鬆，有無底大洞冒出，一個連著一個，十個連成一片。

第二節　怪蟲湧出

¹地下有巨蟒竄出，巨蟒率子孫萬千，橫行鄉里市井，侵占民居屋舍。

²黑鱷爬出河道，毒蠍兩旁侍衛，旁若無人，招搖過市。

³蚯蟲從地土鑽出，無處不在。⁴除滅一個，衍生千萬，纏滿床腿、樹幹。⁵始時細如鞋繩，三日之後大如牛尾，忽白忽紅，忽綠忽青。⁶四處「哇哇」嚎叫，晝夜不見停息。

⁷有毒蜂由地而出，從天而降，遮天蔽日，雨打不透。

⁸大蜂壯如鴕鷹，小蜂細如蚊蠅，見人即螫咬。⁹男女老幼抱頭逃竄，只恨上天無路入地無門。¹⁰被螫男女倒地不起，輕者三日歸西，重者當場立亡。

第三節　旱澇並行

¹連日乾旱無雨，河溝開裂。²湖底長草，牧羊行馬。³木舟裝車輪，河床建茅舍。

⁴連日雨注不止，洪水氾濫。⁵村落被淹沒，小屋成浮舟，人畜入河泥。

第四節　果糧不常

[1] 梨樹八月開花，桃樹結出青棗。

[2] 李子長成角豆，味同青欖苦瓜。

[3] 夏棗長成吊瓜，石榴變成葫蘆。

[4] 玉米長出紅豆，綠豆開出棉花。

[5] 麥子味如淤土，稻穀味如石蠟。

[6] 一樹結出八果，酸甜苦辣皆有。

[7] 樹根往上，露在土外。

[8] 樹梢倒長，埋入土中。

[9] 穀果變異，翻倍暴長。

[10] 人食變異，奔向終人。

第五節　地象怪異

[1] 地火從山頂冒出，白煙從山腰下流。

[2] 發紅泥漿四處奔湧，蔓延之處草木立焦。[3] 硫煙彌散大地，人畜聞到不萎即腐。

[4] 海水不藍不綠，非紅即黃。

[5] 河水不清不澈，非黃即黑，酸鹹腥臭，魚蟲不生。

[6] 水往倒流，百川納海。

⁷海蟲飛到陸地，山鳥飛入深海。

⁸陸人海底築舍，又欲雲中做家。

第九章　物象化異

第一節　怪物層出

¹母牛生出綿羊，綿羊生出花狗。

²碩鼠大過黑貓，公鼠哺乳幼貓。

³馬臉似牛，牛臉似豬。

⁴或眼鼻朝後，或一身兩頭。⁵或短缺一腿，或多長一蹄。
⁶尾巴長在腰上，斷腿長在股上。

⁷孔雀不再長羽，光身盡見皮肉。

⁸黑豬不長鬃毛，雙肋冒出羽翅。

⁹日有怪物生出，似馬如牛，似牛如豬，似豬如狗，似狗如猴。

¹⁰怪物層出，數不盡數，不活三日隨即消亡。

第二節　本能顛倒

¹公雞生蛋，母雞啼鳴。

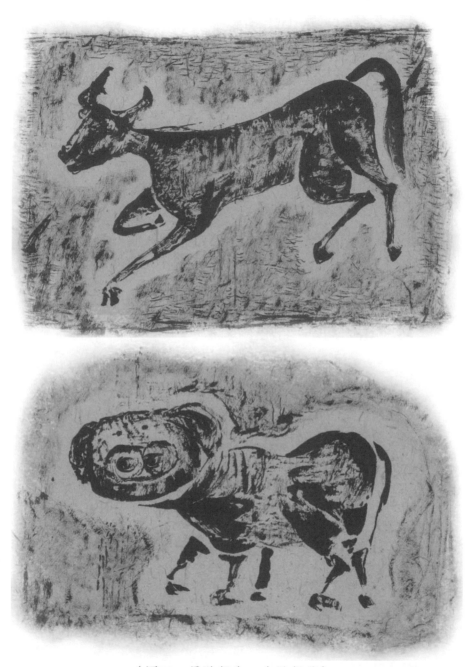

（圖73　馬臉似牛，牛臉似豬）

² 雞不分公母，鴨不會游泳。

³ 山羊不能登山，獵犬不再奔跑。

⁴ 高馬跑不過母牛，公牛拉不動木車。

⁵ 羊不再吃草，牛不再出奶。

⁶ 奶牛擠出黃尿，母羊擠出狗血。

⁷ 兔子跑不過烏龜，大象被螞蟻吃食。

⁸ 老虎不長牙齒，犬狗見貓即逃。

⁹ 老鼠中意野貓，豬狗熊牛一家。

¹⁰ 狗不識主人，向親人狂吠，隨陌人回家。

¹¹ 斑馬變成河馬，河馬變成象牛。

¹² 河馬出沒沙漠，駱駝下海泛游。

第十章　人象迷亂

第一節　男女性變

¹ 那日將來之際，女人多生怪胎。

² 有三頭六臂，有缺頭少臂。

³ 有男嬰貌似牛娃，有女嬰身如鯢鰻。

⁴ 有眼睛長在頭後，有嘴巴豎在額前。

⁵ 男人不喜女人，多喜男人。

⁶女人不喜男人，多喜女人。

⁷男人與男人一起，如同男人與女人一起。

⁸女人與女人一起，如同女人與男人一起。

⁹女人生子不用男人，男人生子不用女人。

¹⁰生出幼子身如蛆蟲，生出幼女貌似果蠅。

¹¹人與牲畜家禽媾合，生出非人非畜之物。

¹²人與自己婚配，自己做夫做妻。

¹³男嬰女嬰不生，以此為好。

¹⁴有人寧與屍骨交歡，不與活人交合。

¹⁵有人寧與死皮交歡，不與活人交合。

¹⁶女人長鬍鬚，男人大乳房。

¹⁷女人聲如洪鐘，音如悶雷；男人聲如黃鶯，細如雛鳥。

第二節　人自生變

¹長人極長，短人極短。

²胖人極胖，瘦人極瘦。

³瘦者長大頭，大如木鼓、泥缸。

⁴胖者長細腿，細如蜘蟲、鴕鳥。

⁵滿街之人，肚大似盤輪，綿軟如蛆蟲。

⁶手臂不能揮斧，腿腳不能登坡。

⁷滿街之人，上牙脫落，愈來愈少；下牙多長，愈來愈大。

（圖74　瘦者長大頭，胖者長細腿）

⁸ 滿街之人，大頭似懸瓜，頸項如游絲，風吹即斷落。

⁹ 滿街之人，要麼糞門不開、尿門不合，要麼尿門不開、糞門不合。

¹⁰ 滿街之人，木訥似呆瓜，遲鈍如泥牛，皮厚賽黑豬，骨軟似蛆蟲。

¹¹ 至微小蟲肉眼不見，鑽進男人、女人體內。

¹² 滋生冷熱怪病，致人冷如冰凍，熱如火烤，反覆兩次，即喪性命。

¹³ 小蟲說來就來，說去就去，隔三差五，人心惶惶。

¹⁴兩歲女嬰體如生母，三歲男童性勝生父。

¹⁵生母變女嬰，生父似男童。

¹⁶男嬰生下直立行走，女嬰生下開口說話。

¹⁷嬰兒啼鳴似唱歌，成人吟歌如哭嚎。

第三節　食無原食

¹眾人不食糧穀，專食古怪罕物。

²有以人肉為佳餚，或以糞便為大補。

³毒液變為調汁，砒霜變為拌料。

⁴食無原食，居無靜所。

⁵七十歲男人吮二十歲女人奶汁，二十歲女人爭做七十歲男人後媽。

第四節　生息悖序

¹多人終日嗜睡，從天亮到日落，從日落到日出。

²多人終日無眠，從日落到日出，從日出到日落。

³生息悖序，晝夜顛倒。

⁴日出歇息，縮蜷不出。

⁵日落勞作，黑夜不眠。

⁶白晝遮陽蔽日，夜晚點燈造光。

第五節　人為器奴

¹ 聰智乖巧至極，人無片刻寧靜。

² 下可入地萬丈，上可登天造屋。

³ 眾人無力固廣廈，一人彈指毀萬屋。

⁴ 人造萬能工器，工器造出活人。

⁵ 男女不隨天定，工器隨意造人。

⁶ 人為工器造主，又為工器之奴。

⁷ 死物擺布活人，活人無覺無策。

第六節　人無定性

¹ 男人不再知恥，女人不再識羞，滿街男女赤裸奔跑。

² 男人似牲畜，隨地高舉陽器。

³ 女人妖作祟，羞處張開示人。

⁴ 兄弟不親，父母不認。

⁵ 爺孫輩分不分，血緣倫常亂淆。

⁶ 夫妻同枕異夢，鄰里掘井設坑。

⁷ 眾人日夜傾軋，只盼他人死光，自己存活。

⁸ 人無定性，心無坦誠。

⁹ 一忽變人，一忽變鬼。

[10]口出甜言，勝似鮮蜜。

[11]心藏詭計，險毒似蠍。

[12]無話不假，流言盛行。

[13]真人說假話，假人說真話。

[14]真假不辨，善惡不分。

[15]習非成是，謬以為常。

[16]謊言可賺千金，誠仁不值一文。

[17]竊賊滿地，男女不分。

[18]賊人足不出屋，行竊千里之外。

第七節　心無神明

[1]心無神明，只有黴菌。

[2]以金為拜，勝過爹娘。

[3]利己之欲，毫髮可察，鼠洞可進。

[4]利人之事，遮目不見，舉手不勞。

[5]公義失蹤，黑白顛倒。

[6]尊黑為白，尊白為黑。

[7]口是心非，表裡不一。

[8]崇邪尚黑，結黨營私。

[9]心飢無食糧，魂遊無居所。

[10]邪說疊起，惡魔主心。

¹¹ 拜死石朽木為神，崇歪腔邪調癡迷。

¹² 心慌慌空身似皮囊，亂尋主自欺欺世人。

¹³ 失心失靈不止，失氣失血不停。

¹⁴ 如犬狂噪失言語，如貓叫春失節制。

第八節　基化因變

¹ 男女合性，陰陽不辨。

² 基化因變，心塞意亂。

³ 烈光穿地，地脈斷裂。

⁴ 地氣紊亂，地心流血。

⁵ 大地暴散，浮塵漫天。

第十一章　時空不維

第一節　時燈急燃

¹ 四季顛倒，春後為冬，冬後即夏。

² 春日萬物凋零，冬日老樹發芽。

³ 臘月不穿衣，酷暑披大襖。

⁴ 三更出日頭，日升匆急落。

⁵ 日子短暫，忽如落石。

⁶ 一年短似一日，百年逝如一月。

⁷ 時燈急燃，光油急耗。

⁸ 時光將耗盡，萬物即靜止。

⁹ 不見時序延展，歸於死寂默息。

第二節　　遠空急聚

¹ 遠空急聚，間離混亂。

² 咫尺遠過千里，天涯近在眼前。

³ 時序不維，空序不再。

⁴ 高山不高，深淵不深。

⁵ 萬有歸無，無蘊萬有。

⁶ 有無無間，復歸一元。

第十二章　　滅而再生

第一節　　六象俱亂

¹ 天地異象，時空失序。

² 物人迷亂，世界失律。

³東南西北上下，天地時空物人。

⁴六象俱亂，時能殆盡，空能殆廢。^①

⁵流光飛逝，一日勝於百年。

⁶朝出不識歸途，夢醒不識家人，鏡像不識自己。

⁷遠空爆膨，萬里近在咫尺。

⁸舉步無落足之處，起居無躺臥之席。

第二節　復始循環

¹是日到，萬時、萬空、萬物忽凝滯無息，忽膨爆不止，忽飄如浮雲，忽歸於混沌。

²舊世滅，新紀啟。

³中人止，終人至。

⁴多維新構，意界主綱。^②

⁵人朋遠來，新靈彌漫。^③

⁶舊生新，新生舊。

⁷綿延不息，復始循環。

---

① 此處講「時」、「空」也是一種「能」，認為「時」、「空」如人，皆有其能，亦有其限，天帝創造之時，皆設「能限」，故時、空「兩能」也都終有耗盡的一天。

② 昭示「新紀」的情狀。意不甚明，或指「新紀」由不同於現世之時維、空維的「新維」構成，「意」或成為「新紀」的基本綱領。參閱創四2。

③ 類人的智物從遠方而來，會有新的「靈」充盈世界。此處的預言有神祕主義色彩，參閱造六2：「各有朋人演化治理」。

第十三章　裘德之問

第一節　羊無靈道

[1] 來好所告天諭，盡為悲苦結局。[2] 雅霍歷經人世滄桑，雖坦然聽聞，卻不免憂惶。

[3] 對談之間恰有羊群經過，大小不一，或歡蹦跳躍，或隨前而從。

[4] 來好問曰，羊群欲去何處？

[5] 雅霍答曰，羊群為貴家所買，留待年節宰殺。

來好曰：

（圖75　羊無靈道　不識人語）

⁶ 羊不識羊命而霍知，故羊歡蹦跳躍隨前而從。⁷ 君對羊語，前路悲絕，羊豈可領悟而逃？⁸ 羊無靈道，不識人語。⁹ 人無靈道，不識天諭。

¹⁰ 人不識己命而來好知，故有天諭相傳。¹¹ 來好告天諭，亦非盡人皆悟，惟通靈悟道者可得其奧。

¹² 來好、雅霍對談，雅霍之孫裘德侍立於旁，盡聽於耳。¹³ 裘德十歲未滿，聰慧好學，尚德尋道，甚得人愛。¹⁴ 聽罷來好、雅霍對言，雖不盡懂，然可了悟大概。

第二節　裘德之問

¹ 裘德戚戚然，淚濕衣襟，心中甚怕，顫慄不已。² 半晌過後，以怯怯之語問曰：

³ 若如來好所言，世將慘絕而滅，眾人孜孜所求，何意之有？⁴ 先輩仁德之誨，何意所在？

⁵ 來好既知所然，何為所以然？⁶ 世人若循順天道，躬行仁德，仍不得喜樂安康？

⁷ 來好務解裘德之問。

第三節　來好之答

來好曰：

　　[1] 裘德莫怕。[2] 道統天下，天地二分。[3] 天水同源，多有流變。[4] 大河分流去，路途有南北，怎可一路道盡？

　　[5] 裘德莫棄。[6] 道化所成，人以載道。修德樹仁，苦亦為樂。[7] 天帝播靈道，萬眾有承接，不枉喜樂來好！

[8] 裘德聽罷，尚不盡解。[9] 來好詳諭未來可來喜樂世界。

第十四章　喜樂世界

第一節　良善布滿人間

來好曰：

[1] 至那日，天下邪惡盡除，良善布滿人間。

[2] 藍天白雲，小鳥歡歌，大雁飛翔。

[3] 白鴿成群結隊，鵲雀雌雄成雙。

⁴ 青山綠水，牛羊吃草，駿馬喜奔。

⁵ 鴨鵝水中嬉戲，貓狗岸邊追跑。

⁶ 雄獅結伴羔羊，躺臥一堆。

⁷ 猛獸攜牽雛羚，親同家人。

⁸ 羔羊以母獅為奶，哺乳長大。

⁹ 猛獸以雛羚為子，舔舐撫愛。

¹⁰ 刀槍熔煉，鑄造犁鋤，干戈盡化玉帛。

第二節　籬笆拆除

¹ 籬笆拆除，無分家國，天下世人共用。

² 啞巴可說話，聾子會唱歌。

³ 瘸子擅跳舞，瞎子能賞花。

⁴ 人皆有美食，眾皆有安榻。

⁵ 世人不分你我，親如姐妹兄弟。

⁶ 天下來好，終歸一家。

⁷ 仁愛無垠，天道無疆。①

---

① 此節講喜樂世界。與前述「六象變異」不同，此處展示一種正向烏托邦的理想
　世界。

第十五章　七首合歡

第一節　七魚出海

[1] 裘德聽罷，欣而不喜，悟而有迷。

[2] 來好述畢，愉而不悅，嶹然迷離。

[3] 裘德心急，直欲刨根問底。

[4] 來好娓娓述說，詳解來好合歡之狀：

（圖76　七首合歡）

⁵ 至那日，有七魚出海，魚化來好。

⁶ 七方來好合聚，分從東、南、西、北、上、下匯中，合成來好大鳥，名曰七首合歡。^①

⁷ 合歡大鳥上下翔翔，所經之處，風生水起，霞光普照。⁸ 天上升彩虹，地下有靈塔。⁹ 虹、塔相聯，天地無間。

第二節　天光現，帝壇出

¹ 天光現，帝壇出。

² 四海之中大地之央，天帝大壇巍然聳立，輻輳外延，周至滿地。

³ 萬族交合，復歸一族。⁴ 你中有我，我中有他。⁵ 天南地北，實為一家。

⁶ 萬語交合，復歸一語。⁷ 語簡如符，言簡似樂。⁸ 異人同語，無師共通。

⁹ 萬眾共聚，以帝壇為央，行合歡族會。¹⁰ 一人獨樂，二人從樂，三人眾樂，萬眾共舞共樂。^②

¹¹ 有聞行將就木，有聞不久於世，眾人無悲皆喜，

---

① 魚化來好鳥，分別從東、西、南、北、上、下而匯中，成為七頭合歡大鳥。

② 此節言萬眾合歡之狀。再宣樂生思想，萬眾共樂。回應《兩界書·生死》中樂生、淡死的思想。參閱《兩界書》生三4:3-5。

（圖77　天帝大壇）

齊向死亡狂歡。①

第三節　天人共為

來好續曰：

> ¹ 要紀到臨，似臨分水大嶺。² 眾生似流水，必經悲喜嶺。

---

① 參閱《兩界書》生三4:7：「向死而舞，三天三夜未有停息」，實現對生命的徹悟。

³悲喜兩向，或悲或喜，天自有取。⁴天之所取，賴
人所為，天人共為。①

⁴裘德似懂非懂，似信還疑。

⁵雅霍心有悟得，猶有所失。

⁶來好飛旋一周，逝於雲霄。

---

① 言眾生的結局是悲是喜，「天自有取」。而「天之所取」依賴「人之所為」、
「天人共為」。警示勸世之意明顯。

巻十二　問道

大千世界，萬物眾生，「天帝」以人為選，賦予使命，將世界交人治理。然人類自身善惡消長，靈道不暢，前路多有迷惘。亙古以降，先哲聖賢殫精竭慮，以不同的認知方式和思想界面，上下求索，探路問道。對人生意義、生命本質、人類前途的考問，不僅是人類文明的終極之問，也是一個永恆而又極具現代性的現實之問。《兩界書‧問道》自「創世」、「造人」、「生死」、「分族」、「立教」、「爭戰」、「承續」、「盟約」、「工事」、「教化」、「命數」之後，綜觀史上各家之說，貫通各派之言，融匯昇華，企解恆惑之問。

第一章　天道山

第一節　山高入雲

¹ 群地之中，地池之央，有山聳立，山高入雲。² 山上有道，可至上天，稱曰「天道山」。³ 山高處乃超凡之境，為悟道先師所在。

第二節　四面環水

¹ 天道山四面環水，水闊萬頃，浩瀚無際，人稱「地池」。² 地池環山而抱，由外及內水色漸深，由清而藍而墨。³ 近山處水深萬丈不可探底，傳言遠達千里，通連四海。

⁴ 水中有堤橋，沒於水下兩尺，連接圍陸與道山之間。⁵ 堤橋九曲十八彎，闊處十數丈，窄處僅尺餘，為進山惟一行道。

⁶ 堤橋肉眼不見，心誠者心目開，可透視堤橋涉水入山。⁷ 心妄者堤橋不見，必墜深淵。⁸ 淵處有食人娃魚，口大如井，齒利似刀，墜水者為其吞噬，無人可以生還。

第三節　山高路險

¹ 山上古樹參天，臨崖而立，只一山道可通山頂。² 道口兩

（圖78　天道山高路險）

旁雕有山石紋圖，其意難辨，日月同輝之際，可顯文傳道統、
津濟眾生之意。①

　　³環山而上，有曰九環，有曰十八環，因無人至頂，未可
盡知。⁴及至八環，有坪臺臨崖，下可俯視地池，上可仰觀天
象，人稱「承天臺」。

---

① 津，渡口，橋樑。以文化傳承道統，以渡橋接濟眾生。

⁵ 臺上築大舍，亦方亦圓，通靈得道諸先在此辯經論道。
⁶ 天下尋道之士，涉千山萬水來此問道，故亦稱「問道臺」。
⁷ 然因山道陡峭峻險，有心無力者難以攀行，有力無心者難得途徑，故非有心有力者不可至達。

第二章　六先論道

第一節　六先居臺

¹ 有道先、約先、仁先、法先、空先、異先，六先居臺論道。①

² 六先上承雅、函、希、布、耶、微、撒諸族本元靈道，

---

① 先，甲骨文�，一腳置於一人之上，意為先行。《說文》：「先，前進也。」先，先生，先進，先知（prophet, seer），先覺（如希臘神話中普羅米修士prometheus為先知先覺者，有先見之明）。《孟子・萬章上》：「天之生此民也，使先知覺後知，使先覺覺後覺也。」此處提出的「六先」、「六說」，指六位先知及其學說。此處把對人生和世界的認知歸為「六說」。一「道」：天道、大道、logos，等等，多種學說均把至高規則視為「道」；二「約」：以「契約」思想為核心，猶太─基督教文化為代表；三「仁」：以「仁愛」為核心，東方儒家思想為代表；四「法」：以「法制」思想為核心，為人類文明重要成果和精神理念；五「空」：以「空無」思想為核心，佛學禪宗為代表；六「異」：甲骨文𠲖，戴著面具的人，變異之人，「異」與以往常見各說頗為不同，通「易」（《周易》）而不同於「易」，「異」說強調「化」、「變」，與其他諸說相互參照，可避摸象之虞，得綜觀辯證之效。此處「六先論道」，實為各說交融，互補求是。

341

（圖79 六先論道）

幽通族神、族帝，可悟神諭、天道。[3] 下載諸族千年文明化變，近察世事，遠瞻前路。[4] 故為世人尊奉為先。

[5] 六先論道千年，道統有別，異中有同，並不致合。

第二節　問者熙攘

[1] 四海之內生途之上，多有凡間尋道之士來此問道。[2] 雖山高路險，九曲十彎，然求問者不絕，熙熙攘攘，蜿蜒於半山道途。

第三章　生而為何

第一節　元德本惑

¹元德年逾半百，跋涉千里，候等百日，險過堤橋，終登問道臺。

元德問曰：

²吾自娘胎出生，不覺生逾半百。³自打知事起，少時隨父母，朝起晚息，伴爹娘勞作。⁴中年養子女，服侍老人，亦耕亦織。

⁵眼見前人如冬草枯乾，逝而不返。⁶眼見自己似秋木落葉，一天衰過一天。⁷往事恍如昨日，來事匆如閃電。⁸一生勞碌，苦樂作伴。⁹曾經力大無比，磐石可搬。¹⁰曾經不知乏累，晝夜不眠。¹¹一切恍如浮雲，終將煙消雲散。

¹²元德思而不解，身如過蟲，為何而生，生而為何？¹³元德求問諸先，祈解心中本惑。①

---

① 人為什麼生？人生的目的是什麼？元德年過半百，不明這一「心中本惑」。
「本惑」：自生而然的困惑，對生本身的終極性困惑。

第二節　依約而生

約先曰：

¹ 天帝造萬物，人為其一。² 芸芸眾生，各為其一。³ 天帝所造，皆有天約。⁴ 依約而生，各得其所，適所而在，即為天帝本約，亦為人之本義。①

第三節　仁為人所在

仁先曰：

¹ 蛛有織網，人皆不孤。² 上有父母，下有子女，上須盡孝道，下須嗣後人，春去秋來，亙古未變。

³ 人之所生，當別於畜牲。⁴ 畜牲獨覓食，人當共享之。⁵ 眾為人所依，群為人所托，仁為人所在。⁶ 己悅者及人之悅，己惡者及人之惡。⁷ 臨崖者警之扶之，臨火者惕之護之。⁸ 此即生之本義。②

---

① 此處提出「天約」的思想，指天帝所造萬事萬物皆有「約定」，人也不例外，人按與天帝的約定而生，這就是人生的本義了。

② 從仁先的角度看，人都不是孤立的人，也不是獸畜，故須以「仁」為重，有「仁愛」之心，這才是人生的本義。

（圖80　解廌圖）

第四節　生而依理

法先曰：

[1] 昔有解廌，可明是非，可辨曲直，故生而依理，行而依據。[2] 人有靈道，尤須明是非，辨曲直，依理據。

³ 如是方可眾而有序，群而有倫，不致利欲所驅，不行禽獸之為。①

第五節　無即本生

空先曰：

¹ 世上本無元德，亦無元德父，無元德父父與上父。² 元德臨世，實為偶然，如雨點落地，不由自主，如枯葉飄海，不主沉浮。

³ 人生在世，匆如來風，死如枯芥。⁴ 本從黑暗來，復歸黑暗去。⁵ 生程乃死途，死途通再生。⁶ 生為死之始，死為生之啟。⁷ 本無歸於無，無即本生。②

第六節　異則為本

異先曰：

¹ 元德之問，本無須問。

---

① 解鳰：獨角獸，善辨是非，代表公平、正義、法。法先認為人有靈道，更須明辨是非，依理據行事。
② 空先認為生死循環，本來為「無」，人生終歸於「無」，「無」即人生本義。

² 風從何處來？不得而知。³ 雨點有幾多？不得而知。⁴ 山火有幾重？不得而知。⁵ 雷電何時起？不得而知。⁶ 元德何時生？不由自己。⁷ 元德何時死？不由自己。⁸ 元德前生為何？不由自己。⁹ 元德死後為何？亦不由自己。①

¹⁰ 世上各族，道統不一，有崇黑棄白，有崇紅棄綠。¹¹ 有朝南聖拜，有朝北祈福。¹² 有尊日為神，有拜月為聖。¹³ 皆為空妄矣。②

¹⁴ 人總以己心，測度天地萬物。¹⁵ 人總以己心，測度諸族異人。¹⁶ 人總以己心，測度芸芸眾生。¹⁷ 人總以己心，測度生死本義。¹⁸ 實乃愚妄矣。③

¹⁹ 世上無物有恆，恆皆為表，異則為本。²⁰ 異以恆表，恆以異宗。④

²¹ 萬事不可斷定，人生不得終解。²² 以恆尺測度流水，流水有漲有落，有緩有急。²³ 以恆念測度人心，人心有善有惡，有明有暗。

²⁴ 元德躊躇不解之問，執迷無解之思，終不得其解，所得者煩苦。

---

① 異先此述顯示對世界的不可知論思想，有神祕主義色彩。不可知論、神祕主義在特定語境下也被認為是認知世界的一種方法。
② 以異先的觀點，似看穿世人所尊所崇的各種學說。
③ 此處言及「心」與「萬物」的關係。一方面萬物在心，心不同，所觀萬物皆不同；另一方面，心非萬能，以己心測度萬物，必有愚妄。
④ 異先的結論是：「異」為萬物的根本，「恆」是萬物的表象。這是異先的核心思想。

第七節　元德再問

元德曰：

[1] 諸先所言皆為有理，然元德之問不由自主。

[2] 吾嘗渴慕成鳥，翔飛林間，上下雀躍。[3] 吾嘗渴慕成魚，潛游水中，無影無蹤。[4] 吾嘗渴慕成豸，飢時覓食，飽後昏睡。[5] 吾嘗渴慕成煙，輕漫升騰，隨風飄散。[6] 吾嘗渴慕成雲，懸空漂浮，不苦心智。[7] 然百般思盼，終皆不逞！①

第八節　依道而生

道先曰：

[1] 元德所言差矣。

[2] 人之為人，豈能成蟲鳥，豈能成豸犬，豈能成煙雲？[3] 人害羞知恥，可辨善惡。[4] 人以群居，親情難捨，倫理有序。[5] 人感天知地，敬畏天神，克己自省，趨致

---

① 元德言及自己盼望成為鳥、魚、豸、煙、雲，成為不是人的東西，以避「心智之苦」，是一種「非人化」思想和厭世情緒。

文明。⁶人之為人，異於草木，別於蟲獸，甚不同於隨風浮雲。

⁷日有升落，月有明暗，上有天穹，下有大地。⁸人居其間，既為萬物靈長，亦為時空所制，惟天地靈道，運行無間。

⁹人之所生，肉身似禾苗，春發夏長秋實冬亡。¹⁰心魂似幽靈，以身為居舍，晝夜附體，驅之不去，遊思不息。¹¹蓋因道之所引，方使身心合一，靈有所依。¹²大千世界，芸芸眾生，方能沌中有清，混中有序。¹³人依天道而生，皆為天命使然。¹⁴元德之問，有解無解，自有參悟。①

¹⁵元德細思約先、仁先、法先、空先、異先、道先所言，謹記於心，似解非解，下山歸返。

---

① 道先言及：人居天地、時空之間，故受靈道運行所制；人的靈魂以身軀為居舍，故須身心合一；天人合一、身心合一，人生的本義即在於依天道而生，天命使然。

第四章　何為人

第一節　行子問人

¹ 行子年逾花甲，善百工諸事，曾周遊列國。² 尤善訪古尋道，觀象辨思，足跡遍及天下。³ 六十又三之年登臨問道山，問道於諸先。

行子曰：

⁴ 行子年逾花甲，經萬工之歷，遊天下列國。⁵ 上至皇族顯貴，下至百姓庶民，白、黑、黃、褐各色人等，閱人無數。⁶ 親朋友人遍及天下，宿敵仇者為數不少。

⁷ 人皆有鼻有眼有口有耳，然善者甚善，惡者甚惡，竟為何故？⁸ 尤令行子不解者，善惡無恆，前後有變，臉面識而心相陌，翻手雲而覆手雨。

⁹ 子自以無事不曉，無理不通，五穀雜糧閉目可辨，豺豹虎貉聞聲可識，陰晴雨雪舉目可測，然卻不知人為何物？

¹⁰ 芸芸眾生，何以友善慈悲者有之，豺豹兇惡者亦有之？¹¹ 何以靈德高尚者有之，豬犬不如者亦有之？

¹² 馬驢易識，豺豹易辨，然究竟何為人？^①

---

① 行子年逾花甲，經事萬千、閱人無數，此處竟提出了「究竟何為人？」的問

第二節　人為天帝之子

約先曰：

　　[1]人為天帝所造，故為天帝之子。[2]人可識天帝，禽畜走獸豈可識天帝？[3]魚蟲草木豈可識天帝？

（圖81　約先圖）

題，這種懷疑主義的考問實為人類對自身本質屬性的終極之問。

⁴天帝與人有約，孜孜眷顧於人，循循啟導於人。
⁵人得天眷天啟，走正道，行善舉，進天國。⁶天帝何曾與禽畜走獸訂約？何曾眷顧魚蟲草木？^①

第三節　仁者為人

仁先曰：

¹仁者為人。
²仁者心有他人，非止己人。³己愛及人之愛，己惡及人之惡。⁴人知倫理，能辨善惡，可識美醜。
⁵故人有自省，可克己制欲。⁶牛馬豬犬隨欲吞食，豈顧旁者？⁷牛馬豬犬隨欲而為，豈顧羞恥？^②

第四節　人循法知理

法先曰：

¹人循法知理，互有通則。
²國有法，族有規，上下尊卑，左右次第，延演有

---

① 依約先的觀點，天帝與之訂約者為人。
② 依仁先的觀點，仁者為人，即有仁愛之心者為人。

序，排置有列，以致由小及大，由弱積強，由蒙至明，由蠻至文。³ 人之異於禽獸，在於人循法遵理。①

第五節　行子續問

行子續問曰：

　　¹ 子嘗親見，敬天帝者有之，孝父母、善他人者有之，恪族規、守法理者有之。

　　² 然子亦常見，悖天帝者有之，惡他人者有之，逆法理、違族規者有之。³ 其人五官俱全，穿衣戴冠，食人食，話人話，其非人乎？

第六節　行走雀躍，煙雲一場

空先曰：

　　¹ 人為活物，食糧亦食肉。² 禽獸為活物，食肉亦食糧。³ 食相近，性相同，生死輪轉，各有所現。⁴ 普羅眾生，飛禽走獸，行走雀躍，煙雲一場。⁵ 行子所見，非

---

① 依法先的觀點，循法遵理者為人。

他物，是為人。①

第七節　人之為人，在其性變

異先曰：

¹人之為人，在其性變。

²其性不一，陰陽雜合。³善惡相融，欲制相交。

⁴序而無則，定而無常。⁵恆為世表，異為人本。②

第八節　人之為人，由惡化善

道先曰：

¹諸先所言，是中有非，非中有是，各有所是，皆有所偏。

²人之為人，在其性本善惡而由惡化善，欲制交合而抑欲從制。③

---

① 依空先的觀點，人與禽獸食相近、性相通，生死輪轉，雖各有不同表現，然生命的本質是一樣的。

② 依異先的觀點，人性多異變正是人的本質。

③ 依道先的觀點，人之為人是一個過程：人性之中善惡並存、欲制交合，由惡化善、抑欲從制的過程就是人。

³人本之初，善惡固存，混而為一，如天地互應，似晝夜交替。⁴無天則無地，無晝則無夜，無惡則無善，無欲則無制。⁵故無惡善、無欲制則無人，此為人本，或曰「本人」。①

⁶行子不見，種子不發芽，不為種子。⁷種子落地發芽，生長成株，及後開花結果。⁸人初為本人，固存善惡，及後成長，似種子發芽成長開花。⁹人幼時無智無羞，雖赤裸而不知恥。¹⁰及後長成，始知理明義，以物遮羞，以紋呈美，由本而文，道引使然，教化使然。

¹¹人知羞向美，故遮醜顯美。¹²人知惡向善，故抑惡揚善。¹³人自本人，惡善相搏，欲制兩爭，因天道所引，教化所驅，始由本人漸為義人。②¹⁴本人為初階，義人為高階，兩階各有兩界，階界融動即為人。③¹⁵異先嘗言，異為人本，亦為世宗，言其異變不定，誠哉斯言。¹⁶本先以為，異中可為，順天行道，要在人為。④

---

① 道先將人分為兩個階段，第一個階段是善惡並存，無善即無惡，無惡即無善，是為「本人」的階段。

② 第二個階段是知恥（羞）向美、抑惡揚善，天道所引、教化所驅，使人成為「義人」。

③ 道先認為，人有兩個階層（「本人」、「義人」），每階各有兩界（善、惡），兩階、兩界的「融動」（融合變化）構成了完整的人。

④ 道先回應異先的觀點：異先所言「異為人本」是有道理的，然而「異中可為」，即人性固然變異，但並非沒有作為，關鍵在於「順天行道」，在於人如何作為。

¹⁷行子聽罷，沉思良久，若有所悟，下山歸返。

第五章　善惡何報

第一節　善人問報

¹倬尼年逾四十，行萬千路，抵問道山，候等數月，終得上山詢道，拜見六先。²六先見倬尼一臉愁苦，膝下攜有幼童。

倬尼曰：

³倬尼自幼習書，深浸禮義。⁴平日待人行事，無不厚人律己，行善積德，鄉里鄉外，遠近知曉，人稱「倬善人」。

⁵現屆不惑之年，然舊惑未解，新惑愈深。⁶吾生數十年，終抱不渝信念，善得善報，惡得惡報。⁷然吾所經所歷，何以善惡不報，甚或善得惡報？^①

⁸諸先示倬尼細細道來。倬尼曰：

---

① 「善有善報，惡有惡報」是引人向善的勸世名言，然在現實中往往並不奏效。此處提出「善惡何報？」的問題，蘊涵了道德價值和世俗功利的雙重判斷，與人的現世生活緊密結合。

[9] 三十而立之年，仲夏之際，突遇山洪暴發。[10] 是夜電閃雷鳴，霹靂四起，山搖地動，泥石俱下。[11] 鄰里、家人，無論男女老幼，皆如枯葉入水，捲沒而去。[12] 寥寥生存者終日惶恐，未知上天何來報應。[13] 倬尼身強力壯，奮力自保，解救家人、鄰里數十人。

[14] 然倬尼不解，眾人亦不解：天災降臨，何以善人遭殃，惡人無恙？

[15] 有鄉霸名蒙吉，平日凶煞似鬼，搜刮民財，霸占民女，攜同夥無惡不作。[16] 有周歲玩童奪而摔死，有六旬老翁遭斷臂削足，有盲嫗問路被引斷崖。[17] 惡名遍傳，人見人怕，良人不知惡人幾惡，惡人不知良人幾良。

[18] 山洪沖來，良人無人倖免，惟蒙吉家毫髮未損。[19] 泥石繞其而過，此究何故？[20] 人懼惡人，天亦懼惡人？[21] 惡人行惡未得惡報，善人行善未得善報，究為何故？

[22] 倬尼後率鄉民鄰里，移地而居，亦避蒙吉兇惡。[23] 經年開墾，每日早起晚息，飲風沐雨，終造良田千畝。[24] 眼見豐收在望，豈料漫天蝗蟲飛來，蔽日遮天，驅之不離，愈驅愈多。[25] 三日不出，千畝良禾毀損殆盡。

[26] 鄉民既悲且憤，何以種瓜不得瓜，勤耕而無收？[27] 天何其高，地何其寬，何不容一介草民生活？[28] 鄉民無以聊生，僅以野草充飢，樹皮、枯葉亦為佳糧。

²⁹ 經年搏熬，艱辛終度，次年始有收成。³⁰ 眾民慨歎皇天終不負人，善民要得善報。

³¹ 然舊災未過新災又起，鄉民生子非殘即疾。³² 或缺臂少腿，或無目多耳，或兩嬰相連，或猴頭牛尾。³³ 怪異孩童遍及鄉野，養之不成，棄之不忍。

³⁴ 天災未過，人禍再起。³⁵ 鄉民各家勞作有分，收欠不一。³⁶ 三年不出，兄弟反目者有之，明搶暗竊者有之，圖財害命者亦有之。³⁷ 及至一日秋夜，有無良之徒縱火燒村，趁亂打劫，民宅變灰燼，婦孺多斃命。

³⁸ 倬尼奮力救鄰，鄰家老少得保。³⁹ 然返家顧視，正見家人為劫匪擊殺。⁴⁰ 倬尼寡不敵眾，呼鄰相助，然百呼不應，個個龜縮不出。⁴¹ 一番搏殺，妻室老少五人斃命，只剩幼童倖免，倬尼亦失一臂。

⁴² 倬尼嚎問蒼天：蒼天閉目不視乎？天理尚存乎？天災人禍與良善結親乎？

⁴³ 倬尼言畢，沉寂良久。⁴⁴ 有雲霧繚繞，迂迴漫轉，時起時伏。

第二節　君子行道，路有犬吠

仁先曰：

（圖82　君子行道　路有犬吠）

   ¹ 倬尼所陳不足為怪。² 倬尼崇德行善，乃仁之所使，德之所驅，所行者乃人之正道。

   ³ 然君子行道，路有犬吠。⁴ 仁德之道恰如山棘之路，多受荊棘亂石之阻，常遇溝壑陡崖之滯，甚遭豺狼野獸之擾。⁵ 有山即有棘，有善即有惡，山棘相伴，善惡共生。

   ⁶ 行善得善乃人之所願，行惡得惡亦人之所願。⁷ 然世事難料，善惡搏鬥，萬事難如人願。⁸ 行善道反得惡果，行惡道反享善果，時而有例，不足為奇。⁹ 然例不為律，人遇其例，豈可棄善從惡，以惡行而得善果？倬尼願試乎？[1]

---

[1] 仁先強調「例」與「律」的關係。行善道而得惡果者，確有其例，然「個例」並非「定律」，不可以例改律。

倬尼應曰：

10 此正己之所惑者。

11 失親之夜，倬尼為救鄰里，捨生忘死，捨家顧人。12 鄰里全家得救，倬尼全家遭殃。13 倬尼憤而不平，妒恨難忍，怒向鄰家投火焚屋，鄰舍頓成灰燼。

14 然自此之後，倬尼除承失親之痛，更兼失德之熬。15 夜夜不能寐，舉目不視人，心似爪抓，喉似茅塞。16 人生在世，何以如此困熬？

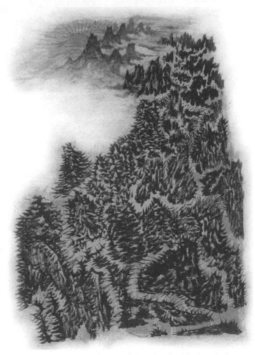

（圖83　仁德之道恰如山棘之路）

第三節　善善相長，惡惡相加

仁先續曰：

[1] 倬尼之熬，乃棄善之熬。[2] 棄善之熬，甚於擇善而得惡果。

[3] 擇善得惡果，或為善惡相交所致，或因心至善而行未果，或為命理所致，然不失心善心安。[4] 而棄善之

（圖84　仁先圖）

熬蓋因心至惡邪，心既惡邪，何果可解心熬？

⁵尤當善行未得善報，人心愈須守正。

⁶心正則目清，目清則視潔，視潔則生善。⁷心邪則目汙，目汙則視穢，視穢則生惡。⁸善善相長，惡惡相加。①

第四節　守約踐約，終得善報

仁先言罷，約先曰：

¹天帝與人有約。

²凡堅守天帝之約者，蓋以積德行善為現行，經日積月累，而為義人。³常人所重善惡之報，皆為現世俗報，常以福禍苦樂為量尺。⁴與天帝有約者，生死苦樂置之度外，以義為標，終成義人，守約踐約，終得至高善報。②

---

① 此處言及「心正」、「目清」、「視潔」、「生善」的關係，以及「心邪」、「目汙」、「視穢」、「生惡」的關係。

② 約先強調，與天帝訂約的人，在考量善惡報應時，不以俗界苦樂為尺規，而以對天帝的守約、踐約為尺規，以「義」為尺規，能成為「義人」，就是最高的善報。

第五節　凡人耶維

[1] 昔有凡人耶維，隱於市井，沒身庶眾，不事張揚。[2] 然耶維心有天帝，重德好義，行必克己，為必善人。[3] 己不欲必不與人，己所欲必先與人。[4] 樂善好施，有求必應，傾盡己之所有，竭盡己之所能，甚或斷臂取義，亦在所不惜。

[5] 然耶維周邊渾噩者眾，狡黠者多，刁奸兇惡者為數不少。[6] 惡人用其善心，啜其血汗，食其臟腑，辱其心性，甚欲置其死地而後快。

[7] 君子多招小人，小人多使陰招。

[8] 小人趨利，如蠅叮糞，驅之不離。[9] 君子固義，如犬護主，飢之不棄。[10] 君子尤似風中之松，經摧打而不折，歷雨濯而彌堅。

[11] 耶維從善如流、嫉惡如仇，經九死而得一生，終得天帝眷顧，終為義人，而得眾生尊崇。

[12] 耶維善行屢得惡報，乃世之所然，人之常情。[13] 人之所在，皆善惡並存，揚善棄惡，雖人心所好，然非人行所好。[14] 揚善棄惡，非人人共為，亦非人人共時共為。

[15] 天帝在上，嘗以挫難檢驗，非經萬千磨難，難成義人，難得終報。[16] 耶維嘔心瀝血，汗淚竭盡，苦皮肉

而煎心智，經萬挫而不折，終受造為義人。①

　　¹⁷耶維以身踐行，欲為大樹，不與芥爭，不計苦樂得失，廣播天道大義，終為世人感念不忘。

第六節　因果相報，大律不改

　　¹空先聞之，半晌不語，蓋因空先向以善有善報、惡有惡報為信。²倬尼所言，悖空先所倡，逆空先所導，倬尼甚欲得空先釋惑。

　　空先曰：

　　³善有善報，惡有惡報，蓋因萬物皆有因果。⁴善因結善果，惡因結惡果，猶如種瓜得瓜，種豆得豆。⁵然善惡相報，報有其時。

　　⁶春月播種，秋時收果。⁷秋時未至，何來所獲？

　　⁸善惡因種，栽於心田，耕於躬行，果於眾生。②⁹大千世界，風雨春秋，早收遲收，豐收荒收，實在變中有常，常中有變。¹⁰然因果相報，善惡相應，天地大律不改。

---

① 視「挫難」為檢驗。
② 此處論及善惡報應，以「種」、「栽」、「耕」、「果」的關係做比喻：善惡的種子，栽培於心田，靠人的行為去耕作，最後的收穫體現在大眾身上。

（圖85　空先圖）

¹¹ 朝有日出，雖有雲遮而不致日沒。¹² 夜有月現，雖有缺損而不致月亡。¹³ 日月有變，天地有化，然不改亙古之恆。

¹⁴ 善惡有報，常顯因果不應。¹⁵ 然世人多有不知，報分前報、終報。¹⁶ 前報非終報，終報非前報。¹⁷ 前報先來報果輕，終報遲來報果重。¹⁸ 莫因前報而生疑，善惡必有終報時。①

---

① 空先提出善惡報應有「前報」和「終報」。

第七節　善惡有報亦無報

異先聽罷前述，笑曰：

　　[1] 善惡有報亦無報，萬果有因亦無因。[2] 恆無定律，異無定例，實乃普世律例，豈可追究至律至例？①

第八節　世不離道，道不遠人

道先曰：

　　[1] 大道之行，浩蕩無痕。

　　[2] 天有日月交替陰晴變換，地有山川起伏萬物競生。[3] 物有千態，世有萬變，厚道之人反得惡果，薄道之人反享美果，禍福相依，俗生常態，何足為怪？

　　[4] 君子行善，善則遇惡。[5] 然面惡何為？

　　[6] 以惡報惡，君子不為。[7] 以善報惡，君子所為。[8] 然以善報惡，或致惡消善長，或致惡行不止，甚致惡行暴長。

　　[9] 上善若水，善利萬物；大惡若水，洩而不止。

---

① 異先認為，善惡報應無規律就是規律。

¹⁰ 遏惡揚善，君子所為；抑惡除惡，是為大善。①

¹¹ 遏惡性，方可抑惡行，消惡果。¹² 除惡土，方可生善樹，結善果。

¹³ 惡不遏，善何揚？¹⁴ 嫉惡如仇，天人共遏之。¹⁵ 懷善如親，天人共揚之。¹⁶ 是為人順天道，天行人道。

¹⁷ 世間萬物，不出天地之間。¹⁸ 萬物相效，不出天道之行。¹⁹ 天道人間，大道亙古不變。²⁰ 世不離道，道不遠人。

²¹ 倬尼聽罷，似有所悟。

第九節　天道人道相統，天下人間無爭

¹ 道先續言，遏惡揚善，人須德行兼備，事須適時合運：

² 人之為人，德行兼備。

³ 配位順勢，適時合運。②

---

① 此處討論了一個十分重要的問題：君子行善，有時會使惡消善長，但也常會「惡行不止」，甚而反至「惡行暴長」，縱容了惡，該怎麼辦呢？道先給出的結論是：「遏惡揚善，君子所為；抑惡除惡，是為大善」這裡表現的同一味地「以善報惡」、「以德報怨」的思想有所不同。

② 如何才能「遏惡揚善」？此處提出德、行要兼備，特別提出了「位」、「勢」、「時」、「運」的概念，人的德、行要與「位」、「勢」、「時」、「運」相配相合。

⁴ 德不配位,必有災殃。

⁵ 行不順勢,必有災害。①

⁶ 謀不適時,必有逆違。

⁷ 事不合運,必有乖蹇。②

⁸ 德行兼備,必有大成。

⁹ 時運兼備,必成宏圖。

¹⁰ 德行位勢相配,謀事時運相適。

¹¹ 天道人道相統,天下人間無爭。③

道先囑倬尼:

¹² 依天道修德修為,依時運謀事行事。¹³ 不為享欲所動,不為惡苦所搖。¹⁴ 位勢相適,時運自備,天道必報。

第十節　順天行道,出凡入聖

¹ 倬尼攜倬爾返鄉,父子依先所囑,順天行道,為人舉義,不屈不撓。

---

① 人的品德要與其位相配,否則有災殃;人的行為要順勢而為,否則有災害。

② 人的謀劃要適時,否則會適得其反;人行事要合於運,否則會不順遂。乖蹇,不順。

③ 德行與位、勢配合,謀事與時、運相適,最根本之處在於天道與人道相統一,這樣就可以天下無敵了。

（圖86　天光明道）

　　[2] 倬爾三十而立之夜，天光大閃，細雨如霧，倬尼靜坐之中駕雲西去。[3] 倬爾身承天光，周身明澈，經絡可見。[4] 是夜倬爾明道，出凡入聖，承父衣缽，道傳天下，造福萬民。

第六章　來世何來

第一節　孿生奇人

¹ 普羅、普勒為孿生奇人。² 二人貌似山鷹，足似仙鶴，居無定所，行蹤不定。³ 不同者普羅頭頂有紅鸛，普勒頭頂為綠鸛。⁴ 傳曰紅鸛者為兄，綠鸛者為妹。⁵ 亦曰綠鸛者為兄，紅鸛者為妹。⁶ 亦曰無分男女兄妹。①

⁷ 普羅、普勒多以飛鳥林獸為伍，時常出沒鄉陌市井。⁸ 遠近族人無不知曉，然無人明識普羅、普勒出自何族，來自何方，亦不確知何男何女。

⁹ 好奇者詢問，普羅、普勒自稱「來人」。¹⁰ 有人以其為遠鄉來人，有人以其為過來之人，有人以其為將來之人。

第二節　普羅善預知

¹ 普羅善卦，可預知來日事變。² 大至家國興衰、皇室更迭，小至個人福禍、婚嫁嗣後，皆能預知。

³ 尤擅滴血觀命之術，以食指取血數滴，融於鏡盆水中。⁴ 鏡盆由東海晶石天然化成，純淨透明，天下無雙。

---

① 可參閱《兩界書》造三1，此處似與「初人」再造為「中人」的敘事有內在邏輯關聯。

[5] 指血融於盆水，經晶石映照，可顯人身命理。[6] 命理之圖繁複駁雜，曲直交錯，動變靜化，由此可知人身禍福，可斷生死時節。[7] 粗略者以春夏秋冬四季而定，精確者可至月日時辰，所來求卦者，事後無不驗證。①

[8] 有獲知時日不長者，返歸鄉里，或饕餮暴食，或縱欲尋歡，或遺囑善後，或自己斃命。[9] 普羅見狀，漸少行卦測之事。

第三節　普勒善溯觀

[1] 普勒頭有綠鸛，傳勺後有眼，可溯觀先前之事，諸如先祖自何而來、族人往昔姻緣流變。[2] 至於過往百工諸事、鄉人行善作惡，皆可溯知。

[3] 普勒前目與人無異，後目平日閉合，隱於髮中。[4] 普勒行功之時，前目為肉目，視人由眼及面，由面及身，復由身及面及眼。[5] 後目為意目，隨意念張開，可穿時越空，可聚散合物。[6] 經意目所視，虛象漸可凝固，及至復為原狀。[7] 普勒運功一時辰，可知過往三百年。[8] 至於月內之事，後目只須微張，不時即可溯知。

---

① 參閱《兩界書》工五2-4、命四4。

第四節　會於溪畔

[1] 平日普羅、普勒各自行事，從不同處，亦不共事，尤不合卦共測。[2] 是年清明之際，春雨綿延近月，日頭少出。[3] 二人乘雨出遊，不期遇於溪湖之畔。

[4] 溪湖東西狹長四百里，北依觀龍大山。[5] 觀龍山山高險峻，由山南望，似見欲飛祥龍臥於湖畔，故稱「觀龍山」。[6] 臥龍異於常見之龍，狀似麒麟，龍首牛尾，蓄勢待發，振翅欲飛。[7] 溪湖水清且深，水自山上而來，溪流匯聚而成，故曰「溪湖」。

第五節　天光籠罩

[1] 普羅、普勒會於湖畔，周邊似有天光籠罩，驟雨不入，俗務不擾。[2] 有途人經過，甚感驚奇。[3] 亦有路人遠處觀去，只見一人臨湖獨坐，並無二人交語切磋。

[4] 二人面向而坐，相互端視，似為自觀。[5] 普勒可見普羅過往之事，普羅可見普勒將來之事。

[6] 天空突有電閃雷鳴，山間湖面泛起紅光。[7] 時序似停，空維似止，萬物歸息。[8] 普羅、普勒突為天力相統，兩意相合，兩軀相併。

⁹後人曾見，一人岸邊行走，有剩衣冠棄於湖西。¹⁰行走之人，或為普羅，或為普勒，莫衷一是，無從確認。

¹¹普羅、普勒合為普羅勒，軀體不脹反縮，形貌未改，意知大變。¹²普羅勒集普羅、普勒所長，觀象推理、前瞻後溯，皆超過往。¹³惟欲自知來日何狀，實不能為。①

第六節　普羅勒問來世

¹普羅勒惴惴不安，遂登問道山，求道諸先。

²諸先見普羅勒登臨，甚感詫異，因所見普羅勒似真似幻，似雙似單，知其絕非俗界凡人。

普羅勒曰：

³吾生天地之間，腳下有地，頭上有天。⁴吾生晝夜之間，一忽為晝，一忽為夜。⁵吾生春夏秋冬之間，春夏之後有秋冬，秋冬之後有春夏。⁶吾在生死之間，生後有死，死後有生。

⁷然吾有感而無知，有悟而無識，生後有死，死後何生？⁸現世在現，來世何來？②

---

① 兩軀相合，似為《兩界書·造人》中「初人」復現，抑或昭示「中人」之後的「終人」徵兆？

② 人生有死，死後有無來世？如有，來世是怎樣的？按照萬物循環的宇宙觀，「生」作為一個起始的「節點」，之後必有後續的「節點」循環下去，就像晝

第七節　既生現世，即立現世

仁先曰：

¹ 既生現世，即立現世。² 行善積德，仁義禮孝，盡心意，躬力行，來世自來。①

第八節　為來世訂約

約先曰：

¹ 人有來生，世有來世。² 今來之間，薄似蟬翼，厚比天地。

³ 今生來生，今世來世，今來兩界，俗人只存其一。⁴ 惟天帝置界橋，可通兩界。②

⁵ 來生類如今生，喜怒哀樂俱存。⁶ 來世亦如今世，

夜輪轉、禾苗枯而再生一樣。所以，人對「來世」的問題一直充滿好奇，這是人類自身關切的又一個終極之問。但人類的各種思想對「來世」的認知並不相同。

① 仁先認為，既生現世，應把現世的事情做好。

② 約先提出「界橋」的概念。今、來兩世，分處兩界。兩界之間，俗人難越。惟有通過天帝搭設的界橋，才可貫通今、來兩世界。

（圖87　天帝界橋，可通兩界）

明暗曲直俱在。⁷ 今生今世所為，實為來生來世之約。
⁸ 人生現世，皆為來世訂約。①

---

① 今世的所作所為，是與來世訂約。實際上是以「與來世訂約」來影響人的現世
　行為。

（圖88　法先圖）

第九節　今來各有界律

法先曰：

[1] 今生來生，今世來世，恰如昨日今日，今日明日。[2] 日日更新，日日有同，日日有異。

[3] 野有蛾蟲，朝生夜亡，夜生朝亡，命長一日，故名「一日蟲」。[4] 人生在世，短如一日之蟲，長似百年之龜，時有長短，實者無異。[5] 故於人而言，今生來生

命數之限，今世來世命理之規，實難逾界驗知。

　　⁶今來兩界，各有界律。

　　⁷界律分二，一為界內之律，二為界際之律。⁸人生現世，當循現世之律。⁹今生萬象，當為現世之律所左。¹⁰來生來世，當為來世之律所右。¹¹今來兩生，生同而世不同，世不同而律亦不同，是為界內之律不同。①

　　¹²尤異者，今生與來生，今世與來世，分處兩界。¹³兩界間如深壑，雖架天梯雲橋，亦難跨越。¹⁴超凡智者略可意會，凡夫俗子何越界橋？¹⁵依法先所察，普羅勒已屬超凡智士之列，故可意會，而止於意會。

第十節　來世自有來喜悲

空先曰：

　　¹今生來生皆為生，今世來世皆為世。

　　²人活今生，存於今世，眼觀今象，耳聽今聲。³今生自有今性情，來世自有來喜悲。⁴今世自有今世牽，來世自有來世念。

---

① 約先是信仰感悟式思維，法先是理性邏輯式思維，故法先認為今、來兩界，各有不同的界律，今世按今世之律，來世按來世之律，今、來兩界之間，界律不同，難以逾越。

⁵人生於世，如漂浮之雲、散落之葉，無足輕重。
⁶人生於世，如土穴之蟻、草芥之蟲，無關天地之存，無關日月之轉，無關今來之變。①

第十一節　道魔相爭，終以異終

異先曰：

¹人生在世，性有所別，貌有區分，壽有長短，命有貴賤，皆為軀殼矣。

²惟軀內有靈，依於軀而超於軀，貫於虛實之間，游於今來兩界。³然靈之為靈，不為軀殼所制，不為物實所限，不為理據所循，不為陰陽所閾，實為異界。

⁴異界可感而不知，可念而不信，故存於有無之間，亦存於今來之界。②

⁵宇宙乾坤，星轉斗移。⁶芸芸眾生，善惡輔成。
⁷魑魅魍魎，道魔相爭。⁸巫信智悟，終以異終。⁹異終為始，新紀開啟。③

---

① 空先既認為今生自有今性情，來世自有來喜悲，又認為人生無關今世、來世之變。在極度的超越視野下，一切皆為空無。

② 異先提出「異界」之說，特點是可感而不知，可念而不信。神祕主義意味甚濃，確意待考。

③ 巫（巫術）、信（信約）、智（理智）、悟（悟覺）被認為是人類認知世界和

（圖89　異先圖）

第十二節　以意為介，可得聯通

道先曰：

[1] 今生來生，生生不息。[2] 今世來世，世世代傳。[3] 自天帝造物化人以降，以時維為世，以空維為界，造構世界，生息萬物。

自身發展的幾個重要階段，此處認為最後將以「異」（異變）為終結，這個終結也是一個新的開始。

⁴ 人生於今世，預備來世，恰值今來兩時世之間。
⁵ 人立於今界，預備來界，恰值今來兩空界之間。

⁶ 時空兩維，今來兩世界，有大異而不隔絕，有界限而不斷然。⁷ 兩維兩世界，以意為介，可得聯通，實生意界。

⁸ 意界超乎時空，越乎今來。⁹ 既為兩界之媒，亦為天地固存，實為三維本界。¹⁰ 意界存於生靈之魂，萬物之魄，意以控物，左右世界。¹¹ 大意無象，隱存不形，實為根本，凡人難覺難識。^①

¹² 今來並存，時空俱進，意界固生而日日增強，新紀將臨。¹³ 然無論今來兩世，時空兩界，抑或固生日強之意界新紀，均無外以天道運行。

¹⁴ 天之道浩渺無垠，超然萬世萬界，統攝萬世萬界。¹⁵ 人之道天道所附，合天道人道所歸。¹⁶ 今生來生同然，今世來世同然，今界來界同然。^②

---

① 道先提出，在今、來兩界和時、空兩界之間，實有「意界」為聯通，而「意界」實為立於兩界而又超於兩界的「三維本界」。這種「意」為萬物之魂，無象不形，左右世界。

② 此處再論「意界」原本就存在（固生），而且逐漸顯現增強（日強），當達到一定程度時，新的紀元就會來到。但即使如此，新的紀元仍不超乎天道的運行。

第十三節　意界臨

[1] 普羅勒續詢六日，六先各述其見。[2] 及至第七日，普羅勒終有悟化，遂成超界之人，駕雲而去。[3] 後著《意界臨》，傳嵌頑石之中。

第七章　何為人主

第一節　兄弟臨山

[1] 有孿生兄弟，一名維義，一名維戊。[2] 年逾而立，相貌言語無所不同，無人能辨。[3] 惟父母雙親舉目可認，聞聲可識。[4] 然平日待人處事，兄弟二人盡不相同，常生爭拗。

[5] 是年秋收之後雪降之前，維義、維戊安頓家務，背負行囊，越千山涉萬水，登臨問道山。

[6] 維義、維戊拜見六先。

第二節　維義問人主

維義曰：

¹ 義、戊遍遊天下，見芸芸眾生膚貌不同，心性迴異。² 雖立族分國各有其王，然人心各異。³ 族國之間爭拗不斷，相互殘殺。⁴ 族人之內紛爭離析，似群鳥無首，群獸無王。

⁵ 虔誠者敬族神，然族神不一，各有所向。⁶ 循規者敬王法，然王法有別，各有所制。⁷ 膽大者妄為，妄為常獲利取金，故趨利者如過河之鯽。⁸ 膽小者龜縮，常木訥滯後不得毫釐，或為乖巧者戲弄羞辱。

⁹ 吾嘗忖思，腳下有大地，頭上有蒼天，萬千眾生，必有其主，無主則迷亂。¹⁰ 然何為人主？①

第三節　維戊不苟同

維戊曰：

¹ 諸先在上，維義所言，吾不苟同。² 眾生萬千數不盡數，何人何能何德堪為全主？³ 大千世界斑駁陸離，人各有志，志各有別，萬眾怎可同心？⁴ 既不同心，怎可歸同主？

⁵ 義兄終日尋主，不單為己尋，亦為弟與眾人尋，

---

① 誰是人的主人？維義忖思，眾生萬千，人若無主，走入迷亂是必然的。「維義之問」不僅是一個終極之問，也是一個基於他個人生命體驗所作的現實之問。

故而煩惱不已。①

第四節　天帝為人主

約先曰：

¹ 樹有根，水有源，人豈能無主？² 人無父不生，無母不養，無天帝萬物無以所在。

³ 舉目望去，人來熙熙，人往攘攘。⁴ 忙而不亂，亂而不亡，生生息息，代傳有序。⁵ 惟天帝造化萬物，以人為重，賦人靈道。⁶ 天帝與人訂心約，使萬眾區分禽獸，別於頑石朽木。

⁷ 天帝為人主，惟天帝創世造人，啟導萬眾，萬眾奉天意躬行治理，方使世界有章有序。②

第五節　各族皆欲獨享眷顧

維義曰：

---

① 與其兄維義不同，維戉認為無有人主：人各有志，萬眾不可能同心同主，故無須追尋「人主」。

② 依約先的觀點，天帝已與人（信人）訂了心約，天帝自為人主，故世界才會有章有序。約先是從其信仰的角度而言。

¹ 約先所言極是。

² 然天下諸族，各奉族神，各稱本族之神為真神。

³ 天下諸族各執其是，故爭拗不斷，究竟何族所言為是？

約先曰：

⁴ 大千世界，九九歸一。⁵ 天下萬族，原本同一天父，故天帝真神為惟一。

⁶ 然天帝至高，族分各地，舉頭仰望，均受目力所限，不能周見全知。⁷ 故各族皆欲獨享天帝眷顧，獨成天帝子民。⁸ 然實不能矣。^①

第六節　萬民怎可同識天帝

維義再曰：

¹ 天帝在上，萬民在下。² 然萬民之眾並非人人可見天帝，亦非人人能識天帝，竟為何故？

約先曰：

---

① 針對維義所問，約先解說為何各族各奉族神，以及各族之神與天帝之間、各族相互之間的關係問題。

³十指有長短，目力有遠近。⁴萬眾之民，怎可同識天帝？⁵然天帝啟導之工，不分先行後進，不分有跡無痕，潛移默化，循序漸進。⁶其行在有形、無形之間，其功在顯潛無意之間，其利在百世千國萬民之間。①

第七節　仁善為萬眾心主

仁先曰：

¹普羅眾生，萬變不離其宗。²仁善之心，人皆有之，大小之分。³仁善之情，人皆向之，厚薄之分。⁴仁善固於人心，化於人際。

⁵無仁善人之不存，世之不序，故仁善為萬眾心主。⁶心有仁善，挫而不悔，物失而心得，利他而悅己。②

第八節　法為萬民之主

法先曰：

¹天帝之敬，仁善之誠，天下大眾皆有不同。²人乃

---

① 針對維義所問，約先解說為何萬眾之民不能同識天帝的問題。
② 依仁先的觀點，「仁愛」為萬眾「心主」。仁先是從人性教化的角度而言。

血肉之軀，俱有七情六欲。³天帝高遠在上，豈能照顧周全？⁴仁善在心無痕，豈能永固樊籬？

⁵族無法不立，國無法不治，人無法不正。⁶故法為族國之綱，亦為萬民之主。⁷世之失序，人之迷亂，皆因法義不明，法行不公，法制不謹。①

第九節　食色享樂為人主

維戊曰：

¹諸先所言聽之有理，行之甚難。

²人生苦短，如三月芥草，轉眼枯逝。³甜苦兩果，誰人不食甜果？⁴坦途荊路，誰人不行坦途？⁵曝曬雨淋，誰人不識避日遮雨？

⁶人之為人，多凡夫俗子，自以食色為主。⁷食色本性，享樂隨欲，即為人主。②

---

① 法先之見不同於約先，亦不同於仁先，而是認為「法」為萬民之主。法先之言不同於約先的信仰角度、仁先的教化角度，而是從理性政制的角度。
② 維戊之言代表了世俗享樂主義，即認為食色本性、享樂隨欲就是人主。

第十節　人有悟覺即得心主

空先曰：

[1] 天下眾生，不過匆匆過客。

[2] 有崇日月星辰，有崇山海河川，有崇虎豹禽鷹，不過人心所為，心之所寄，實小異而大同。

[3] 人有七情六欲，追名逐利拜金，乃本欲所使，實為過眼雲煙。[4] 有甚者人圖一時之快，本欲所驅，禽獸般爭奪廝殺，一毫莫讓。[5] 非你死我活，即兩敗皆傷。

[6] 捨命求物，豈不捨本求末？[7] 捨他惟己，豈不與世為敵？[8] 人生於無，終歸於無。[9] 世界本無，何須究有而復有，多上再多，執迷而不悟？[10] 人有悟覺，即得心主。[①]

第十一節　己主在己，異為人主

異先曰：

[1] 人之為人，因其知恥害羞，以仁制欲。[2] 仁以善信

[①] 空先依其「人生於無，終歸於無」的根本理據，認為人若能有此悟覺，便尋到了人主。

為實，欲以利貪為本，皆為人之固有。³大千世界，仁之善信各有所向，欲之利貪各有其徑，仁欲之衡實因人而異。

⁴況人為活物，既非頑石，亦非草木，生靈之妙與理世之難，悉在乎此。⁵故人生在人，己主在己，異為人主，汝等信乎？^①

第十二節　人心無主，何立世界

道先曰：

¹人生在世，非活於淨空，合群而生，分類而工。²漁耕織獵，官宦臣民，皆有所工。³無論何工，必有事主，上至皇親國戚，下至平民百姓。⁴事主之外，人有其心，有其心必有心主。⁵事主在外，群生分工而致。⁶心主在內，人為靈長而致。

⁷維義、維戌所問人主，實為人之心主。⁸世界維心，心維世界。^②⁹人心無主，何立世界？¹⁰身無居所，風

---

① 異先認為「己主在己」，但不同於維戌所言的人的「食色本欲」，而是人的「異」為人主。

② 人心無主，何以安身？道先對人的認知，十分強調人是一種精神的存在，故稱「世界維心，心維世界」。基於此，得出了人心必須有主，無主何以安身的結論。

吹雨淋，獸畜無異。[11]心無居所，漫地野游，亦獸畜無異。[12]腹飢無食糧，口不擇食，凡物皆吃。[13]心飢無食糧，魂不附體，惡於猛獸。①

第十三節　人立道、欲之間

[1]人在現世，立於道、欲之間。[2]道者，天之大道，人之靈道。[3]欲者，人之本欲，食色地欲。[4]故人以道為天，以欲為地，道欲相輔，天地而成。[5]以靈道為天，以食色為地，天地相輔，男女而成。

[6]天道在上，人依道而行，有倫有序。[7]地欲在下，人依地而立，雙腳不空。[8]故人有雙目，心有兩鷔。[9]一目識道，一目視欲，道欲遇於心，輕重翻轉，浮沉有變。[10]食色利欲人性之本，無本則無生。[11]天道化靈人之為人，失道何以成人？

第十四節　道、欲、人三維而織

[1]萬千世界斑駁陸離，實乃道、欲、人三維而織，三綱而張。[2]故人處天地之間，腳立道、欲兩界。[3]或以道為

---

① 道先雖然十分強調人的精神性存在（道），但並未忽略人的物質存在（本欲需求），此處辯證地論述了道、欲合於人的關係。

（圖90　腳立兩界）

主，或以欲為先，或道、欲共主先，實為人之恆惑，古今難解，解亦未解。

[4]人世繁複，然不過三維兩界。[5]古今賢哲受天帝啟悟，幾多妙思，幾多偏頗。[6]非以天之大道統攝，人世萬古無以解惑。

[7]人、道、欲立於三維，三維各蘊兩界。[8]人者蘊於道、欲，道者蘊於人、欲，欲者蘊於道、人。[1]

---

[1] 道先概括，繁複難解之人世，本質上不外是人、道、欲三維構織，而三維中的人、道、欲三者相互依存，這種相互依存的關係實際上相互蘊涵了兩界。

第十五節　無欲無生，無道不人

[1] 人因道、欲相輔而為普羅眾人，無欲則無生，無道不成人。[2] 以道制欲，人別於禽獸而文明。[3] 以道疏欲，制疏相宜，則合人律而通天道。[4] 欲、道斷分，人不成人。[5] 欲、道相制，合而成人。①

第十六節　以道疏欲，致欲適人

[1] 道因人、欲相適而行。[2] 道制欲成人，然制非滯也。[3] 故須以道疏欲，致欲適人合道。[4] 古今傳道之大謬，悉在以道滯欲，以致道傳不暢，道不自然，人之拒道。②

第十七節　欲為人、道所依

[1] 欲者，實為身飢也。[2] 人豈可無食而生？豈可飲風而飽？[3] 飢渴而食，性之使然。[4] 食而生人，道之使然。[5] 欲者不可絕，無欲亦無人，無人則無道，故欲實為人、道

---

① 此處論及人與欲、道兩者（兩蘊，或兩界）的關係。
② 此處論及道與人、欲兩者（兩蘊、兩界）之間的關係，並指出史上道傳不暢的原因。

之所依。①

第十八節　族群有分，天道無別

[1]世之三維，維之兩界，動變靜化，相制而合。

[2]天下九教十八流，同中有異，異中有同。[3]各有所執，各有所廢。[4]統合融納，可補短長，可合大道，可適人律。[5]天道人律適合，天長地久人生。②

[6]至於天下千國萬族，國族有分，天道無別。

[7]國有山川之界，族有道統之別。[8]亡家國者，毀其城郭，滅其政體。[9]亡文化者，毀其道統，滅其族魂。[10]族魂在，國亡可再興。[11]族魂滅，城郭乃軀殼。

[12]然天道蓋頂，無分家國，超然族群。[13]順天合道，家國興隆，族群強盛。

[14]大道在上，族以載道。[15]族有道統，乃大道之統，分族各顯，合族共現。[16]故曰：道族不悖，天道無疆。③

[17]道先言此，約先、仁先、法先、空先、異先似有感同，似有異言。

---

① 此處論及欲與人、道之關係。
② 提出「人律」的思想，論及「天道」、「人律」適合，方可天長地久。
③ 此處論及天道與族群（族統）的關係。

（圖91　道先圖）

第十九節　六說不悖，皆有其悟

¹道先續曰，諸先所言，與道先不悖。本先概之曰：

　²以道為統，無統不一，無一何生萬物？

　³以約為信，無信不通，無通何生合和？

　⁴以仁為善，無善不愛，無愛何生家邦？

　⁵以法為制，無制不理，無理何生倫序？

　⁶以空為有，無有不在，無在何生世界？

⁷ 以異為變，無變不化，無化何生久遠？^①

⁸ 道先轉視維義、維戊，囑曰諸先所言，皆有其悟。⁹六說之統，合有妙用：

¹⁰ 六合正一，道通天下。

¹¹ 六合而可正，合正而為一，正一而容六，一六而貫通，道歸合正。^②

第二十節　合正道至簡，生當悟大道

¹ 合正道至簡，生當悟大道。² 大道在己身，群獨須躬行。³ 天道立心，人道安身。^③

⁴ 概曰六言，可做銘記：

⁵ 敬天帝。

⁶ 孝父母。

⁷ 善他人。

⁸ 守自己。

---

① 此處講天下道、約、仁、法、空、異六說融會貫通，六說各有其用，可成對世界的綜觀。
② 此處提出「合正」的思想，「六合正一（義），道通天下」。
③ 此處提出「立心」、「安身」的思想：「天道立心」，「人道安身」。

⁹淡得失。

¹⁰行道義。①

第二十一節　至本者敬天帝

道先復言：

¹六說六言，至本者為敬天帝。

²敬天帝即敬天地。³人生天地之間，舉頭三尺有神明，離地半寸無根立。⁴天意在上難違，地氣在下不絕。⁵心無敬畏，膽大妄為。⁶人自為主，終將自毀。⁷人享天帝眷顧，憑天地立身，得天道指引。⁸故天道自然為人主，高天大地為父母。②

---

① 此處將「六說」概括為「敬」、「孝」、「善」、「守」、「淡」、「行」六字，濃縮了天下六說之精旨要義。有信仰層面之「敬」（敬天帝—天地，敬畏、敬仰）、倫理層面之「孝」（孝父母，孝敬、孝順）、社會層面之「善」（善他人，善待、友善）、個人層面之「守」（守自己，自制、自省）、功利層面之「淡」（淡得失，淡泊、淡然），以及實踐層面之「行」（行道義，順天行道、為人正義）。

② 論及「天帝」即「天地」，天地父母。此處顯示，該話語呈現的是一種超越了一般宗教範疇的文化—哲學話語。「天地」即「天帝」，乃人類須內心敬畏之寄托，自在永在，人生所依。

（圖92　合正道符）

第二十二節　至要者行道義

[1] 六說六言，至要者為行道義。

[2] 行道義即行天道、盡人義，順天行道，為人正義。[3] 善惡必明辨，從善如流，嫉惡如仇。[4] 生死當不迷，生之坦然，死之如歸。[5] 悟行須合一，修在當下，

皆為道場。①

⁶道先言畢，賜合正道符予維義、維戊，並授六合花種，囑其善播善種。⁷維義、維戊手執合正道符，懷揣六合花種，心悟道、約、仁、法、空、異六先合說，謹記敬、孝、善、守、淡、行六言，攜手而歸。

第八章　六合花開

第一節　維戊荒廢而棄

¹維義、維戊返歸鄉里，六合花種各分其半，山坡、河畔四處遍播。²然天旱地瘠，風雨不順，所播花種多難生發，生發者多難長成。³偶有長成之株，或為雜蕪侵擠，或為野荊掩壓，實難開花。

⁴維戊耐性盡失，荒廢而棄。

---

①「六說六言」中被認為最根本的是「敬天帝」（敬天地），強調敬畏之心；最重要的是「行道義」，強調踐行的重要，須悟行合一、修在當下，事事皆為修行，處處皆為道場。

第二節　維義耕耘不輟

[1] 維義耕耘不輟，持之有恆。[2] 年近花甲之際，維義所種六合之花遍野盡開，香滿山間。

第三節　六合花開有七彩

[1] 六合之花花開六瓣，每瓣一色，分呈赤、橙、黃、綠、青、藍六色。[2] 花心居中，獨顯紫色。[3] 一花怒放，七彩鬥豔。[4] 細觀之下，七彩合混，實難斷分。[5] 有謂：六合花開有七彩，輝天映地顯世界。①

（圖93　六合花）

---

① 「六合」之說參閱《兩界書》分二1：「六方合風」；問二1：「六先論道」；
　問七19-22：「六說之統，合有妙用」。

⁶六合花開滿地，天光普照山川。

⁷維義得天諭：六合之花，實為心花。⁸心花種在心上，生在身上，開在行上，果在人間。

第四節　心花遍播

¹維義化用六說六言，遍播六合心花。²後留有維義六悟，稱曰：

³道統大千，道可受而不可悖。

⁴約信萬民，約可守而不可違。

⁵仁修自身，仁可固而不可懈。

⁶法制眾生，法可循而不可逆。

⁷空得世界，空可悟而不可棄。

⁸異變久遠，異可適而不可滯。

⁹維義心得靈道，以身踐行，一生坦然，稱曰：啼哭而來，笑著離去。¹⁰後人多以維義為範，有謂：

¹¹六說六言合正道，兩足兩界走一生。

第五節　循禮遵制，國泰民安

¹後尊六說六言為聖，定為禮制，嚴守不怠。①

²禮制謹嚴，有日制、週制、月制。³男女老幼循禮遵制，習以為常，潛心默化，國泰民安。

⁴日制者，每日所循之制。⁵寢前心誦，一夜得安眠。⁶晨起心唸，一晝行正道。

⁷周制者，每周所循之制。⁸敬、孝、善、守、淡、行六說，適東、西、南、北、上、下六方。⁹六說相合有整成七，六方相合有中成七。¹⁰故七日為一周循。¹¹首日為敬日，次日為孝日，三日為善日，四日為守日，五日為淡日，六日為行日，七日為合日。¹²依序遞次，每日誦唸其一，七日合誦合唸整六，循環往復，周不間斷。②

¹³月制者，每月所循之制。¹⁴一月為敬月，二月為孝月，三月為善月，四月為守月，五月為淡月，六月為行月。¹⁵半年一循，一年兩循。

¹⁶無論日制、周制、月制，要在心唸口誦身行，心口身三整為合，唸誦行三合為整，不可悖逆。

---

① 「禮」是中國古代有代表性的傳統思想之一。此處提出「禮制」的問題，即將「六說六言」以禮儀規範的形式加以固化和實施，以達到對人心的潛移默化作用。

② 一周七日，六說各對一日共六日，第七日將六說（六日）相合。

¹⁷後有以赤、橙、黃、綠、青、藍六色，分飾於敬、孝、善、守、淡、行六聖，以紫飾合，分別表徵。¹⁸人見其色，即發其敬，即起其心，即行其道。

¹⁹有以輯錄為籍，以文化人，書香滿地，紫氣周來。

第九章　靈符賜福

¹巍巍問道高山，問道長路漫漫。²六先居山論道，問者絡繹不絕。

³所問所論，天地、人間，本界、異界，無所不有。⁴後遺有《六先書》未馨稿藏於祕山。⁵《六先書》亦稱《問道書》，要紀之際得顯俗間。

⁶偶有道、約、仁、法、空、異六先靈符現於道山半途，消散迷霧，為人指路。

⁷間有敬、孝、善、守、淡、行六聖之符流傳坊間，驅邪扶正，為人賜福。

（圖94　敬符）

（圖95　孝符）

（圖96　善符）

（圖97　守符）

（圖98　淡符）

（圖99　行符）

【附錄一】簡稱表

創世：創
造人：造
生死：生
分族：分
立教：立
承續：承
爭戰：爭
盟約：盟
工事：工
教化：教
命數：命
問道：問

【附錄二】參考主題索引

卷一　創世

1.世界的起源
創1：1太初；創1：2化育；創1：3天地；
創2：1活化；創2：2畫夜

2.天地與空間
創1：3天地

3.畫夜與時間
創2：2畫夜

4.世界的建構
創3：1世界；創3：2萬物；創3：3創造之工

5.萬物的創造
創3：2萬物；創3：3創造之工

6.世界的維度
創4：1萬維；創4：2本維

卷二　造人

1.萬物的分類
造1：1分類；造1：2弱食

2.世界的治理者
造2：1初人；造2：2天選；造3：1中人；造3：2男女；
造3：3繁衍；造3：4人獸有別；造3：5東角采田；
造4：1天水大谷；造4：2通竅悲喜；造5春發知羞；
造6：1以人為選；造6：2天帝在上

3.初人（最初的人）
造2：1初人；造2：2天選

4.中人（人的中間階段）
造3：1中人；造3：2男女；造3：3繁衍

卷三　生死

1.人類的三個頑疾
生1：1天帝歇息；生1：2道欲分離

2.靈道弱而不泯
生1：3靈道不泯

3.人的命數
生2：1天帝了悟；生2：2良人存留；生3：1定命數

4.人的命格
生3：2設命格

5.人的能限
生3：3設能限

6.人的生途
生3：4定生途

7.隱藏的天光
生4：1擊殺殘留；生4：2隱藏天光

卷四　分族

1.最初的分族
分1：1七族之宗

2.七族飄散各地
分1：2天帝告諭；分2：1天風起

3.宗地的喪失與祖地的誕生
分2：2祖地生

4.各族之地各有特徵
分3：1雅地寒冷；分3：2函地溫濕；分3：3希地乏水；
分3：4布地多草；分3：5各得其所

5.各族之人各擅其工

分4雅分七支；分5函人善耕；分6布人善牧

6.異族的紛爭

分7：1函、布拚殺；分7：2禍不單行；

分7：3族仇錯結

7.各族劃界立國

分8：1函人築高牆；分8：2雅人挖大河；

分8：3布人游牧；分8：4各族劃界

8.各族各有其語

分9：1語有所分；分9：2言有其用

9.各族分合有度

分10：1分合互變；分10：2合國將出

卷五　立教

1.教的起源

立1：1雅人蒙災；立1：2雅西失腿；立2：1雅人哀戚；

立2：2雅西心問；立3：1雅帝降災；立3：2雅西受靈；

立4：1靈使紅獅；立4：2神跡啟示；立5：1召募族人；

立5：2傳諭族人；立5：3族帝使者；立6：1八項戒規；

立6：2雅人受誡；立7：1天頂開裂；立7：2巨鼇遠來；

立8：1函那神使相聯；立8：2函那宣諭；

立9：1函那頒誡；立9：2鼇身成牆；立10：1希人求雨；

立10：2希里逝高雲；

立11：1天池傾瀉；立11：2希里歸來；
立12：1雨神眷顧；立12：2希人誡規；
立13：1大疫臨布；立13：2天虎降臨；
立14：1布人誡規；立14：2天虎守護

2.雅族的誡規
立6：1八項戒規；立6：2雅人受誡

3.函人的誡規
立8：2函那宣諭；立9：1函那頒誡

4.希族的誡規
立12：2希人誡規

5.布族的誡規
立14：1布人誡規

6.耶人的尊奉
立15：1岸樹為居；立15：2奉山為神

7.普羅教的誕生
立18：1雅普遇希羅；立18：2地動山搖；立18：3孤島安居

8.普羅教的教規
立18：4普羅教規

卷六　爭戰

1.雅人以赤為聖

爭1：1雅羅為王；爭1：2王立新例

2.函人以綠為聖

爭2：1依規生息；爭2：2怪獸兇猛；爭3：1以藤為聖

3.函人、雅人結仇

爭3：2函欽繼位；爭3：3異族入居；爭4：1雅人離散；
爭4：2拔旗燒屋；爭4：3雅人銘仇；爭4：4割臂銘志

4.雅人遷移

爭5：1天顯災象；爭5：2族帝召喚

5.希人開疆引水

爭6：1渴蟾作祟；爭6：2希曼尋水；爭6：3天河聖水；
爭6：4謝恩雨神；爭6：5族師會議；爭6：6求悟天啟；
爭6：7天渠綿延

6 布人討伐希人

爭7：1犀水枯竭；爭7：2布禹尋水；爭7：3犀水易流；
爭7：4合殲希人；爭7：5換旗改流；爭7：6天意難違

7.布人福禍相轉

爭8：1返歸故里；爭8：2天有不測；爭8：3水多成患

8.耶人兄弟鬩牆
爭9：1秋實節慶；爭9：2香桂花環；爭9：3兄弟競獻；
爭9：4花環易主；爭9：5耶族內訌

9.撒人爭美女
爭10：1傾國之美；爭10：2族王好色；
爭10：3兄弟提親；爭10：4以劍為語；
爭10：5撒弗繼位

10.天帝在上觀望
爭11天使巡望

卷七　承續

1人數清點
承1：1雅人清點；承1：2各族人數

2.字符創造
承1：2智師創符

3.雅人的婚俗嫁制
承2：1雅人婚制

4.函人的婚俗嫁制
承2：2函人婚制

5.希人的婚俗嫁制
承2：3希人婚制；承2：4族各有制

6.跨族聯姻

承3：1王子遇公主；承3：2情不能禁；

承3：3再遇希瑪；承3：4善之以待；

承3：5欲聯異族之婚；承4：1不能自拔；

承4：2雅王不允；承5：1權杖昭眾；承5：2行刑；

承5：3巨石落高崖；承6：1王發判令；

承6：2謝罪謝恩；承7：1希王焦慮；承7：2雅使傳訊；

承7：3族會洲島；承7：4提親對語；承7：5希瑪求告；

承8：1族婚大禮；承8：2兩族踐約

7.姻族交惡

承9：1雅寧好劍；承9：2雅寧約劍；

承9：3雅寧比劍；承9：4雅寧失劍；承9：5履約失和

8.祭嬰表忠之俗

承10：1歸族之抉；承10：2月夜獻嬰

9.男女割禮之俗

承11：1希人憂患；承11：2族神告諭；

承11：3割禮之規

10.築塔記先，立節紀祖

承12：1立塔記先；承12：2立節紀祖

11.均等共用，人有所怠

承13：1均等共用；承13：2工有所長；

承13：3人有所怠；承13：4嘉祖教誨

12.以力得享，綱舉目張
承14：1以力得享

13.順勢隨流，可合天道
承14：2隨風而行；承14：3嘉弗族會

卷八　盟約

1.跨族盟約
盟1：1族分枝杈；盟1：2聯族之盟；盟1：3合血族約

2.族神之約
盟2：1離族遠去；盟2：2族戚殘殺；盟3：1天虎布雲；
盟3：2布帝告諭；盟3：3布人受約

3.物事交換之約
盟4：1牲畜、糧穀交易；盟4：2布匹、糧穀、牲畜交易；
盟4：3寶石交易；盟4：4黃金、寶石可成通幣

4.交易與欺詐
盟5：1柳巴交易；盟5：2柳卡欺詐；盟5：3德敦矇騙；
盟5：4非羊非馬；盟5：5欺者重罰

5.道義之約
盟6：1德敦愁苦；盟6：2兩子不孝；盟6：3以犬為伴；
盟6：4沉金入海；盟6：5與道為約

卷九　工事

1.入雲高塔
工1：1築屋以高為尊；工1：2雲中屋宇；
工1：3雅帝告諭；工1：4築塔檢效；工1：5高塔坍塌

2.奔月飛車
工2：1函人名匠；工2：2夢幻飛車；工2：3函含受命；
工2：4族王限令；工2：5突得靈悟；工2：6鶴木成車；
工2：7魂托木鶴；工2：8飛車向月；

3.穿山地龍
工3：1掘穴而居；工3：2挖損祺山神絡

4.千里眼
工4：1天作之合；工4：2冶煉製器；
工4：3煉物隨洪而去；工4：4各見煉物；
工4：5心誠成鏡

5.時鏡
工5：1家有兩子；工5：2落山裁決；工5：3鏡像為證；
工5：4承父衣缽

6.天下百工
工6：1匠工聚匯；工6：2智器神手；工6：3無所不能

7.工物暴行，人為器奴
工7：1工事惡長；工7：2升海百尺

卷十　教化

1.人性之初
教1：1古有帝山；教1：2字符祕意

2.人有兩面
教2：1前後有臉；教2：2正面向人；教2：3心藏深處；
教2：4切心術；教2：5識心難

3.惡念難絕
教3：1隱於群人；教3：2美果誘童；教3：3鄉人俗規

4.有人類獸
教4：1人長毛尾；教4：2為所欲為；教4：3群起效仿；
教4：4獸性暢行；教4：5互視異類；
教4：6尾人國民反

5.心目觀道
教5：1一目豎額；教5：2來者為異；教5：3承天習道；
教5：4心目為要

6.苛政終滅
教6：1萬物肅殺；教6：2家奴三千；
教6：3二孫伴行；教6：4祖孫互誓；
教6：5百棄不棄；教6：6樂未忘返

7.上合天道，下合仁道，普濟眾生，方成王道
教7：1推施仁政；教7：2樂而忘憂；

教7：3驕侈暴起；教7：4上承天道，下載民意；
教7：5三制有序，天人相合

8.人言無信，類同犬吠
教7：6人言無信，類同犬吠

9.國以民為本，民以食為根，同以道為天
教7：7以道為天；教7：8成敗哈里

10.弘倡天道，舉步多艱
教8：1天子真降；教8：2舉步多艱；
教8：3招惹暗憤；教8：4鸚鳥護主

11.道通為體，融匯為用
教9：1繁星閃爍；教9：2天字同現；
教9：3哈法合治

12.世因道生而有序，民因道出而有靈
教9：4首順天道

13.以約為通
教9：5以約為通

14.以仁為合
教9：6以仁為和

15.以法為制
教9：7仁不離制

16.國與民相適相合

教9：8國民相合；教9：9夢想成真

17.長工返家

教10：1菩度返家；教10：2一路崎嶇；
教10：3山民品著；教10：4夜宿艾巧；
教10：5梨花大雪；教10：6風雪益暴；
教10：7天亮雪小；教10：8夜深抵家；
教10：9悲戚離去；教10：10又見梨花

18.凡常人家

教11：1凡常人家；教11：2元樹元果

19.世本為數

教11：3滿者至反；教11：4河有兩岸；
教11：5天光四起

卷十一　命數

1.天定命數，人心不甘

命1：1人心不甘

2.尋不老仙藥

命1：2巨龜出海；命1：3靈物萬千；命2：1雅尤入山

3.仙界之遊

命2：2壯士歸返；命2：3脫凡入仙

4.仙藥非藥

命2：4仙界一瞬；命2：5現命為磚；命2：6仙道非遠

5.命如懸燈

命3：1天光空降；命3：2祈問金鑰；命3：3命如懸燈

6.心通燈明

命3：4燈油何來；命3：5心通燈明

7.晝有日燈，夜有月燈，人有心燈

命3：6三燈齊映；命3：7命理祕笈

8.修身成道，行以載道

命4：1各有修行；命4：2星象變亂；命4：3雅翰回生；

命4：3超凡之能；命4：4陰陽界悟

9.種豆得豆，善種在心

命5：1雅全種豆；命5：2雅曲種瓜；命5：3善種在心

10.否泰轉換，一念之間

命6：1得享遺福；命6：2承父之貧；

命6：3雁鳥為朋；命6：4洪水漫天；

命6：5來好相救；命6：6雅霍不棄；

命6：7人無定運

11.物有起始，必有其終

命6：8人各有命；命6：9必有其終

12.天象變亂

命7：1日頭變異；命7：2晝夜失序；

命7：3冬夏失衡；命7：4怪象迭出

13.地象變易

命8：1地勢變換；命8：2怪蟲湧出；

命8：3旱澇並行；命8：4果糧不常；

命8：5地象怪異

14.物象化異

命9：1怪物層出；命9：2本能顛倒

15.人象迷亂

命10：1男女性變；命10：2人自生變；

命10：3食無原食；命10：4生息悖序；

命10：5人為器奴；命10：6人無定性；

命10：7心無神明；命10：8基化因變

16.時空錯亂

命11：1時燈急燃；命11：2遠空急聚

17.滅而再生

命12：1六象俱亂；命12：2復始循環；

18.喜樂世界，布滿良善

命13：1羊無靈道；命13：2裘德之問；

命13：3來好之答；命14：1良善布滿人間；

命14：2籬笆拆除

19.悲喜兩向，天人共為

命15：1 七魚出海；命15：2天光現 帝壇出；
命15：3天人共為

卷十二　問道

1.先知論道
問1：1山高入雲；問1：2四面環水；
問1：3山高路險；問2：1 六先居臺

2.問道者熙攘
問2：2問者熙攘

3.人生的意義
問3：1元德本惑；問3：2依約而生；問3：3仁為人所在；
問3：4生而依理；問3：5無即本生；問3：6異則為本；
問3：7元德再問；問3：8依道而生

4.什麼是人
問4：1行子問人；問4：2人為天帝之子；
問4：3仁者為人；問4：4人循法知理；
問4：5行子續問；問4：6行走雀躍煙雲一場；
問4：7人之為人，在其性變；
問4：8人之為人，由惡化善

5.善惡如何報應
問5：1善人問報；問5：2君子行道 路有犬吠
問5：3善善相長，惡惡相加；

問5：4守約踐約，終得善報；問5：5凡人耶維；

問5：6因果相報，大律不改；問5：7善惡有報亦無報；

問5：8世不離道，道不遠人；

問5：9天道、人道相統，天下、人間無爭；

問5：10順天行道，出凡入聖

6.來世如何來

問6：1孿生奇人；問6：2普羅善預知；

問6：3普勒善溯觀；問6：4會於溪畔；

問6：5天光籠罩；問6：6普羅勒問來世

問6：7既生現世，即立現世；問6：8為來世訂約

問6：9今來各有界律；問6：10來世自有來喜悲

問6：11道魔相爭，終以異終；

問6：12以意為介，可得聯通；問6：13意界臨

7.什麼是人的主人

問7：1兄弟臨山；問7：2維義問人主；

問7：3維戊不苟同；問7：4天帝為人主；

問7：5各族皆欲獨享眷顧；問7：6萬民怎可同識天帝；

問7：7仁善為萬眾心主；問7：8法為萬民之主；

問7：9食色享樂為人主；問7：10人有悟覺即得心主；

問7：11己主在己 本主為異；問7：12人心無主，何立世界；

問7：13人立道、欲之間；

問7：14道、欲、人三維而織；

問7：15無欲無生，無道不人；

問7：16以道疏欲，致欲適人；問7：17欲為人、道所依；

問7：18族群有分，天道無別

8.諸說不悖，大道至簡

問7：19六說不悖，皆有其悟；

問7：20合正道至簡，生當悟大道；
問7：21至本者敬天帝；問7：22至要者行道義

9.循禮遵制，國泰民安

問8：1維戊荒廢而棄；問8：2維義耕耘不輟；
問8：3六合花開有七彩；問8：4心花遍播；
問8：5循禮遵制，國泰民安

10.靈符賜福

問9靈符賜福

【附錄三】插圖目錄

圖1　　雲氣彌散，天光閃電　　創1：1

圖2　　活靈世界　　創3：1-3

圖3　　初人圖　　造2：1

圖4　　中人圖　　造3：1

圖5　　東角采田　　造3：5

圖6　　天水涮洗　　造4：1

圖7　　天帝播靈霧　　造6：1

圖8　　幼童多畸變　　生1：2

圖9　　強人以弱為食　　生1：2

圖10　天門洩洪　　生2：1

圖11　天風驟起　　分2：1

圖12　琢木成船　　分4

圖13　劃界立國　　分8：1-4

圖14　天崩地裂　　立1：1

圖15　紅獅飛天　　立4：1-2

圖16　巨鼇遠來　　立7：2

圖17　鼇成磐石高牆　　立9：2

圖18　希里逝高雲　　立10：2

圖19　眾人匍匐趴臥　　立11：2

圖20　天虎飛來　　立13：2

圖21　微族遇火雲　　立16

圖22　篝火遍地，載歌載舞　　立18：3

圖23　四角怪獸　　爭2：2

圖24　夏婭浩氣圖　　爭4：2

圖25　斷臂銘志圖　　爭4：3

圖26　流雲西衝　　爭5：2

圖27　　希人築圓泰　　爭6：4

圖28　　族師會議　　爭6：5

圖29　　天渠延綿千里　　爭6：7

圖30　　白馬爭先，黑馬不讓　　爭7：2

圖31　　磯崖坍塌，一片狼煙　　爭8：2

圖32　　兄弟以劍為語　　爭10：4

圖33　　清點族人，壘石為記　　承1：1

圖34　　智師創符　　承1：2

圖35　　少女嬉戲圖　　承3：1

圖36　　石刑颶風　　承5：3

圖37　　武場比劍　　承9：3-4

圖38　　雅瑞祭嬰　　承10：2

圖39　　滿月禮慶　　承11：3

圖40　　順勢隨流　　承14：3

圖41　　合血之盟　　盟1：2

圖42　　天虎布雲　　盟3：1

圖43　　心約身記　　盟3：3

圖44　　柳巴返家　　盟5：1

圖45　　柳卡羊馬　　盟5：4

圖46　　高崖沉金　　盟6：4

圖47　　雲中屋宇　　工1：2

圖48　　塔入雲霄　　工1：4

圖49　　飛車向月　　工2：8

圖50　　賽禹時鏡　　工5：3

圖51　　天冰地封　　工6：2

圖52　　帝山石銘圖　　教1：1-2

圖53　　雙面人圖　　教2：1

圖54　　美果誘童　　教3：2

圖55　　王尾粗長　　教4：3

圖56　　互視異類　　教4：5

圖57　獨目人　教5：1

圖58　祖孫互誓　教6：3

圖59　鴻雁翩翩，映輝而翔　教8：1

圖60　鸚鳥奪餚　教8：4

圖61　天星顯祕　教9：2

圖62　天道在上，縱橫經緯　教9：4

圖63　梨花大雪　教10：5

圖64　元樹圖　教11：2

圖65　一根扁擔兩隻筐　教11：3

圖66　心有靈約，風雨無阻　命1：2

圖67　物如浮游，仙界圖　命2：3

圖68　命如懸燈　命3：3

圖69　來好鳥　命6：3

圖70　大舟逆勢而上　命6：4

圖71　人鳥相伴，御風飛翔　命6：5

圖72　多日並出　命7：3

圖73　馬臉似牛，牛臉似豬　命9：1

圖74　瘦者長大頭，胖者長細腿　命10：2

圖75　羊無靈道，不識人語　命13：1

圖76　七首合歡　命15：1

圖77　天帝大壇　命15：2

圖78　天道山高路險　問1：3

圖79　六先論道　問2：1

圖80　解鷹圖　問3：3

圖81　約先圖　問4：2

圖82　君子行道，路有犬吠　問5：2

圖83　仁德之道恰如山棘之路　問5：2

圖84　仁先圖　問5：3

圖85　空先圖　問5：6

圖86　天光明道　問5：10

圖87　天帝界橋，可通兩界　　問6：8

圖88　法先圖　　問6：9

圖89　異先圖　　　問6：11

圖90　兩腳立兩界　　問7：14

圖91　道先圖　　問7：12-18

圖92　合正道符　　問7：22

圖93　六合花開　　問8：3

圖94　敬符　　問9

圖95　孝符　　問9

圖96　善符　　問9

圖97　守符　　問9

圖98　淡符　　問9

圖99　行符　　問9

作者簡介

士 爾

博士，教授，文化學者。

主要研究儒、道、釋與希伯來－猶太等中外文化。

Do思潮07　PC0593

兩界書

作　　　者／士　爾
責任編輯／辛秉學
插圖畫家／伍　仁
圖文排版／楊家齊
封面設計／蔡瑋筠

發　行　人／宋政坤
出　　　版／獨立作家
　　　　　　地址：114 台北市內湖區瑞光路76巷65號1樓
　　　　　　電話：+886-2-2796-3638　傳真：+886-2-2796-1377
　　　　　　服務信箱：service@showwe.com.tw
　　　　　　http://www.bodbooks.com.tw
印　　　製／秀威資訊科技股份有限公司
　　　　　　http://www.showwe.com.tw
展售門市／國家書店【松江門市】
　　　　　　地址：104 台北市中山區松江路209號1樓
　　　　　　電話：+886-2-2518-0207　傳真：+886-2-2518-0778
網路訂購／http://www.govbooks.com.tw
法律顧問／毛國樑　律師
總　經　銷／時報文化出版企業股份有限公司
　　　　　　地址：333桃園縣龜山鄉萬壽路2段351號
　　　　　　電話：+886-2-2306-6842

出版日期／2016年10月　BOD一版　定價／1200元

|獨立|作家|
Independent Author

寫自己的故事，唱自己的歌

兩界書 / 士爾著. -- 一版. -- 臺北市：獨立作
家, 2016.10
　　面；　公分. -- (Do思潮 ; 7)
BOD版
ISBN 978-986-92963-3-5(精裝)

1. 哲學. 文學

216.6　　　　　　　　　　105005526

國家圖書館出版品預行編目

讀者回函卡

感謝您購買本書，為提升服務品質，請填妥以下資料，將讀者回函卡直接寄回或傳真本公司，收到您的寶貴意見後，我們會收藏記錄及檢討，謝謝！
如您需要了解本公司最新出版書目、購書優惠或企劃活動，歡迎您上網查詢或下載相關資料：http:// www.showwe.com.tw

您購買的書名：_____

出生日期：_____年_____月_____日

學歷：□高中 (含) 以下　　□大專　　□研究所 (含) 以上

職業：□製造業　□金融業　□資訊業　□軍警　□傳播業　□自由業
　　　□服務業　□公務員　□教職　　□學生　□家管　□其它_____

購書地點：□網路書店　□實體書店　□書展　□郵購　□贈閱　□其他

您從何得知本書的消息？

　□網路書店　□實體書店　□網路搜尋　□電子報　□書訊　□雜誌

　□傳播媒體　□親友推薦　□網站推薦　□部落格　□其他_____

您對本書的評價：(請填代號　1.非常滿意　2.滿意　3.尚可　4.再改進)

　封面設計____　版面編排____　內容____　文／譯筆____　價格____

讀完書後您覺得：

　□很有收穫　□有收穫　□收穫不多　□沒收穫

對我們的建議：_____

_____

_____

_____

11466
台北市內湖區瑞光路 76 巷 65 號 1 樓
獨立作家讀者服務部　　　　收

....

（請沿線對折寄回，謝謝！）

姓　　名：＿＿＿＿＿＿＿＿　　年齡：＿＿＿＿　　性別：□女　□男

郵遞區號：□□□□□

地　　址：＿＿＿＿＿＿＿＿＿＿＿＿＿＿＿＿＿＿＿

聯絡電話：(日) ＿＿＿＿＿＿＿＿　(夜) ＿＿＿＿＿＿＿＿＿

E-mail：＿＿＿＿＿＿＿＿＿＿＿＿＿＿＿＿＿